D0946216

À VISAGE DÉCOUVERT

Lucien Bouchard

À VISAGE DÉCOUVERT

Boréal

Conception graphique: Gianni Caccia

Photo de la couverture: © Camil LeSieur

© Les Éditions du Boréal
Dépôt légal: 2ᵉ trimestre 1992
Bibliothèque nationale du Québec

Diffusion au Canada: Dimedia
Distribution en France: Les Éditions du Seuil

Données de catalogage avant publication (Canada)

Bouchard, Lucien, 1938-

  À visage découvert

  Autobiographie.

  ISBN 2-89052-479-5

  1. Bouchard, Lucien. 2. Hommes politiques - Canada - Biographies.
3. Diplomates - Canada - Biographies. I. Titre.

FC631.B68A3 1992   971.064'7'092   C92-096624-1
F1034.3.B68A3 1992

À mon père et à ma mère,
artisans du passé

À l'avenir de mes fils,
Alexandre et Simon

À Audrey, ma femme, qui est
au cœur de cette continuité

La porte claqua derrière moi. La nuit était tombée. Je montai dans la voiture. En franchissant la grille, j'entrevis Graham Fraser qui faisait le guet. Il n'était pas question de parler à la presse. Je fis semblant de ne pas voir le journaliste du *Globe and Mail.* De toute façon, ce que j'avais à dire, pour le moment, était dans la lettre de démission que je venais de faire lire au Premier ministre. Je demandai qu'on me dépose à mon bureau du Parlement. Ensuite, j'irais dormir.

Beaucoup de choses me passaient par la tête.

L'énormité des conséquences personnelles de ce qui avait lieu ne m'échappait pas. Il n'y avait pas que la porte du 24 Sussex de fermée. Je tirais une ligne sur une partie de ma vie, rompais avec je ne savais combien d'amis et m'aliénais pour toujours des milieux que j'avais assez pratiqués pour savoir qu'ils ne me pardonneraient pas.

J'imaginais sans peine certaines réactions, silencieuses ou exprimées, que susciterait mon geste: de la surprise à la tristesse, de l'amertume à la mesquinerie.

Je m'interrogeais surtout.

Avais-je raison de croire que mon père aurait été d'accord? Qu'allait-il s'ensuivre, pas seulement pour moi mais aussi pour ce psychodrame collectif dans lequel la scène de mon départ tenait une si petite place? Et d'abord, comment en étais-je venu là?

Il faut bien un jour tenter de répondre aux questions qu'on se pose. Il serait vain de ne chercher les réponses qu'en soi-même. On ne chemine pas en vase clos.

Les réponses, elles se sont élaborées tout au long de la succession de personnages et d'événements que bientôt cinquante ans de vie consciente ont vus défiler. Il s'agit de les chercher là où elles se trouvent.

La famille
du rang
de la Décharge

Mon père et ma mère plaçaient l'éducation au-dessus de tout.

Aussi loin que remontent mes souvenirs, j'entends mes parents nous vanter les vertus de ce qu'ils appelaient l'«instruction». D'où leur venait cette quasi-obsession?

Probablement davantage de la brièveté que de la longueur de leurs propres études. Il est vrai que ma mère avait terminé une dixième année. Mais mon père n'avait pas dépassé l'école du rang de la Décharge, laquelle, après quatre ans, n'avait plus rien à apprendre à ses élèves. C'est dire la minceur du bagage avec lequel mon père fut lancé dans la vie.

Plus de soixante ans plus tard, je le vis, un soir d'été, s'asseoir au bout de la table de cuisine, avec l'intention d'écrire à l'un de mes frères. Il supportait mal la longue absence de Roch, le premier de ses fils à faire des études en France. Il se concentra, plume à la main. Soudain, les larmes aux yeux, il froissa et jeta la feuille sur laquelle il peinait depuis près d'une demi-heure.

Double révolte, provoquée par le cinglant rappel de son incapacité d'écrire et de l'impossibilité de communiquer avec l'un des siens, parti réaliser son propre rêve.

Les siens, ils les aura aimés au-delà de lui-même. Il ne semblait jamais se fatiguer de nous avoir avec lui. Durant les vacances et les jours de congé, il nous emmenait souvent, entassés dans la cabine de son camion de livraison. Nous parcourions les rues de Jonquière, de Kénogami et d'Arvida, parfois même de Chicoutimi, pour décharger, ici et là, madriers, clous, sacs de ciment, portes et fenêtres.

Il riait, mettait fin à nos querelles, nous parlait de tout, des gens, de son père et de sa mère, de nos oncles et tantes, des camions, disputant des mérites comparatifs des Ford et des International. Il n'a jamais pu décider de la meilleure marque, alternant de l'une à l'autre jusqu'à la fin de sa vie. Le soir, quand il voulait nous faire plaisir, il nous autorisait à l'accompagner dans sa tournée des moulins à scie établis sur les bords des lacs qui entourent Jonquière. Il y chargeait son camion de «croûtes», de bran de scie ou de «rippe» qu'il vendait en ville à des clients.

Je ne peux penser au lac Kénogami ou au lac Long sans revoir mon père, lançant, des heures durant, dans la boîte de son camion, des «croûtes» ou de lourdes pelletées de sciure. De toutes les impressions sensibles qui composent le souvenir de mon père, comment exclure la vision de cet homme qui, sa journée de travail déjà faite, haletait d'épuisement, dans l'obscurité tombante, des nuées de maringouins et de mouches noires autour de lui? Ce qui ne l'empêchait pas d'être de bonne humeur sur le chemin du retour. Je l'entends encore, pilotant, dans la nuit, son camion entre les cahots et les trous des chemins de forêt et chantant un succès de Tino Rossi: *Tant qu'il y aura des étoiles, sous la voûte des cieux...* Chanson qu'il interprétait, parmi d'autres, avec maman, qui l'accompagnait au piano, les dimanches et soirs de fêtes.

Le dimanche après la messe était aussi le moment où, juchés à quatre ou cinq sur son dos, ses épaules et ses genoux, nous lui demandions de nous «parler de la vie». Il nous répondait infailliblement par un monologue dont les premiers mots disaient

«Dans la vie, mes enfants...» et finissaient par des mises en garde et des exhortations bien senties sur le bonheur, le travail et l'honnêteté. Bien entendu, la part du lion était réservée à l'instruction, exaltée comme instrument d'épanouissement personnel et moyen d'avancer dans la vie. Nous étions bon public et buvions littéralement ses paroles. Si bien que ces leçons dominicales nous ont très tôt inculqué de solides convictions, à peu près toutes articulées autour de la nécessité d'étudier et de ne jamais «faire simple».

L'interdiction de «faire simple» figurait en bonne place dans le code familial. Elle stigmatisait le ridicule, la mièvrerie, les paroles déplacées, les attitudes affectées. L'expression, encore très vivante dans tout le Saguenay—Lac-Saint-Jean, est très probablement d'origine paysanne. Pour mon grand-père cultivateur, l'auteur d'une remarque ou d'un comportement stupide était «simple comme nos vaches».

Il ne pouvait guère prononcer jugement plus sévère car, pour lui, les vaches étaient les animaux les plus bêtes, par opposition à ses chevaux, dont il ne cessait de célébrer la finesse.

Mon père avait la même prédilection pour les chevaux. Jeune homme, il passait ses hivers dans les chantiers forestiers de la Lièvre, où il travaillait comme charretier. Et c'est dans une carriole traînée par Chevreux, son préféré, qu'il alla, en 1940, s'établir à Jonquière, sur la rive droite du Saguenay, à 60 kilomètres à l'est du lac Saint-Jean. Tout de suite, ils se mirent tous les deux à faire de la livraison à domicile. Chevreux a donc été le premier de ses camions. Il devait traiter tous ses véhicules motorisés avec la même sollicitude. S'il ménageait l'un pour l'empêcher de tomber malade, il ménageait les autres pour éviter les réparations.

J'ai moi-même longtemps nourri la même inquiétude. Mon père nous avait fait comprendre que le moindre bris du Ford ou de l'International pourrait lui coûter une semaine, voire un mois ou deux de travail. Il y avait de quoi s'émouvoir, sachant ce que signifiait, pour lui, une semaine de travail. Cela voulait dire besogner de l'aube à minuit, tous les jours, sauf le dimanche. Le concept de vacances lui était inconnu; personne ne l'avait jamais vu en prendre. Ce que nous appréhendions le plus, c'était que quelque chose arrive au «différentiel», boîte sphérique située au milieu de l'essieu arrière, qui renfermait les principaux engrenages du mécanisme d'embrayage des vitesses. Le différentiel, c'était, après le moteur, la pièce la plus coûteuse à remplacer. Il était particulièrement exposé quand le camion évoluait en terrain difficile. Or, il nous semblait que notre père faisait exprès de se promener avec ses lourdes charges dans des endroits impossibles. Nous nous enquérions souvent de l'état de santé du différentiel et ne regardions jamais la grosse boule de métal sans un mélange de crainte et de respect.

En un sens, notre père n'a jamais quitté la ferme paternelle. Et nous non plus, puisque nous y retournions tout le temps, sautant rarement un dimanche. J'y fus envoyé régulièrement pour des séjours estivaux, et mes frères après moi. On ne s'étonnera donc pas qu'une part de notre imaginaire se soit nourrie du culte de la famille et de ses mythes.

La famille, il faut l'entendre dans son sens le plus large. Les grands-pères, grands-mères, oncles, tantes, cousins, cousines n'en constituaient que le premier cercle. Les grands-oncles, grands-tantes, petits-cousins et petites-cousines n'étaient pas loin de faire partie de la vie de tous les jours. Je suis toujours surpris de rencontrer des gens incapables de nommer d'autres parents que ceux de leur famille immédiate.

Très jeunes, nous avions une connaissance presque généalogique de la parenté. J'ai toujours su que mon arrière-arrière-grand-père paternel s'appelait Omer, qu'il a vécu à La Malbaie, que son fils Sixte, mon arrière-grand-père, est venu s'établir d'abord à Bagotville, avant de s'installer à Saint-Jérôme (Métabetchouan), d'où est parti mon grand-père Joseph, avec mon père, Philippe, encore emmailloté, pour défricher la ferme de Saint-Cœur-de-Marie. De même pour mon arrière-arrière-grand-père maternel, Bastien Simard, capitaine de goélette de Petite-Rivière-Saint-François, mon arrière-grand-père Thomas et mon grand-père Xavier, lequel a quitté Charlevoix pour Saint-Cœur-de-Marie. C'est par ce dernier que nous venaient, de la Petite-Rivière, où il allait les chercher, le printemps, le sucre, le sirop et la tire d'érable, l'automne, les pommes, les prunes et les anguilles.

Du côté de mon père, c'est mon arrière-grand-père Sixte qui a le plus fortement inspiré la mythologie familiale. Cultivateur prospère, conteur prisé dans les veillées, patriarche sévère et esprit curieux — il est allé visiter «les Europes» vers 1920 —, il a marqué ses proches et transmis à sa lignée non pas seulement son nom, mais aussi son étrange prénom. (Le seul autre Sixte que je connaisse est celui dont je lisais le nom tous les dimanches dans le missel).

Il est vrai qu'au nombre où ils sont dans la région, les Bouchard et, encore plus, les Tremblay ont besoin de se distinguer entre eux. Nous sommes donc de la branche des Bouchard-Sixte. Personne ne s'y trompe et personne ne l'oublie. Je m'en rendis compte durant ma première campagne électorale, celle de l'élection complémentaire de 1988, dans Lac-Saint-Jean. Comme j'avais été mis en sérieuse difficulté par l'accusation d'être étranger à la circonscription, une visite «médiatisée» — imaginée par mon chef de cabinet Luc Lavoie — en compagnie du Premier ministre, à la ferme de mon grand-père, à Saint-Cœur-de-Marie, eut l'effet d'une riposte péremptoire. On sut ainsi que j'y étais vraiment né et que j'étais le petit-fils de Joseph à Sixte, reconnu pour sa parole «drette comme l'épée du Roi». Un peu plus tard, le maire de Saint-Jérôme de Métabetchouan me montra, dans le hall d'honneur de son hôtel de ville, la photographie de Sixte, posant fièrement dans la galerie des anciens maires de la municipalité.

Je ne l'ai pas connu, bien sûr, n'ayant conservé de lui que le vague souvenir d'un grand bonhomme aux cheveux blancs et aux yeux gris, rencontré chez mon grand-oncle Henri, dans le rang du Poste, à Saint-Jérôme. Il avait alors quatre-vingt-douze ans et moi, quatre ou cinq.

Il n'est pas de culte qui puisse se passer d'un haut lieu. Le nôtre était la maison du rang de la Décharge, à Saint-Cœur-de-Marie. C'était un grand bâtiment blanc, découpé en vert et complètement ceinturé d'une large galerie où plusieurs générations de marmaille se sont essoufflées dans d'interminables courses circulaires. Le toit, hérissé de pignons, surmontait, en façade, un balcon donnant sur la chambre qu'avaient occupée mes parents avant de partir pour Jonquière.

La maison a été construite en 1921 par Adélard, un frère de mon père, apprenti menuisier de dix-neuf ans, qui a utilisé le bois coupé sur la terre de mon grand-père. Cet oncle devait aussitôt après quitter la ferme familiale pour travailler à la construction des barrages d'Isle Maligne et de Shipshaw, puis du manoir de Pointe-au-Pic, pour ensuite fonder, à Jonquière, un petit atelier de menuiserie. Ce modeste établissement allait devenir, sous le nom de Potvin et Bouchard, maintenant géré par mes cousins, le plus important réseau régional de distribution de matériaux de construction.

J'imagine maintenant sans peine que, pour mon grand-père et pour tous les autres qui se sont épuisés à défricher la ferme et à en tirer si péniblement leur subsistance, la maison et la terre évoquaient quelque chose de plutôt prosaïque. Mais chaque voyage à Saint-Cœur-de-Marie était pour moi une incursion dans le merveilleux. Tout y était mystère et découverte.

D'abord la terre elle-même, qui faisait, déjà, près de 1000 acres. C'était une vaste étendue de champs et de forêts entrecoupés de «crans» et de «coulées». Nous allions aux petites fraises, aux framboises, aux bleuets, aux cerises et aux merises. Plus tard, c'étaient les noisettes et, en hiver, la coupe de sapins de Noël.

Le domaine touchait, d'un côté, à la Petite Décharge, l'un des bras du Saguenay naissant, et de l'autre à la route régionale qui relie Alma à Dolbeau. De la maison à cette route, il y a un mille, tout juste. À l'arrivée de mon grand-père, en 1905, il n'y avait là qu'une forêt et une résidence de fortune que la famille habita pendant dix-huit ans. Mon grand-père nous a souvent raconté le défi qu'il s'était lancé à lui-même d'abattre tous ces arbres, à la largeur de deux lots, pour voir un jour, de sa maison, circuler les voitures sur la route.

J'y pensais justement, cet avant-midi ensoleillé de juin 1988, en regardant la meute de journalistes nous suivre, le Premier ministre et moi, dans notre visite «impromptue» à la ferme.

J'étais le seul à observer au loin les véhicules, à peine visibles, qui se déplaçaient, au bout du champ immense. J'essayais, une fois de plus, de me représenter le nombre de coups de hache, de souches arrachées, de roches extraites pour bâtir, à bout de bras, ce tout petit morceau de pays. Je me remémorai ce que m'avait répondu mon père, un jour où je lui demandais pourquoi il avait quitté la ferme: «C'était l'automne, me dit-il, il pleuvait et faisait froid. J'étais dans la savane, essayant d'arracher une souche qui ne voulait pas venir. On calait dans la bouette. Je me suis arrêté pour souffler et me mis à réfléchir. C'est là que j'ai décidé de partir.» Alors que les caméramen, reporters, attachés de presse, agents de la GRC et adjoints politiques se bousculaient derrière nous, je tentais, sans grand succès, de prendre un air naturel et d'échanger avec mon compagnon de marche des propos dégagés. Je vis, avec inquiétude, le Premier ministre bifurquer vers le «port» des vaches. Les parages présentaient les dangers que l'on connaît. Il fallut décrire quelques zigzags dans le tracé du parcours.

Au même moment, j'entendis un journaliste demander à mon cousin André si j'étais déjà venu à la ferme. Je me rendis compte que, pour tous ces témoins obligés, ce n'était là qu'une ferme ordinaire, avec des bouses de vaches et des moustiques, ne se distinguant des autres, ce jour-là, que par l'utilisation électorale qu'en faisaient deux politiciens.

«Et mon grand-père, me disais-je, que penserait-il de tout cela?» J'avais l'impression qu'il n'aurait pas tellement apprécié ce cirque et que, fier et indépendant comme il l'était, la venue, dans ces conditions, du Premier ministre du Canada ne l'aurait pas enthousiasmé plus qu'il ne fallait. J'avais la crainte de me livrer à une sorte de profanation, tant, pour mon grand-père, la terre était sacrée.

Je ne suis pas sûr non plus de ce qu'il dirait des transformations qu'a subies le patrimoine. Plus de chevaux et de cochons. Disparu le taureau, partis les moutons, poules et dindes. Quant aux vaches, elles sont traites (mon cousin dirait «tirées») par un ordinateur, ce qui ne les rendrait pas moins bêtes, à ses yeux.

La grande maison, elle aussi, a dû s'adapter au changement. Plus de galerie circulaire mais de nouveaux logements au deuxième étage. Pourtant elle me rappelle encore la fascination qu'elle a exercée sur notre enfance. Même décanté par l'âge adulte, son souvenir fait revivre mille images, sons, odeurs et sensations.

Rien ne m'excitait plus que de me glisser furtivement dans la grande pièce du deuxième, où était installé le rouet et où était remisée la laine cardée, prête à être filée, sous les chapelets d'oignons qui tombaient du plafond. C'était là, dans une armoire adossée au mur du fond, que ma grand-mère conservait ses livres.

Elle avait reçu une bonne instruction chez les sœurs. En plus d'avoir porté et élevé douze enfants, tenu maison et fait la traite des vaches tous les matins, elle lisait avec passion et écrivait des poèmes, dont certains ont été pieusement conservés.

Ses livres (il y en avait au moins une centaine) étaient le trésor de la maison. C'étaient de gros volumes, souvent dorés sur tranche, avec des couvertures rigides aux couleurs vives, où dominaient le rouge et le bleu, me semble-t-il. Il y avait des romans comme *Le Juif errant, Une de perdue, dix de retrouvées, David Copperfield*. Et aussi un ouvrage illustré sur Napoléon, dont mon père m'avait dit qu'il avait été maître du monde pendant vingt-quatre heures. Cela me paraissait bien court.

Ma grand-mère avait été une belle brune, qui ne s'est jamais départie d'un air sévère. Mon père n'en parlait jamais sans la plaindre et sans rappeler la dureté de la vie qu'elle avait menée. N'ayant pu réaliser son rêve de devenir religieuse (contrairement à l'une de ses sœurs, qui devait participer, à Chicoutimi, à la fondation de la congrégation des Antoniennes-de-Marie), elle était allée travailler dans une *factory* de la Nouvelle-Angleterre, avant de revenir épouser mon grand-père.

Elle aimait la musique. Mes tantes chantaient et jouaient du piano. Au reste, toute la famille chantait, avec des talents inégaux. Dans les veillées, on connaissait d'avance la chanson qu'allait interpréter celui ou celle qui se levait. Un tel brillait dans les *Blés d'or*, telle autre dans *Douce France*. J'étais moi-même connu pour *Mon beau sapin*, tandis que Roch (l'un de mes frères) se faisait régulièrement demander *Pigalle*.

Quant à l'oncle Roméo, six pieds et cinq pouces, moustache taillée (on disait un «*pinch*»), champion batailleur et Beau Brummel, il était célèbre pour ses imitations de Maurice Chevalier. Ma grand-mère, qui le trouvait avenant et drôle, avait un faible pour lui. Elle lui laissait chanter des succès qu'elle n'entendait pas à l'église, comme *Elle avait une jambe de bois...* C'était tout un spectacle, je dois dire, de voir ce grand «gibart» raidir la jambe et faire le tour des femmes, effarouchées mais ravies, en mimant cette chanson plutôt leste.

Mon père surpassait tout le monde par sa voix prenante et par l'étendue de son répertoire. Quand il s'approchait du piano et consultait ma mère sur ce qu'il allait chanter, nous, leurs enfants, pensions que nous avions des parents formidables. Combien de fois, après nous avoir écoutés chanter, notre mère n'a-t-elle pas dit en soupirant: «C'est donc de valeur que personne d'entre vous n'ait relevé votre père!»

Certains, comme mon oncle Adélard, déclamaient. L'un des succès de celui-ci était *Paméla,* l'histoire d'un amoureux transi qui dicte une lettre enflammée et ridicule à sa blonde.

Ces gens avaient l'amour et le respect du beau langage. Tout en s'exprimant avec naturel et dans une langue simple, ils auraient honni le «joual». Car ils avaient le sens du mot juste et de la parole bien dite. Mon père ne cessait de nous reprendre, à table, et ne se gênait pas pour nous reprocher notre mauvaise élocution. Je me rappelle que ma grand-mère me faisait lire à haute voix certains passages de ses livres pour vérifier mes progrès scolaires.

Mon grand-oncle Henri ne se fiait pas davantage à l'école. Autodidacte, lecteur et admirateur d'Henri Bourassa, il pratiquait, avec une égale application, les deux métiers de cultivateur et de menuisier. Il avait l'habitude, devant nos parents, de poser à mes frères, à ma sœur et à moi toutes sortes de questions, histoire d'évaluer nos connaissances. Nous en étions venus à redouter ses visites. Un jour qu'il rentrait d'un voyage outre-mer, profitant de la présence d'un aréopage particulièrement imposant d'oncles, de tantes et d'amis, il nous interrogea sur les dimensions des portes de la basilique Saint-Pierre et de l'église du Saint-Sépulcre à Jérusalem. Nous dûmes, une fois de plus, donner notre langue au chat, ce qui nous valut aussitôt une litanie de mesures exactes, au pied et au pouce près. «Je les ai mesurées moi-même, ces portes, avec mon pied-de-roi, lors de mon voyage à Rome et en Palestine», lança-t-il. Et d'ajouter, en fermant les yeux avec mépris et en se tournant vers mes parents, pas trop fiers de leur progéniture: «Je me demande bien ce qu'ils apprennent au cours classique.»

Comme le signale le choix des questions de l'oncle Henri, la religion n'était jamais loin de l'éducation, dans notre famille. On envoyait aux études ceux qu'on destinait à la vie religieuse. Les cinq sœurs de mon père entrèrent au couvent et y restèrent. Leur frère François est père rédemptoriste. Deux des frères de ma mère, mes oncles Alfred et Armand, sont prêtres séculiers. Mon père et ma mère ne comptaient plus leurs cousins et cousines prêtres et religieuses.

La pratique de la religion était partout présente chez mon grand-père. Avant chaque repas, le bénédicité et, chaque soir, la prière étaient de rigueur. J'entends encore la voix de mon grand-père entonnant, durant mes séjours d'été, les «Je vous salue Marie, pleine de grâce...», à genoux dans la salle à manger, les avant-bras appuyés sur le dossier d'une chaise. Et toute la famille enchaînait: «sainte Marie, mère de Dieu...». Et, pour finir, dans l'ombre qui envahissait la grande pièce, des appels à la miséricorde au cas où la mort surprendrait l'un de nous dans son sommeil. Ma grand-mère entretenait avec soin, en face de la maison, un jardin de fleurs surmonté d'une croix du chemin, érigée par mon arrière-grand-père Sixte.

Pourtant, toutes ces dévotions n'interdisaient pas le sens de la fête, de la repartie savoureuse et de la conversation enjouée. Et, bien que sans grands moyens, ces gens avaient toujours quelque chose à donner à leur prochain. Il y avait dans la maison du rang de la Décharge une pièce baptisée «chambre des quêteux» qu'occupaient, à tour de rôle, ces miséreux qui parcouraient alors nos campagnes.

En vérité, la pratique religieuse et les événements de la vie quotidienne allaient de pair. Les décès eux-mêmes ne sortaient pas d'un déroulement qui accordait profane et sacré.

La mort de ma grand-mère s'est inscrite dans le même rituel. Tous les membres de la famille avaient été avertis de l'imminence de sa fin. Mon père partit aussitôt pour Saint-Cœur-de-Marie. Il m'emmena avec lui, sans doute parce que j'étais son aîné et aussi le filleul de mes grands-parents.

C'était l'hiver et j'avais quatorze ans. Bien entendu, pas question d'hôpital pour ma grand-mère. Elle mourrait là où elle avait vécu. On l'avait étendue sur un sofa, à côté du piano, dans le grand salon dont on avait ouvert la double porte d'arche. À demi inconsciente, elle agonisait déjà. L'une de ses filles religieuses et son fils prêtre se relayaient pour réciter le chapelet et les prières des agonisants. Ma grand-mère n'en finissait pas de s'éteindre, visiblement tenaillée par la douleur. C'était la première personne que je voyais mourir et je me demandais ce qu'elle avait fait de mal pour mériter de souffrir ainsi.

La maison était pleine de gens qui tantôt parlaient à voix basse, tantôt répondaient aux prières. Sur le tard, l'oncle Roméo, arrivant des Passes Dangereuses, fit irruption, gigantesque. Sa mère ne pouvait plus le reconnaître. Il alla s'effondrer dans un coin, pleurant comme un petit garçon.

J'ai encore devant les yeux mon grand-père, prostré, au pied du sofa, la tête dans les mains. Quand sa compagne depuis plus de cinquante ans rendit le dernier soupir, je vis ses épaules secouées de sanglots silencieux.

Il ne s'en est jamais remis, et la famille non plus. Mon oncle Adélard et mon grand-père nous quittèrent dans les quatre années qui suivirent. Puis, les autres se mirent à tomber comme des mouches: l'oncle Roméo, l'oncle Rivard et mon père. L'oncle Eugène, resté sur la terre, dont il entreprit la modernisation, a tenu le coup jusqu'en 1987.

Bien sûr, je retournai souvent dans la vieille maison. Mais je savais qu'elle avait perdu son âme. Pour la famille, les choses ne seraient plus les mêmes. Pour moi, sans que la vie adulte ne soit encore commencée, l'enfance était terminée.

Jonquière:
les années classiques

Ce sentiment se confirma à la fin du mois de juin suivant. Les vacances venaient de débuter et, jouant avec des amis, je m'étais mis en retard pour le souper. Je courus à la maison, appréhendant une réprimande. Mes parents et toute la famille étaient déjà à table. Mon père se leva, l'air ému. C'était de mauvais augure. Mais, à ma grande surprise, il me mit la main sur l'épaule et me félicita. Il me donna alors à lire une lettre qu'il venait de décacheter. Elle disait: «Votre fils Lucien est accepté à l'externat classique Saint-Michel.» Cette réponse, toute la famille l'attendait avec anxiété depuis que je m'étais présenté, quelques mois auparavant, au concours d'admission.

C'était encore l'époque où seul le cours classique permettait d'accéder aux études supérieures et à une profession. On a un peu oublié, aujourd'hui, le prestige dont faisaient l'objet les élèves du «classique». Ils avaient droit au respect que commandait l'étude de matières aussi rebutantes que le latin, le grec, la littérature, l'apologétique, la physique, la chimie et la philosophie. Je me souviens de certains discours de rentrée scolaire qui saluaient en nous «les élites de demain» et nous congratulaient de pouvoir fréquenter désormais Aristote, Tite-Live et Corneille; le tout agrémenté de citations de Sertillanges sur les exigences du travail intellectuel.

Propos évidemment bien faits pour gonfler les orgueils de galopins qui n'avaient pas, jusque-là, évolué dans des milieux précisément huppés. Mais ils n'étaient pas sans inspirer, en même temps, chez les plus perspicaces, quelque crainte de ne pouvoir satisfaire à de si nobles attentes.

Le fait est que les élèves du classique jouissaient d'un prestige spécial. Après tout, c'étaient peut-être de futurs prêtres; ou alors de futurs médecins, notaires et ingénieurs; à la rigueur, de futurs avocats, ce qui était mieux que rien.

Pour les parents de Jonquière et de Kénogami, qui n'avaient pas les moyens d'envoyer leurs fils au séminaire de Chicoutimi, l'externat classique Saint-Michel était la seule porte d'entrée possible du cénacle des études classiques. Comme la population des deux villes était essentiellement ouvrière, on se pressait devant le portillon de l'externat. Les classes de septième année de chaque école primaire présentaient leurs meilleurs élèves au concours annuel d'entrée, fait d'épreuves de français et de connaissances générales, ainsi que d'évaluations d'aptitudes et de quotient intellectuel.

Comme on peut le voir, le système était terriblement sélectif. Des quelque deux cents candidats à subir les épreuves, nous ne fûmes que trente ou quarante à découvrir les éléments latins, en cet automne de 1951.

Pour les filles, il n'y avait rien de possible, sauf le collège du Bon Pasteur, à Chicoutimi. Mais là, il y avait la barrière de l'argent, infranchissable pour un camionneur chargé de famille. C'est ainsi que notre unique sœur — et combien d'autres jeunes filles de talent — dut renoncer à faire «son classique» et à entrer à l'université.

On peut adresser bien des critiques aux cégeps et à l'école publique nés de la réforme Parent, mais au moins donnent-ils une chance égale à chacun. Ce qui ne signifie pas qu'il faille renoncer à les améliorer et en accepter les déficiences.

Une chose est certaine, en tout cas: sans l'externat classique Saint-Michel et le collège de Jonquière, qui a pris le relais, aucun de mes frères n'aurait pu entreprendre des études couronnées par l'obtention de doctorats en France; pas plus que je n'aurais moi-même accédé à l'université.

Ces externats avaient d'ailleurs les allures d'un compromis. Les trois qui existaient dans notre région ne dispensaient que les premières années du cours classique. Celles-ci portaient des noms qui, avec le recul, ont pris une étrange résonance: éléments latins, syntaxe, méthode et versification. Le cycle se terminait par le redoutable examen dit de l'«Immatriculation», directement administré et corrigé par la faculté des arts de l'Université Laval. Après ces quatre années d'externat, les élèves promus devaient aller compléter les autres dans un «vrai» collège classique, comme le séminaire de Chicoutimi. Ces années étaient baptisées de noms aussi évocateurs: belles-lettres, rhétorique, philosophie I et philosophie II.

Les trois externats du Saguenay—Lac-Saint-Jean dépendaient, de façon assez lâche, me semble-t-il, du séminaire de Chicoutimi qui répondait d'eux, sur le plan académique, auprès de l'Université Laval. Dans la réalité, ils étaient pris en charge et dirigés par des frères: ceux du Sacré-Cœur, à Jonquière, et de l'Instruction chrétienne, à Arvida. À Alma, le corps enseignant était constitué de frères maristes, dont Jean-Paul Desbiens, mieux connu plus tard sous le nom de frère Untel, lui aussi un descendant direct, par sa mère, née Bouchard, de l'arrière-grand-père Sixte.

Quand la société québécoise réglera-t-elle ses comptes avec les frères enseignants? J'utilise ici l'expression littéralement, dans le sens de payer ses dettes. Mais avant de les payer, il faut les reconnaître. Et cela, nous mettons une incompréhensible obstination à ne pas le faire. Pourtant, des milliers de religieux nous ont donné le meilleur d'eux-mêmes dans un secteur vital, celui de l'éducation, et le plus souvent dans des milieux défavorisés.

Ils l'ont fait avec humilité, je dirais même dans l'obscurité, sans rechercher le prestige et encore moins le pouvoir.

Je me suis toujours demandé pourquoi ils n'ont pas eu droit à la même considération que les religieuses. On sait dans quelle estime nos concitoyens tiennent ces dernières, qui ont prononcé les mêmes vœux et ne sont pas plus élevées dans l'ordre canonique.

Se pourrait-il que les frères aient souffert de l'infériorité de leur position par rapport à celle des prêtres séculiers et réguliers? La prêtrise étant interdite aux femmes, il ne pouvait s'établir entre elles de comparaison hiérarchique. Puisqu'elles ne pouvaient être autre chose que religieuses, il était impossible de dire d'elles, comme je l'ai souvent entendu à propos des frères, qu'elles étaient des «prêtres manqués».

J'ai été enfant de chœur à l'église Saint-Dominique de Jonquière, pendant quelques années. Selon l'horaire établi, je devais, certaines semaines, servir la messe de 6 heures du matin. Il m'arrivait régulièrement, en passant près de l'académie Saint-Michel, vers 5 heures 45, de voir un frère arroser, par grand froid, la patinoire des élèves.

Leur zèle était indéniable. Ils mettaient sur pied des ligues de hockey, des tournois de ballon, des compétitions de course et saut. Ils faisaient répéter des pièces de théâtre, préparaient des concours oratoires. Mais ce qu'ils faisaient, à mes yeux, de plus méritoire, c'était de mettre de petites bibliothèques à notre disposition. Il y en avait dans chaque classe. J'en faisais le tour, les épuisant les unes après les autres. On ne peut imaginer aujourd'hui le délice qu'a été, pour des garçons de dix à douze ans privés de livres, la découverte de centaines de volumes inconnus. Je fis des ravages dans la collection Signe de piste, les aventures de Biggles et de Worrals, les œuvres de Jules Verne, de Carl May, plus tard de Dickens, Balzac et Hugo. Certains jours, j'ai dévoré jusqu'à deux livres, lisant de quatre heures de l'après-midi jusque tard dans la nuit. Le goût de la lecture, je l'avais depuis l'âge de cinq ans, lorsque mes parents commencèrent à me faire lire le supplément hebdomadaire illustré de *L'Action catholique*, journal auquel ils s'étaient abonnés.

Mais la grande affaire, c'étaient les études, faciles jusqu'en septième année, mais beaucoup plus exigeantes à partir des éléments latins.

Il y a fort à parier que les supérieurs de la communauté des frères du Sacré-Cœur affectaient leurs meilleurs sujets à l'externat classique. Les frères avaient tout à prouver par cette incursion périlleuse dans un domaine traditionnellement réservé au clergé. Nous, étudiants, devions en subir les contrecoups. Car le succès de nos maîtres ne pouvait se mesurer qu'aux nôtres.

Il faut dire que leur pédagogie ne faisait pas dans le sophistiqué. Pour eux, pas de recettes magiques ni de solutions douces. Ils croyaient dur comme fer que rien ne pouvait s'apprendre sans efforts. Aussi centraient-ils tout sur le travail, la stimulation intellectuelle et l'émulation.

On encourageait chacun à dépasser ses condisciples et on exhortait la classe à récolter plus de lauriers que le vénérable séminaire de Chicoutimi. Nous étions soumis à un régime spartiate où analyses grammaticales, lectures obligatoires, compositions, travaux divers et examens constituaient l'ordinaire. Tout cela parfaitement accordé avec une devise dans laquelle nous ne trouvions pas le plus grand réconfort: *Illumino consumendo* (*J'éclaire en me consumant*). Celle du séminaire ne nous semblait pas en demander autant à nos rivaux: *Spes messis in semine* (*L'espoir de la moisson est dans la semence*).

Chaque mois, il y avait publication de l'«Ordo», qui attribuait son rang à chacun. Triomphe pour les uns, torture pour les autres, cette classification disposait impitoyablement des espoirs et des prétentions de la plupart. Les parents étaient, bien sûr, systématiquement mis au courant. On faisait même venir un prélat du séminaire (à moins qu'il ne s'imposât lui-même) pour faire tomber les arrêts. «Un tel: dernier, tel autre: premier.» Car une fois introduits dans le saint des saints, nous n'étions pas pour autant à l'abri des rigueurs de l'élitisme. À l'intérieur, c'était encore pire. Une seule loi, celle du meilleur. Dure loi que celle-là, nous en conviendrons. Pour certains, elle n'est guère plus acceptable que celle du plus fort, dont elle est la cousine. Le dépassement de soi doit-il nécessairement déboucher sur la domination des autres?

J'y pensais souvent lorsque, dans les années 1970, des pédagogues à la mode plaidaient pour la suppression des examens au profit de l'expression et de l'épanouissement personnels. Que ces théories émanent de bonnes intentions ou qu'elles cèdent délibérément à la tentation du laxisme ne change rien à une réalité incontournable: les employeurs embauchent les diplômés les mieux notés, les facultés contingentées sélectionnent leurs candidats selon les mêmes critères et on décerne les bourses aux meilleurs étudiants. Dans la vie, comme dirait mon père, c'est pareil: comment empêcher les individus et les peuples les plus travailleurs de réussir mieux que les autres?

Pour le moment, je voudrais en finir avec l'école des frères. De toute façon, la fin est proche. Car les frères, dont les élèves enregistrèrent succès académiques sur succès académiques, conçurent le projet d'aller plus loin. Ils eurent l'ambition d'ajouter les quatre dernières années du classique au cursus de l'externat Saint-Michel. Cela ne se pouvait, et ils durent essuyer une fin de non-recevoir de la part des autorités ecclésiastiques.

Mes camarades de la classe de versification et moi faisions ainsi face, à l'instar de nos prédécesseurs, à l'obligation d'aller terminer notre cours ailleurs. Nous en fûmes dispensés, à la dernière minute, par l'entrée en scène des pères oblats qui, répondant à l'appel d'un groupe de parents, décidèrent de fonder le collège de Jonquière. Les trois externats fermèrent leurs portes, au profit de la nouvelle institution qui récupéra la plupart de leurs élèves. Le collège, pour sa première rentrée scolaire à l'automne 1955, offrit les cinq premières années du classique. Les trois autres années s'ajoutèrent au fur et à mesure des promotions de notre groupe, constitué pour l'essentiel des diplômés des défunts externats. Nous fûmes donc, en 1959, les premiers diplômés du nouveau collège.

Je ne puis rien dire de ces années de formation sans parler de mon *alma mater*. Car, en même temps que nous étions en train de devenir des hommes, quelque chose était en train de devenir un collège. Nous avions conscience de jouer un rôle de premier plan dans cette double éclosion.

Mais d'abord, il y avait les oblats. Ayant décidé de s'implanter dans une région nouvelle, la congrégation ne lésina pas sur le choix des pères pionniers. Elle se montra généreuse et avisée dans ses nominations. Pierre-Paul Asselin, le premier supérieur, avait l'étoffe d'un fondateur. Originaire de Saint-Ambroise, Lac-Saint-Jean, il avait fait carrière, jusque-là, dans la prédication et l'enseignement, mais surtout au sein des mouvements sociaux. Son dernier poste, avant de venir à Jonquière, avait été celui d'aumônier national des Jeunesses ouvrières catholiques (J.O.C.). Gérard Arguin, jeune philosophe féru de littérature, âme ardente et éducateur-né, était le préfet des études idéal. On leur avait associé Émile Normand, professeur émérite et pédagogue averti, qui n'arrivait pas à dissimuler, sous une apparente sévérité, combien il nous aimait. Le père Bilodeau complétait l'équipe. Comptable, administrateur, architecte et entrepreneur, il gérait, *manu militari*, entre deux messes et deux lectures de bréviaire, le fonctionnement et la croissance presque spontanée de la jeune institution.

Les oblats, éducateurs hors pair, étaient aussi des débrouillards. Les bâtiments du collège (aujourd'hui l'un des plus beaux campus collégiaux du Québec) se mirent tout de suite à pousser comme des champignons. Il faut dire que les pères reçurent un appui inconditionnel des gens du milieu, en premier lieu de la part de Mgr Luc Morin, curé de la paroisse Saint-Dominique. Je crois bien que, sans lui, les oblats n'auraient peut-être pas réussi à vaincre les réticences de l'évêque de Chicoutimi qui avait un «préjugé favorable» à l'égard du séminaire diocésain.

On aura deviné que la rivalité avec le séminaire, nourrie par celle qui régnait entre Jonquière et Chicoutimi et si bien amorcée à l'externat classique, ne devait pas s'éteindre facilement. D'autant plus que les oblats voulurent donner à leur enseignement une dimension sociale qui ne pouvait que démarquer leur collège des séminaires traditionnels. La clientèle, faite surtout de fils d'ouvriers, s'y prêtait particulièrement. Le développement du milieu tenait, dans la préoccupation des pères, autant de place que l'amélioration du sort des étudiants eux-mêmes. Les discours de rentrée scolaire du père Asselin évoquaient davantage nos responsabilités sociales que nos éventuels privilèges de notables. Dans la mesure — bien relative — où le permettait le programme de la faculté des arts de Laval, les pères insistaient sur l'enseignement du syndicalisme, de l'économie et des sciences. Jusqu'à un certain point, il y avait là, avant la lettre, un cégep qui pointait.

Après coup, je me rends compte que les oblats avaient le sens des priorités. Côté discipline de travail et rendement scolaire, ils étaient intraitables. Ils nous accablaient de travaux, dissertations et examens. Grâce aux frères du Sacré-Cœur, je n'étais pas trop dépaysé.

Par contre, ils faisaient preuve d'une étonnante souplesse quand il s'agissait de la liberté de penser et de s'exprimer. On pouvait, sans passer pour des iconoclastes, discuter de tout avec eux, y compris de religion. Ils avaient aussi quelque indulgence pour les incartades usuelles: fumer dans les toilettes ne vous inscrivait pas au tableau d'honneur mais ne vous valait pas, comme dans certains établissements bien tenus, l'expulsion. Apporter une bouteille de bière à la maison de retraite fermée vous faisait certes passer deux mauvais quarts d'heure, l'un au collège, l'autre à la maison, mais ce crime, considéré ailleurs comme étant infamant, n'était pas forcément passible de la peine capitale.

Les pères n'avaient pas peur de «lâcher les cordeaux» quand nous voulions faire preuve d'initiative. Ils cherchaient à nous donner le goût de tailler dans le neuf, dégagés des traditions qui sclérosent l'action et étouffent la créativité.

Les traditions, c'est nous qui les établissions. Le collège était un chantier, à tous points de vue. Pendant qu'on excavait, élevait des murs et agrandissait sans cesse, on fondait, à l'intérieur, dans une sorte de fièvre, cercles d'études, mouvements, associations. Pour ma part, je lançai, avec un camarade de classe, le journal du collège, dont le nom, *Le Cran*, annonçait les couleurs.

Yves Villeneuve — devenu plus tard brillant ingénieur et cadre supérieur à l'Alcan — et moi-même y publiâmes des articles qui portèrent la tolérance des bons pères à des hauteurs qu'ils n'avaient jamais pensé atteindre. Ils acceptèrent même, sans trop broncher, la parution d'une chronique, due à la plume de mon jeune frère Claude, qui ne se gênait pas pour ridiculiser leurs travers et petites manies. Le seul coup de semonce nous vint, sous forme d'incitation à plus de retenue, après que mon frère, emporté par son esprit caustique, s'en fut pris à la personne de l'évêque du diocèse. Je devais constater, quelques années plus tard, que les prêtres de l'Université Laval avaient la gâchette plus nerveuse quand il s'agissait de déclencher les foudres de la censure.

D'Ottawa, dont ils ont fondé l'université, les oblats nous avaient apporté une fascination pour les sports. Nous fûmes donc initiés au basket-ball, à la gymnastique, au football (où Roch, un autre de mes frères, s'illustra comme quart-arrière de l'équipe du collège) de même qu'aux disciplines d'athlétisme. Ce qui ne nous empêcha pas d'exceller au hockey. Mes trois frères et moi avons fait partie de l'équipe officielle du collège. Nous avons vaincu, en finale, la meilleure équipe des écoles «ordinaires» de la ville, malgré les huées de ses supporteurs qui nous traitaient de «tapettes du classique». Mais ce n'est qu'après mon départ — et peut-être grâce à cela — que l'équipe du collège, où il n'y avait plus que trois Bouchard, réussit à battre les champions du séminaire de Chicoutimi.

Les oblats eux-mêmes n'avaient que faire de ces petites guerres de clochers. Ils voyaient plus grand pour nous. Leur apport le plus significatif fut justement d'aider à désenclaver un milieu que la géographie avait condamné à l'isolement. Le «Royaume du Saguenay», comme certains l'ont appelé jadis, est confiné dans une vallée d'une cinquantaine de kilomètres de large, encaissée entre les montagnes des Laurentides. Du côté est, la seule issue naturelle est le fjord du Saguenay, qui rejoint le Saint-Laurent à la hauteur de Tadoussac, point extrême de la vallée. Du côté ouest, il n'y a de débouché que sur les immensités du lac Mistassini et du grand lac des Esclaves. La première liaison routière digne de ce nom avec Québec n'a été inaugurée qu'en 1951.

Ouverte à la colonisation depuis cent cinquante ans seulement, la région doit son peuplement au trop-plein de Charlevoix. Il y avait du repli dans cette migration vers le nord, dans un territoire encore plus rude que celui de Charlevoix. Mais où pouvaient aller ces contingents de bûcherons et de draveurs? L'heure n'était certainement pas encore venue pour cette pléthore de fils et filles de familles nombreuses, refoulés dans l'arrière-pays, de se déployer vers Québec et Montréal afin d'y entreprendre des carrières artistiques ou s'attaquer à la conquête de leviers de l'économie et de la finance. À tout le moins, ceux-là ont-ils occupé et développé le territoire québécois, au lieu de s'exiler aux États-Unis, comme ont dû le faire un million des nôtres.

On parle souvent de la fierté des gens du Saguenay—Lac-Saint-Jean. Je n'ignore pas que les références à la fierté des Québécois ont, par le temps qui court, quelque chose de suspect aux yeux de certains. Ce sont en général les mêmes qui tiquent, dès qu'ils entendent prononcer les mots «régions du Québec», voyant tout de suite se dresser le spectre du régionalisme. Le hic, c'est que les régions existent et qu'elles n'ont jamais cessé d'alimenter le bassin montréalais.

En ce qui concerne la fierté, je n'ai pas peur du mot, dès lors qu'il correspond à la réalité. Il faut seulement savoir distinguer la fierté du «pétage de bretelles». Je suis fier des succès d'Hydro-Québec, mais pas de ses cafouillages environnementaux. J'ai admiré la sérénité de la foule qui a défilé rue Sherbrooke en 1990 et en 1991. Mais je n'ai pas aimé les géants qui ressemblaient trop aux fantasmes compensateurs enfantés par le complexe d'infériorité dont je nous croyais débarrassés.

La fierté dont se réclame la population jeannoise et saguenéenne a de nombreuses lettres de créance. Les gens sont fiers d'avoir survécu et de ne le devoir qu'à eux-mêmes. Ils aiment rappeler les noms de leurs concitoyens et concitoyennes qui ont réussi, chez eux et ailleurs, dans les arts, les affaires et le sport. Ils ont une longue tradition de méfiance envers les gouvernements qui, il faut le dire, à l'exception de ceux de l'Union nationale, les ont ignorés. Quand les politiciens se sont souvenus d'eux, c'était pour concéder aux «Anglais» des limites à bois, des permis d'inonder des terres agricoles ou des droits hydroélectriques sur leurs rivières. Et l'on cite encore, dans nos familles, les exemples de tels ou tels de nos grands-pères ou grands-oncles qui, durant la crise des années 1930, refusèrent le «secours direct», ou encore renvoyèrent leurs chèques de pension de vieillesse.

Mais comment éviter le piège du renfermement en soi-même? Ce qui aide les gens de chez nous à résister à la tentation de la complaisance et à ne pas tomber dans le triomphalisme de village, c'est le sentiment d'avoir payé le prix fort pour leur réussite, d'ailleurs menacée par le chômage et l'exode des jeunes.

Tous les récits de famille parlent de la misère qu'ont subie nos ascendants: abris de fortune, privation de nourriture et travail d'une «noirceur à l'autre». Dès le retour de la belle saison, mon père allait pieds nus à l'école du rang. L'hiver, dans la première maison familiale, il devait, pour faire ses ablutions du matin, casser la glace qui s'était formée à la surface du seau d'eau dans sa chambre.

Surtout, les nôtres ont toujours eu conscience de leur isolement et du tribut qu'il a prélevé. Bien qu'elle eût, dès le début, vendu son bois aux États-Unis et à l'Angleterre et, plus tard, son papier et son aluminium au monde entier, cette population n'avait, dans les années 1950, que peu de contacts avec l'étranger. Ses relations extérieures et la gestion de ses activités industrielles ont été, pendant très longtemps, l'apanage d'une élite anglophone. Ce n'étaient pas les bûcherons ni les préposés aux cuves d'aluminium qui traitaient avec les clients internationaux. De toute façon, cela ne se faisait pas dans leur langue.

Quelques tentatives pour contrer le monopole des Price, dans le domaine de la pulpe, se sont soldées par des échecs retentissants. Le pittoresque village fantôme de Val-Jalbert et les monumentales ruines de la Vieille Pulperie de Chicoutimi sont tout ce qui reste des valeureux efforts de nos pères pour doter la région de ses propres entreprises de transformation forestière.

Assez curieusement, il n'en est pas résulté d'acrimonie à l'endroit des patrons anglophones. Cela tient sans doute au tempérament québécois, qui n'a rien de vindicatif. Mais il est certain que la mémoire collective n'a rien oublié. Sinon, comment expliquer la promptitude et la constance avec lesquelles cette région a répondu à l'appel souverainiste?

C'est donc dans une société tissée un peu serré qu'ont débarqué les oblats. La télévision venait tout juste d'arriver et il n'y avait encore que peu d'échanges avec l'extérieur. Je n'avais personnellement pas l'allure cosmopolite, n'ayant fait qu'un ou deux voyages à Québec et aucun à Montréal. On comprendra que, dans ces conditions, ma rencontre avec les humanités et les oblats ait eu l'effet d'une bouffée d'air frais.

Je n'ai jamais accepté que le rapport Parent, ou ce qu'on en a fait, ait tourné le dos aux humanités. C'était d'une courte vue qui confine à l'irresponsabilité. Pour la plupart des cultures occidentales, les humanités, c'est la remontée aux sources de notre civilisation et de ses valeurs, donc le seul moyen de les nourrir et de les vivifier. Je comprends et juge nécessaire le renouvellement des institutions qui datent. Mais je ne m'explique pas l'acharnement que nous mettons à arracher nos racines. N'y aurait-il pas eu moyen de sarcler le jardin sans arracher, avec les mauvaises herbes, la salade et les radis? Des cuistres du ministère de l'Éducation sont allés jusqu'à rayer du programme du secondaire, et récemment des cégeps, l'enseignement obligatoire de l'histoire. Ils vous diront qu'ils y ont été acculés par des contraintes bureaucratiques, ce qui équivaut, pour les bureaucrates qu'ils sont, à invoquer leur propre turpitude. De toute façon, aucune théorie pédagogique, si fumeuse soit-elle, ne saurait les justifier. Le résultat net de ces inconséquences sera de couper nos enfants des fondements de la pensée occidentale — sans parler des autres — aussi bien que de leur identité québécoise. Dangereuse béatitude de ceux qui ignorent qui ils sont et d'où ils viennent.

L'élargissement des frontières intellectuelles n'est pas moins impératif que celui des démarcations économiques.

En ce qui me concerne, mes horizons, à quinze ans, n'étaient pas assez larges et ma motivation pas assez autonome pour que je ne puisse bénéficier d'une intense fréquentation des Anciens. J'ai adoré l'étude du grec et du latin, et la possibilité qu'elle m'a offerte d'accéder aux trésors de l'Antiquité. J'aurais payé pour faire des versions latines. Mon professeur, le père Reneault Poliquin (frère de feu Jean-Marc Poliquin, commentateur à Radio-Canada), me faisait participer à des concours provinciaux, pour le plaisir. Terrassé, dans la force de l'âge, presque entre deux cours, par une attaque cardiaque, ce latiniste de première force nous avait tous conquis par sa science et par la passion qu'il mettait à nous faire aimer la langue de Cicéron.

Les cours de littérature française du père Arguin étaient souvent inspirés, toujours solides. Comme l'exigeait le programme, nous passions beaucoup de temps en compagnie des auteurs du XVIIᵉ siècle. Bien que les beautés de la langue m'aient été beaucoup plus accessibles, j'avoue que mon jeune âge et ma totale inexpérience m'ont empêché de compatir, autant qu'il se devait, aux tourments d'Andromaque. Et malgré les leçons de mon père sur les «choses de la vie», je ne saisissais pas aussi bien que le père Arguin les motifs du fatal coup d'épée donné par Rodrigue au père de sa fiancée. Que savions-nous, à quinze et seize ans, malgré nos airs entendus, des ravages que font, dans le cœur humain, l'amour, le goût du pouvoir, l'honneur, la cupidité et la gloire?

Mais j'ai été, tout de suite, meilleur public pour Molière, moins déclamatoire et plus proche de nous. D'autant que les pères nous emmenèrent assister, à Québec, à une représentation du *Bourgeois gentilhomme*. C'est ainsi que me fut révélée la féerie du théâtre, avec Louis Seignier dans le rôle de monsieur Jourdain, accompagné de la troupe de la Comédie-Française en tournée américaine.

Je garde une impression assez quelconque de nos cours d'histoire. Il me semble qu'on s'attardait beaucoup trop sur la période de la Nouvelle-France, par rapport aux XIXe et XXe siècles, traversés au galop. Un peu comme si nous avions cessé d'exister après la Conquête. La digérerons-nous jamais, cette défaite des plaines d'Abraham?

Notre professeur de sciences était un laïc. Français venu directement d'Algérie, il a exercé sur nous une influence qui débordait le cadre de son enseignement proprement dit. Maurice Scory a certainement inspiré les carrières scientifiques de plusieurs de mes camarades. Prenant toutes les libertés avec les manuels, il allait au-delà des formules, nous les faisant même reconstituer. Son propos était de nous faire entrer dans l'esprit de la quête scientifique. La rigueur et l'élégance de ses démonstrations démystifièrent les mathématiques et nous ouvrirent toutes grandes les portes du monde de la physique et de la chimie.

Nous nous réunissions souvent autour de lui, après ses cours, pour aborder toutes sortes de sujets. Il avait voyagé, fait la Deuxième Guerre et intensément vécu. Je me souviens d'un cours de physique entièrement consacré au retour du général de Gaulle aux affaires. Je ne sais par quel hasard M. Scory a atterri à Jonquière, mais ce coup de chance en fit notre maître.

L'enseignement de la philosophie était un scandale. Le programme obligeait les maîtres à recourir à un manuel en trois tomes, fabriqué en latin de cuisine par un professeur du séminaire de Québec, l'abbé Henri Grenier. Outre qu'il ne rendait pas justice à saint Thomas d'Aquin, dont il prétendait résumer l'œuvre philosophique, à la façon du *Sélection du Reader's Digest*, ce grimoire et l'usage qu'on en imposait étaient une trahison envers la philosophie.

Nos maîtres oblats avaient été formés à la faculté de philosophie d'Ottawa, l'une des meilleures du Canada, alors que celle de Laval était un repaire d'intégristes. Sans doute peu impressionnés par l'effort de l'abbé Grenier, nos professeurs nous avaient fait acheter d'autres manuels, tous édités en France. Depuis le temps qu'on nous faisait miroiter les beautés de la science des sciences, nous nous en donnâmes à cœur joie, lisant, discutant et dissertant de l'être, du libre arbitre et de tout ce qui nous passait par la tête. Hélas! les résultats des premiers examens que nous firent subir les successeurs de l'abbé Grenier, à Québec, devaient refroidir nos ardeurs. Ce fut, pour la plupart, un échec ignominieux, les autres ne sauvant leur peau que de justesse. Un seul d'entre nous s'en tira avec honneur, je crois même avec un 20 sur 20.

Son frère aîné, élève du séminaire de Chicoutimi, l'avait mis en garde contre la méthode des oblats, par trop proche de la maïeutique de Socrate, et lui avait passé le tuyau: il suffisait d'apprendre par cœur la glose du bon abbé Grenier et de la recracher mot à mot.

Une fois revenus de notre stupeur, nous nous mîmes tous, élèves et maître, à ânonner en chœur, comme au petit caté-chisme, les réponses simples et définitives de l'abbé Grenier à des questions comme: «Qu'est-ce que le socialisme?» et «Pourquoi faut-il le rejeter?» Ce charabia remonte parfois à la surface, comme des hoquets de la mémoire, tels: «*Socialismus rejiciendus est*» ou «*Minor patet ex dictis*».

Pour ce qui dépendait d'eux, les oblats multipliaient les occasions de nous ouvrir l'esprit. Ils firent venir le ténor Raoul Jobin qui, bien qu'en fin de carrière, nous donna un merveilleux récital. Les missionnaires de passage étaient invités à nous parler de l'Afrique, du Japon, de l'Amérique du Sud ou du Grand Nord canadien. Explorateurs, cinéastes, écrivains et gens d'affai-res nous entretenaient de leurs métiers. Le cardinal Léger vint nous rendre visite, fraîchement revêtu de sa dignité de prince de l'Église. Il en avait aussi le verbe et l'allure. Je n'ai pas de peine à me le rappeler: les pères m'avaient chargé de composer l'adresse des étudiants et de la lire à l'auguste personnage.

Pour d'autres raisons, d'un registre moins élevé, je garde le souvenir vivace d'une démonstration de ballet que les pères avaient un jour décidé de nous offrir. Une jeune danseuse, membre d'une troupe de passage dans la région, exécuta pour nous quelques pas, sur la musique du *Lac des cygnes*. Elle était gracieuse, belle à ravir et faite comme une déesse. Ce fut un triomphe où la concupiscence le disputa chaudement à l'esthétique. Les oblats ne jugèrent pas opportun de pousser plus loin notre initiation au ballet. On n'assista plus, sur la scène de la salle polyvalente, à d'autres ébats qu'à ceux du ballon-panier.

Avec la politique partisane, les autorités furent encore plus prudentes qu'avec le ballet. Je pense ne jamais avoir entendu un discours de politicien au collège. Si les pères avaient le respect de la chose publique, ils ne me parurent pas nourrir la même considération pour les politiciens et l'activité électorale. Ils préféraient parler de la notion de bien commun et du rôle de chacun dans sa réalisation. Ils abordaient la politique sous l'angle de la doctrine sociale de l'Église et des devoirs qu'elle assignait à tout chrétien. Mais cela n'allait pas jusqu'au combat politique du dominicain Georges-Henri Lévesque, un autre fils du Lac-Saint-Jean, qui a affronté Duplessis et fondé la faculté des sciences sociales de l'Université Laval. Pour le père Asselin, par exemple, travailler au bien-être collectif était d'abord une obligation morale qui pouvait ou non déboucher sur le service public. Et encore, l'engagement public semblait-il plus valorisé lorsqu'il s'orientait du côté de la fonction publique. On ne s'étonnera pas de compter en aussi grand nombre d'anciens du collège devenus fonctionnaires à Québec ou ailleurs.

Les pères n'ont jamais dénoncé l'Union nationale. En plus de la réserve à laquelle ils s'estimaient astreints vis-à-vis du pouvoir civil, il y eut peut-être un réflexe de prudence. Car si, pour construire le collège, ils ont puisé dans leurs fonds propres, ils ont également eu besoin des subventions du Gouvernement. Chose certaine, ils n'étaient pas très portés sur le nationalisme, avec lequel ils gardaient scrupuleusement leurs distances.

Cette espèce de désengagement ne faisait pas de nous des étudiants très politisés. En ce qui me concerne, surtout vers la fin, j'étais davantage préoccupé par mon sort personnel, déchiré par la décision à prendre sur l'orientation de ma vie.

Je me suis cru, un certain temps, destiné à la prêtrise. Durant les étés qui précédèrent mes années de philo, je dénichai un emploi en forêt, après avoir adressé, dans mon meilleur anglais, une demande d'embauche à Price Brothers. Le dernier été, loin des miens et plutôt solitaire, bien que logeant dans un camp de quarante hommes, je m'immergeai dans Bernanos, méditai et songeai très sérieusement au sacerdoce. Par surcroît, le sérieux de mes études, un certain goût pour les élans austères de même qu'un éloignement relatif des jeunes filles — éloignement tenant davantage à la timidité qu'à une attitude délibérée — l'avaient laissé entendre aux autres. Mgr Morin, me mettant un jour sur la tête, en présence de mes parents, sa barrette rouge de prélat domestique, avait dit: «Lucien sera notre cardinal.» Ma mère n'en demandait pas autant et se serait bien, je crois, contentée d'un prêtre, pourvu qu'il ne «fasse pas simple».

Quand je finis par écarter la prêtrise, le temps manquait pour me réorienter. Nous étions à quelques semaines de la prise de ruban. C'était la cérémonie où les diplômés annonçaient leur orientation professionnelle en se faisant épingler un ruban de la couleur qui y correspondait: blanc pour la prêtrise, rouge pour la médecine, et ainsi de suite. En catastrophe, je me fis admettre à Laval en médecine, en sciences, en lettres et en sciences sociales. Puis, apprenant qu'on décernait en sciences sociales un baccalauréat après un an, je décidai d'y passer ma première année universitaire, le temps de voir venir.

C'est ainsi que je partis pour Québec, à l'automne de 1959.

Québec:
les années
effervescentes

Du coup, je quittais la famille et la région qui m'avaient jusque-là servi de pays. C'est dire le choc qui m'attendait à Québec, dont je ne connaissais guère que le jardin zoologique et le théâtre Capitole. Je devais y aborder, pour la première fois, une grande ville et le milieu universitaire.

C'est la ville que j'apprivoisai le plus facilement. D'interminables promenades me firent découvrir la splendeur automnale des plaines d'Abraham et l'animation de la rue Saint-Jean, avec ses tavernes, commerces et cabarets. Je flânais des heures à la place d'Youville, pas encore défigurée par l'horreur rose et carrée qu'on y a posée depuis en remplacement de l'hôtel Montcalm. La dureté de ce jugement architectural a peut-être quelque chose à voir avec le regret que m'a causé la disparition de l'hôtel qui, réflexion faite, n'était pas particulièrement beau. Mais c'était le seul endroit où un étudiant désargenté et affamé pouvait manger une surlonge beurre noisette, tout le reste compris, pour 1,65 $. Pas étonnant, avec des prix pareils, que l'établissement ait dû fermer ses portes!

Je passais et repassais devant les entrées de l'hôtel Clarendon et du Château Frontenac, intrigué et intimidé à la fois par leurs portiers, costumés et chamarrés comme des maréchaux d'Empire.

Les abords du Château sont tout de suite devenus mes lieux favoris. Ils le sont restés. Il y a peu de points de vue comparables. Des hauteurs de la Citadelle, le regard embrasse le pont de Québec, Saint-Romuald, Lévis, la pointe de l'île d'Orléans et la côte de Beaupré jusqu'au mont Sainte-Anne. Et dans l'alignement du Château se dresse l'ancien bureau de poste, l'un des plus beaux édifices de Québec. Je ne savais pas que j'y travaillerais un jour, comme ministre de l'Environnement, dans le bureau que Louis Saint-Laurent avait occupé quand il était Premier ministre du Canada.

Quant à la terrasse, c'étaient les Champs-Élysées de Québec. On pouvait y voir déambuler des gens de partout, d'Yves Montand à Mathée Altéry. Pas un étudiant n'ignorait que les plus belles filles de Québec allaient y prendre le frais, le soir. Elles pouvaient s'y promener sans se déclasser, endimanchées, même les jours de semaine. Elles passaient pour des forteresses imprenables et avaient la réputation de ne jamais consentir à quitter Québec, même après avoir convolé, faisant mentir le proverbe «qui prend mari prend pays».

Mais la terrasse pouvait être le site d'activités moins mondaines. J'y suis allé quelquefois pour étudier, certains beaux après-midi de printemps, assis près de la balustrade et regardant distraitement passer les bateaux en bas sur le fleuve. Nous y avons même fait l'école péripatéticienne, Yvon Marcoux (devenu président de la SGF, maintenant chez Provigo) et moi. Nous nous sommes promenés en échangeant questions et réponses, sur le droit civil et la procédure, en préparation des examens du barreau.

De toute façon, je n'étais pas le seul à entamer une nouvelle vie. Nous étions plusieurs régionaux à arriver en ville. Seule université au nord-est de Montréal, Laval drainait les diplômés de la plupart des régions du Québec. Dans toutes ses facultés, chaque classe était un mélange de Beaucerons, Gaspésiens, Trifluviens et autres. Les «Bleuets» étaient partout en force. Toutes rivalités cessantes, ils retrouvaient, loin de chez eux, leur solidarité naturelle.

Les amitiés de collège n'en perdaient pas leurs droits pour autant. Deux camarades de Jonquière et moi louâmes des chambres chez Mme Saint-Pierre, qui, depuis le décès de son mari, vivait seule avec son vieux père dans un grand appartement de la rue Claire-Fontaine. J'y suis resté quatre ans, quittant l'immeuble voué, avec tout le pâté, à la démolition, pour faire place au Grand Théâtre. Le bel orme qui ombrageait ma fenêtre est encore là, un peu esseulé à la limite du stationnement.

Bernard Angers et André Tremblay furent, durant toutes ces années, de merveilleux compagnons, et Mme Saint-Pierre nous traita comme des fils. Dès le début, nous avons reconstitué le climat studieux de notre *alma mater*. Peu de soirées de travail se sont terminées sans que nous nous livrions, pour régler le sort du monde, à des conversations interminables. Chacun de mes deux amis a fait une réussite de sa vie professionnelle. André, professeur à l'Université de Montréal, est le conseiller en droit constitutionnel du gouvernement Bourassa. Bernard, après avoir décroché une maîtrise au London School of Economics, a fait carrière dans la fonction publique du Québec, où il est actuellement sous-ministre en titre du Revenu.

Mes premiers contacts avec la faculté des sciences sociales furent moins heureux. J'ai été, d'entrée de jeu, dérouté. D'abord par le cadre, qui ne correspondait en rien à l'idée grandiose que je m'étais faite de l'université. Cette faculté était le parent pauvre de Laval. On l'avait logée dans une ou deux maisons d'aspect plutôt délabré sises dans la petite rue de l'Université, en face du séminaire de Québec. Ces considérations paraîtront bien superficielles mais elles produisirent leur effet, en comparaison du somptueux édifice qui abritait la faculté de médecine, sur le campus de Sainte-Foy. Je me sentais déclassé par rapport à mes camarades qui s'étaient fait épingler, comme moi, le ruban rouge, mais qui n'en avaient pas moins changé.

Plus grave encore, je fus déçu par le programme du premier semestre. J'eus la désagréable impression de recommencer mon classique. Le cours de philosophie sociale ressemblait à ce point à l'enseignement thomiste du classique que je me sentais traqué par le fantôme de l'abbé Grenier. On nous infligeait aussi une répétition de mes anciennes leçons de doctrine sociale de l'Église. Quant aux mathématiques, elles n'étaient pas tellement plus avancées que celles de Maurice Scory. Le cours d'économie politique n'était vraiment qu'une introduction sommaire; j'en apprenais infiniment plus en lisant le manuel de Samuelson. L'initiation à la sociologie me plongeait dans un ennui mortel. J'en ai gardé le souvenir d'une suite ininterrompue de défini-tions à mémoriser. Le professeur, qui souffrait peut-être de ne pouvoir nous transmettre toute sa science, conclut un jour son cours en disant: «Voilà donc, pathétiquement télescopé, ce que j'avais à vous dire sur la question.»

Je me demandais aussi comment tout cela pourrait m'aider à gagner ma vie.

Les choses s'améliorèrent au deuxième semestre. Les cours du professeur Marc-Aurèle Thibault, un homme sans prétention mais très compétent, m'ouvrirent les yeux sur les perspectives et la complexité de la micro-économique. L'horaire prévoyait deux séries de cours dispensés par le sociologue Guy Rocher. Ce fut un éblouissement. Je suivis son enseignement avec une attention passionnée et commençai à comprendre quelque chose à la sociologie. Dommage que les autorités de la faculté n'aient pas inscrit M. Rocher à l'horaire dès le début de l'année. Cela n'aurait rien changé à l'histoire de la sociologie, mais aurait pu modifier la mienne.

Car il était trop tard. J'avais manqué mon rendez-vous avec les sciences sociales. Je compris par la suite qu'il m'aurait fallu attendre l'année suivante pour entrer dans le vif. Cette première année n'était qu'un tour d'horizon pour permettre aux étudiants de choisir entre sociologie, économique, relations industrielles et

sciences politiques. En fait, ma rencontre avec le véritable enseignement des sciences sociales, celui qui a transformé la société
québécoise, je l'ai ratée d'un an.

Au reste, je m'en impute toute la responsabilité. Je me laissai
museler par ma timidité, au lieu de m'ouvrir à mes professeurs
des doutes que j'entretenais. Je n'osai jamais m'approcher d'eux,
me contentant d'étudier de mon mieux et de remettre les
travaux demandés.

Je dois peut-être envisager un motif additionnel, qui m'a
sûrement échappé, à l'époque. J'ai vu émerger, au hasard des
cours et des lectures suggérées, un tableau du Québec qui me
dépaysait, tellement il différait des images d'Épinal formées dans
le cocon de la famille et dans le sérail du cours classique. La
faculté du père Lévesque ne faisait pas profession de farder le
portrait du Québec. Elle cherchait justement, par l'analyse statistique, économique et sociologique, à le décaper des couches
d'ignorance déposées par la complaisance traditionnelle et par la
propagande de l'Union nationale. Elle avait, des réalisations de
Duplessis, une vision moins bucolique que celle de mon père et
de mon grand-père, fidèles continuateurs d'une longue lignée de
«bleus». L'électrification rurale et le crédit agricole, salués dans
les discussions familiales comme des pas de géant, n'étaient pas,
pour les intellectuels citadins que je découvrais, le *nec plus ultra*
du progrès. Les propos entendus sur Duplessis et son entourage,
dans les salles de cours et les corridors de la faculté, ne faisaient
pas ressembler ces héros de nos campagnes aux illustres modèles
proposés par Plutarque. La société québécoise, dont on m'offrait
une description plutôt crue, était-elle aussi loin des délices de
l'Arcadie, chantée dans les versions latines du père Poliquin? Par
exemple, je ne retrouvais guère, dans le séminaire du sociologue
Marc-Adélard Tremblay sur les conditions de travail des
bûcherons, l'idée plus épique que je m'étais faite des séjours de
mon père dans les chantiers d'hiver.

Si bien que, sans l'avoir vraiment réalisé, ce dépaysement
dans les perceptions a probablement joué un rôle dans ma
décision.

Par contre, je constatais tous les soirs le plaisir et l'intérêt que prenait mon colocataire André Tremblay à s'adonner au droit. Je pris davantage goût à ses études qu'aux miennes, séduit par la rigueur et l'intelligence que cette très ancienne discipline mettait au service de la justice. Je m'étais d'ailleurs souvent pris à rêver d'éloquence judiciaire. Peut-être dangereusement échauffée par le défrichage ardu des *Philippiques* et des *Catilinaires*, mon imagination avait été hantée par Démosthène et Cicéron. Il me revint aussi que ni l'un ni l'autre n'avait eu l'idée saugrenue de terminer une plaidoirie par: «Voilà, Votre Seigneurie, pathétiquement télescopée, mon argumentation.»

Dès le premier semestre, je décidai de quitter la faculté des sciences sociales et de commencer mon droit l'année suivante. Ce qui ne m'empêcha pas de bien travailler jusqu'à la fin. J'obtins même le prix d'excellence. Le professeur Thibault, apprenant ma décision, m'incita à poursuivre mes études, l'année suivante, au département des sciences économiques.

Mais les jeux étaient faits, j'avais trouvé ma voie. J'étais résolu à devenir avocat. Je n'avais toutefois pas perdu mon temps. En plus d'avoir ajouté quelques dimensions à mon univers, j'avais, au début et à la fin de mon séjour en sciences sociales, rencontré l'histoire. Car cette première année à Québec, commencée à la mort de Duplessis, se termina par la visite du général de Gaulle. On conviendra que, pour passer de l'un à l'autre, une année n'était pas de trop.

Je faisais partie de la foule qui s'était massée sur le talus où siège la statue du cardinal Taschereau, face au parvis de la basilique de Québec, pour assister à l'arrivée du cortège funèbre du premier ministre Maurice Duplessis. Plus qu'à la disparition d'un homme public, je sentais vaguement que j'assistais à la fin d'une époque.

Je vis tout ce que la «province» (on ne s'exprimait pas autrement, dans le temps) comptait de personnages officiels, chapeautés de noir et gantés de gris, sortir des limousines pour s'engouffrer dans la basilique, derrière le cercueil. À côté de moi, des voisins nommaient les gens célèbres qu'ils reconnaissaient dans le cortège.

Je pensai à mon grand-père qui, aux élections de 1956, s'était levé de son lit de mort pour aller voter une dernière fois pour Duplessis. Et à mon père qui nous disait de ce dernier qu'il rédigeait de sa propre main toutes les lois de la province. «Même les petites lois?» lui avais-je demandé, un jour. «Toutes les lois sont importantes», avait-il répondu.

La foule attendit la fin de la cérémonie religieuse pour voir les portes s'ouvrir et livrer passage au cortège. Plusieurs se découvrirent, tous observaient le silence.

Commencée par une fin de régime, ma première année à Québec se clôtura, en avril, par le passage du général de Gaulle, qui amorçait, en France, la construction d'une nouvelle république. Il y a parfois une logique dans le hasard. Car il convenait assez qu'au départ d'un politicien provincialiste, soucieux, jusqu'à la fin, de tenir son petit peuple à l'écart du monde, répondît l'arrivée d'un géant du XXe siècle, déterminé à redonner son rang à une grande nation.

J'avais déjà beaucoup lu sur le général de Gaulle, dont j'avais, de plus, dévoré *Les Mémoires d'espoir* et *Le Fil de l'épée*, petit livre passionnant sur l'exercice du pouvoir, qu'il avait fait paraître dès 1932. Avec Churchill et très peu d'autres, il incarnait pour moi l'histoire vivante. Je n'allais pas le laisser passer à portée de la main sans rien faire. Sachant qu'il se rendait à l'hôtel de ville, je me postai le long d'une allée qu'il devait emprunter. Plusieurs rangées de badauds formaient, de part et d'autre de son chemin, des haies humaines. Quand le général s'approcha, je le voyais à peine à travers la foule qui se pressait devant moi. Il me semblait distribuer à droite et à gauche des poignées de main aux curieux qui bordaient immédiatement sa route. Je bousculai tout le monde en avant de moi et débouchai en trombe sur le bord de l'allée. Mais je n'avais pas vu un fil de fer tendu très haut le long du chemin du général. Emporté par mon élan, je donnai contre le fil que je m'enfonçai dans la bouche à la façon d'un mors. Inutile de dire que je m'écorchai douloureusement. Au même moment, le général me vit et, par pitié ou appréciation de mon enthousiasme, me tendit la main. Je la saisis avec empressement, ne pouvant m'empêcher de remarquer qu'elle était fine et lisse. Il paraît que l'entourage du général a trouvé plutôt froide la réception québécoise. On ne peut certainement pas m'en faire le reproche. Sur ces péripéties, je retournai pour l'été chez mes parents et préparai ma rentrée à la faculté de droit.

* * *

Même si Jean Lesage et son équipe de révolution tranquille avaient pris le pouvoir en juin, la faculté de droit de Laval, lorsque je m'y présentai, en septembre 1960, avait conservé toutes les apparences de l'immuabilité. Elle était logée dans un solide édifice en pierre, situé au bas de la côte Sainte-Famille, entre le séminaire et cette partie des remparts qui donne sur le bassin Louise. Les locaux, bien que spacieux et fonctionnels, n'avaient rien de fastueux. Cette austérité de bon aloi rappelait, avec un brin de hauteur, que la vénérable institution avait des titres plus authentiques que l'ostentation architecturale de la célébrité et de la considération publique.

Chasse gardée de la haute bourgeoisie de Québec, elle a été la clé de voûte d'un système socio-politique qui s'est perpétué pendant des générations. Ecclésiastiques et magistrats se partageaient le pouvoir entre gens de robe. Les uns et les autres se recrutaient souvent dans les mêmes familles. Pour revêtir la toge, il fallait entrer à la faculté de droit et devenir avocat. Du droit à la politique, et de la politique au Gouvernement, il n'y avait que quelques pas, vite franchis, surtout quand le nom s'alliait au talent. L'étape suivante était une nomination de juge. Tout au long de l'itinéraire, une chaire pouvait s'ouvrir à la faculté de droit. Encore au début des années 1960, la quasi-totalité des professeurs étaient des avocats de pratique privée, des juges et d'anciens ministres. On établissait l'horaire des cours en conséquence: de 8 heures à 10 heures, le matin; de 4 heures à 6 heures, l'après-midi. Les avocats et les juges pouvaient ainsi vaquer à leurs activités professionnelles, selon l'horaire du Palais, de 10 heures à 4 heures.

Des familles comme celles des Choquette, Galipeault, Dorion et Lesage ont donné de nombreux fils à la magistrature «debout et assise» (avocats et juges) avec des incursions en politique et des passages fréquents au professorat.

Considérons le cas d'une de ces lignées, celle des Taschereau. Deux de ses membres, Henri-Elzéar et Robert, ont été juges en chef de la Cour suprême du Canada; Henri-Thomas, juge en chef de la Cour d'appel du Québec; un quatrième, Elzéar-Alexandre, cardinal de Québec; un cinquième, Louis-Alexandre, Premier ministre du Québec. À mon arrivée à la faculté, un autre membre de la famille, Jacques, futur président de la Chambre des notaires, lui-même de grande réputation, enseignait à la faculté.

M. Roland Fradette, avec qui je devais pratiquer le droit à Chicoutimi, a raconté plusieurs fois devant moi qu'en 1924, arrivant de la ferme de son père, à Saint-Nazaire, Lac-Saint-Jean, pour s'inscrire à la faculté, il se fit demander par un professeur: «Est-ce vraiment pour vous? Pourquoi ne laissez-vous pas cela à nos enfants?»

Autrement dit, après celle des sciences sociales, la faculté de droit, c'était l'antipode. Je ne me sentais donc pas plus faraud qu'il ne le fallait en prenant place dans la salle où j'allais assister à mon premier cours.

Je ne connaissais aucun de mes nouveaux camarades. Mon voisin, beaucoup plus affable et délié que moi, se présenta: Michel Cogger. Il était de Québec, parlait l'anglais et venait de terminer ses lettres. Tout cela, je le sus dans les premières minutes du cours.

Mon volubile voisin m'apprit aussi que le grand blond assis un peu plus loin était le petit-fils d'Arthur Meighen, ancien Premier ministre du Canada; que tel autre, Peter Kilburn, avait pour père le président de Greenshield, l'importante société de courtage; que le père d'un troisième était le sénateur Léopold Langlois. Sur un fond bien garni de fils d'avocats, de juges, de médecins et d'ingénieurs, il y avait aussi le petit neveu de Louis-Alexandre Taschereau et le fils du maire de Québec. Comme

mon nouvel ami ne connaissait pas tout le monde, il dut s'arrêter. Nous étions quelque peu distraits par le professeur, qui
s'obstinait à poursuivre son cours. Mais une chose me frappa
tout de suite: l'important contingent d'anglophones, provenant
principalement de Montréal. J'appris que cela ne s'était jamais
produit à la faculté.

On était en 1960 et le Québec s'éveillait. Manifestement, ces
nouveaux venus cherchaient à comprendre les changements qui
se préparaient et souhaitaient s'intégrer à la nouvelle société qui
en résulterait. Le phénomène devait se répéter l'année suivante
et celle d'après, avec l'arrivée des Conrad Black, George
McLaren, etc.

Cela nous les rendait sympathiques et ils furent accueillis à
bras ouverts. Les rapports qui s'établirent entre nous échappè-
rent à la dynamique des relations entre deux groupes. On ne
parlait pas de l'élément anglophone et de l'élément francophone.
Il n'y eut jamais que la classe, au sein de laquelle les amitiés se
nouaient par des affinités communes, indépendamment de la
langue et des situations de fortune.

Bien entendu, sur les quelque quatre-vingts étudiants du
début, tous n'étaient pas de sang bleu. Beaucoup venaient,
comme moi, de milieux modestes («modestes, mais fiers», nous
empressions-nous d'ajouter), soit d'origine ouvrière, comme
Jean Thibeault (plus tard secrétaire général de la CSN), soit de
souche rurale, comme Yvon Marcoux. Je fus étonné de devoir
faire la même distinction chez mes camarades anglophones. Les
circonstances ne m'avaient fait rencontrer jusque-là que des
anglophones en position d'autorité et d'aisance financière. Je
présumais donc que tous ces étudiants de Westmount et d'ailleurs étaient issus de familles nanties. Avec le temps, j'appris que
ce n'était pas le cas de l'un d'eux, originaire de Baie-Comeau.

Je ne me liai pas immédiatement avec Brian Mulroney. Mes
premiers contacts, je les ai surtout eus avec Michel Cogger, dont
j'ai parlé, Paul-Arthur Gendreau, Pierre De Bané, Peter Kilburn
et Michael Meighen.

Tout en étant très différents, Paul-Arthur Gendreau et moi
nous entendîmes à merveille. Nous nous trouvions, en général,

sur la même longueur d'onde. J'exclus ici la politique, qui n'a rien à voir avec l'amitié, sauf pour la détruire, parfois. Paul venait de Rimouski où son père était avocat, avant de siéger à la Cour supérieure. Il habitait, à Québec, avec ses deux sœurs, également à l'université. Tous trois m'ont souvent fait bénéficier du plaisir de leur compagnie, qui me permettait de retrouver les joies d'une atmosphère familiale.

Chez Pierre De Bané, je trouvai la délicatesse du cœur et, au plus haut degré, le sens de l'amitié. Très européen de culture, il ne faisait rien sans passion. En Peter Kilburn, j'admirai l'intellectuel, sympathisai avec l'idéaliste, tout en étant un peu effrayé par la rigueur du moraliste. Il rentrait d'un séjour d'un an en Inde où il avait vécu une expérience humaine qu'il nous faisait partager.

Michael Meighen, symbole de l'intraduisible expression *golden boy*, avait tout pour m'impressionner. Le nom, la fortune, l'allure, l'intelligence et le succès auprès des femmes. On disait couramment dans la classe qu'il serait Premier ministre et le resterait plus longtemps que son grand-père. Lui et Kilburn parlaient un français impeccable, raffiné même, qu'ils avaient, je crois, surtout appris en Europe. Mike, comme on l'appelait, m'invita chez ses parents à Westmount, et connut les miens, auxquels il vint rendre visite. Son père, grand avocat de l'*establishment* montréalais, l'avait précédé à la faculté de droit de Laval, où il avait étudié en même temps que M. Fradette, dont le fils, Paul, était, lui aussi, avec nous. Toutes ces boucles que les cycles et les hasards de la vie n'en finissent pas de boucler!

Dès les premiers mois, le cercle de mes connaissances s'était élargi: Yvon Marcoux, tête de juriste, aux idées claires et au cœur bien placé; Raynold Langlois, destiné, par sa pugnacité et sa redoutable dialectique, à devenir l'excellent avocat que l'on connaît; Bernard Roy, modèle d'honnêteté et de générosité; Peter White, esprit avisé, tempérament entreprenant et observateur lucide de la société québécoise; Bruno Bernard, le plus jeune de la classe, chaleureux et débrouillard; René Croft, un ancien du séminaire de Chicoutimi, au solide jugement, désarmant de gentillesse, notaire fils de notaire.

Il y aurait beaucoup à dire sur la plupart des autres. On ne pouvait en douter, le groupe était remuant, brillant et ambitieux.

Je ne suis pas prêt d'oublier notre participation au carnaval d'hiver de 1964. Nous étions en quatrième année, alors consacrée, pour moitié, à un enseignement pratique et, le reste du temps, à une cléricature dans une étude d'avocats. J'avais eu la chance d'être admis, comme clerc, dans le prestigieux cabinet Létourneau, Stein.

À l'instigation d'Eugène-Marie Lapointe, qui détenait un brevet de lieutenant dans l'Armée canadienne, il fut décidé de célébrer le carnaval en montant un raid de commando contre le plus écouté des postes de radio de la vieille capitale. L'objectif de l'opération, dont le commandement fut tout naturellement confié à Eugène-Marie, était de vous emparer du poste, *manu militari*, et de diffuser nos messages révolutionnaires. Avec l'impétuosité du lieutenant Lapointe, qui y mit l'ardeur joyeuse de ses concitoyens du Saguenay—Lac-Saint-Jean, la mission fut conçue, lancée et réussie en moins de deux. Eugène, à la tête d'un détachement de choc, fit irruption dans le studio et se saisit du micro. Il s'adressa au peuple, ne craignant pas de puiser généreusement dans le vocabulaire énergique et imagé qu'il devait à sa formation militaire. Il se trouva beaucoup de monde, dans la bonne ville de Québec, pour estimer qu'on avait dépassé les bornes admissibles d'une blague de carabins et pour s'en scandaliser.

J'étais moi-même terrorisé. Le commandement avait réquisitionné le central téléphonique de l'étude Létourneau pour en faire le quartier général des communications. Il avait fallu la complicité du clerc pour s'y introduire. J'aurais pu craindre pour ma carrière, à tout le moins pour ma réputation, sans la compréhension dont mes patrons firent preuve quand ils apprirent à quoi avaient servi leurs bureaux. Mais ils furent encore plus magnanimes pour Bruno Bernard, pourtant l'un des auteurs du coup, puisqu'il fait maintenant partie de leur étude.

Malgré tout ce que je devais au groupe et en dépit du plaisir que j'ai pris à y vivre, je n'ai jamais pu me départir, jusqu'à la fin, d'une certaine tension. L'émulation y était extrêmement vive: pour les meilleures notes, la plus grande influence, la crédibilité la mieux assise, la popularité la plus persistante, les postes les plus importants et, ambition suprême, les carrières les plus marquantes.

Quand on cherche à expliquer cette concurrence, une combinaison de facteurs viennent à l'esprit, le premier est la diversité qui caractérisait la composition du groupe. Celui-ci était, dans une large mesure, une coupe horizontale de la population québécoise, dans l'ensemble de ses éléments, régionaux, ruraux, urbains, sociaux et linguistiques. Les échanges et le brassage d'idées s'en trouvaient singulièrement favorisés. Les deux systèmes d'éducation, anglophone et francophone, étaient mis en présence, voire en compétition. On me pardonnera — je n'en suis pas si sûr — de penser que la formation classique dont avait bénéficié notre contingent, l'un des derniers avant l'arrivée des cégépiens, y était pour quelque chose. Sans oublier le puissant catalyseur que ne pouvait manquer de constituer l'effervescence collective des années 1960. C'est d'autant plus vrai que ce bouillonnement, qui devait révolutionner le Québec, nous a personnellement transformés en même temps qu'il bouleversait la vieille faculté de droit.

Tout naturellement, l'activité politique a été, dans beaucoup de cas, l'occasion de donner libre cours à l'esprit compétitif. Très tôt, il est devenu évident que plusieurs d'entre nous s'engageraient en politique.

Aucun diplômé en droit de 1964 n'a été surpris d'apprendre, un beau jour, que Michael Meighen, André Ouellet, Pierre De Bané et Clément Richard avaient fait le saut électoral. Comme beaucoup d'autres, dont l'entrée en politique active aurait paru tout à fait normale, ils avaient montré un intérêt très vif pour la chose publique. On ne s'est pas davantage étonné des activités de Peter White, de Michel Cogger et de Jean Bazin dans l'organisation du Parti conservateur. Le cas de Bernard Roy est différent. Il n'est entré en scène que sur le tard et pour des raisons qui m'ont semblé surtout tenir à ses liens étroits avec

Brian Mulroney. Étroits et très anciens, puisqu'ils remontent au début de notre première année de droit.

Personnellement, je mis plus de temps à établir de véritables rapports avec ce confrère de Baie-Comeau. Très porté, à l'époque, à garder mes distances, je donnais beaucoup de temps à mes études, pour ne pas dire que je m'y réfugiais. Mais je commençais à observer cet Irlandais qui ne pouvait longtemps passer inaperçu.

Maintenant qu'il a inscrit son nom dans les registres de l'Histoire, il n'est pas facile de parler de Brian Mulroney avec réalisme et objectivité. D'autant plus que les annales continuent de s'écrire, et pas seulement par des historiens. Un seul moyen: s'en remettre à ce que révélait le regard de l'époque.

La première chose qui frappait, c'était, bien sûr, son charme. Il n'hésitait pas à se porter au-devant des autres et savait les mettre à l'aise par son naturel et son absence de prétention. Son sens de la repartie et son sourire désarmant eurent tôt fait de lui assurer un succès durable auprès d'un nombre croissant de nos camarades. Les plus perspicaces décelaient même dans sa simplicité une trace de vulnérabilité qui ne le rendait que plus attachant. Dans ces contacts de premier abord, il ne cherchait jamais à imposer ses vues, encore moins à faire étalage de quoi que ce soit. Au contraire, chacun avait l'impression de pouvoir lui apprendre quelque chose. Une chose qu'il avait réellement besoin d'apprendre, c'était le français. La plupart des autres anglophones de la classe le parlaient mieux que lui. Mais il se mit au travail avec une telle bonne volonté et une telle application qu'il fit des progrès rapides. Il ne se froissait jamais d'être corrigé, cherchant constamment à apprendre de nouveaux mots et de nouvelles expressions qu'il étrennait à la première occasion.

Dès qu'on le connaissait mieux, son ambition devenait évidente, de même que sa détermination à emprunter le chemin de la politique. Cette ambition, qui n'était pas un phénomène isolé dans la classe, ne choquait pas. Elle se nourrissait d'un certain romantisme qui lui faisait voir une société à conquérir plutôt qu'à changer et un monde dont la cruauté est épargnée à quelques individus, plus débrouillards ou plus chanceux que les autres. Faute de pouvoir changer le monde, on peut tenter de modifier le sort d'un individu dont l'élévation, surtout s'il est irlandais, compensera, à tout le moins symboliquement, les malheurs d'un peuple.

Brian Mulroney est irlandais jusqu'au bout des ongles. Je ne pense pas seulement au charme, au sentimentalisme et à la ténacité des passions. Malgré sa bonne humeur presque constante (traversée d'impatiences, rares mais explosives), il sait que l'injustice existe et qu'elle a frappé les siens, longtemps et avec dureté.

J'ai toujours pensé qu'au fond, il se sentait comme se sentirait un Québécois francophone, ardent et talentueux, qui aurait perdu sa langue et son pays et qui, ainsi dépouillé des solidarités premières, se retrouverait seul pour réaliser ses rêves et ses aspirations. Ce qui reste, au-delà de la foi en soi, n'en est que plus nécessaire et plus précieux: la famille et les amis, héritiers des obligations et des privilèges du clan.

Voilà pourquoi la blessure secrète de Brian Mulroney est probablement le regret que son père — dont le souvenir l'habite — ne l'ait pas vu réaliser son grand dessein: devenir Premier ministre du Canada. Voilà pourquoi aussi il n'a jamais parlé avec autant d'émotion que lorsqu'il a adjuré le Canada anglais, en 1984 et 1988, de corriger l'injustice infligée au Québec par le coup de force constitutionnel de 1981-1982.

Tous purent se rendre compte à la faculté de l'influence qu'il avait déjà acquise dans les milieux politiques quand il fit venir, en visite officielle, le premier ministre John Diefenbaker, avant sa défaite de 1962. Il ne fit de doute aux yeux de personne que la réalisation des rêves de ce confrère si bien introduit et si sociable passerait par la politique.

Mais ces rêves, je n'en perçus vraiment l'ampleur et l'intensité qu'en quatrième année. Les circonstances, qui n'avaient pas été tellement favorables jusque-là, nous ont alors rapprochés. Nous avons réellement fait connaissance, discutant, marchant dans le Vieux-Québec, lui perfectionnant son français, moi m'obstinant à ne pas parler anglais, paralysé par le *respect humain* et la honte de mon ignorance.

Je le vois encore, dans le parc avoisinant la faculté, penché sur la plaque de bronze qui s'y trouve et je l'entends lire à haute voix, en y mettant les intonations oratoires, la citation de George-Étienne Cartier qu'on y a gravée: «Dans un pays comme le nôtre, il faut que tous les droits soient sauvegardés, que toutes les convictions soient respectées.» J'appris plus tard, dans l'ouvrage consacré par Creighton à la vie de John A. Macdonald, que l'édifice épiscopal où se déroula la Conférence de Québec et où fut signé le pacte confédéral en 1864 s'élevait au même endroit. Je me rappelle aussi un agréable voyage que nous fîmes ensemble, dans ma Volkswagen, à Montréal, chez Peter White.

C'est en ce temps-là que nous nous sommes liés d'amitié et que s'effaça complètement la distance qui s'était assez longtemps maintenue entre nous.

Nous ne fréquentions pas les mêmes groupes et faisions même, pour ainsi dire, partie de camps différents. Des membres de son entourage avaient organisé ma défaite, lors de l'élection du représentant de la faculté à l'AGEL (Association des étudiants de l'Université Laval). Il me revient aussi qu'un conflit et même une altercation nous avaient opposés, à propos d'une contestation quelconque dont était saisi le conseil de l'AGEL, transformé en instance de révision.

C'était l'époque où l'opinion nous classait à gauche ou à droite. Non pas que nous fussions déchirés par des conflits idéologiques ou divisés par des querelles transcendantales. C'était, je crois bien, une simple question de sensibilité et d'attitudes. Je m'étais solidarisé avec Henri Brun et Jules Brière, nos aînés d'un an, qui militaient pour la réforme de l'enseignement à la faculté. L'objectif était rien de moins que de remplacer les praticiens privés par des professeurs de carrière. On voulait aussi substituer à la méthode exégétique (étude article par article des lois et des codes, avec peu de vue d'ensemble) un enseignement plus cartésien, davantage axé sur la théorie et les grands principes de droit. Il n'en fallait pas plus pour entrer dans le catalogue des gauchistes. À cela s'ajoutaient les antagonismes occasionnels que me valurent mes articles dans *Le Carabin*, en 1961-1962.

Le Carabin, c'était le journal officiel des étudiants de l'Université Laval. Mon expérience au journal *Le Cran* du collège m'avait donné le goût du journalisme. L'été précédant mon entrée en sciences sociales, j'eus la chance d'être engagé par *La Presse*. Sous l'impulsion de Jean-Louis Gagnon, son directeur du temps, le quotidien montréalais s'était lancé dans une politique d'expansion du côté des régions. Il avait ouvert plusieurs bureaux en province, dont un à Jonquière.

Comme j'étais payé au pouce, je remplissais colonne sur colonne de nouvelles, reportages, entrevues d'intérêt régional, enfin de tout ce qu'acceptait le pupitre à Montréal. Je hantais les conseils municipaux, les réunions de commissaires scolaires et je courais les joutes de base-ball à Jonquière, Kénogami et Arvida. Quand l'actualité tombait en panne, je racontais l'histoire du grand feu du Saguenay de 1870, l'épopée du «baignage» des terres de Saint-Cyriac et la vie de Sir William Price, j'entreprenais un reportage sur l'architecture des églises modernes de la région, un dossier sur l'industrie des pâtes et papier, etc. Le téléscripteur du bureau de Jonquière ne dérougissait pas. Motivé par le mode de rémunération, j'enrichissais mes textes de références historiques, les étoffais de considérations sociales et les égayais de couleur locale. Ils étaient parfois si longs que Montréal n'avait pas d'autre recours que de les jeter au panier ou de les publier en épisodes. La disette de nouvelles estivales aidant, *La Presse* publiait, ajoutant à la joie que j'éprouvais, à la fin de la semaine, de mesurer la longueur des colonnes. Je ne comptais plus en pouces mais en pieds. De ma vie, je n'avais gagné autant d'argent. Mes supérieurs, sans doute impressionnés par le volume de ma production, me réembauchèrent, l'été suivant, mettant fin à ma carrière de bûcheron. Je dois à *La Presse* d'avoir appris que, dans la chaîne de transformation des produits forestiers, noircir du papier rapporte plus et avec moins de fatigue que d'abattre les arbres dans la chaleur et les mouches.

Dès mon arrivée à Québec, j'offris mes services au *Carabin*, dans lequel tous les esprits forts et ceux qui se piquaient d'écrire tentaient de placer leur signature. On n'y entrait pas comme dans un moulin. Les membres de l'équipe en place toisaient de haut les gribouilleurs fraîchement débarqués de leur province.

Je mis deux ans à m'implanter dans la famille du *Carabin*. Il faut dire que j'ai joué de malheur. La première année, j'eus à peine le temps de donner deux articulets que toute l'équipe remit sa démission, par solidarité avec l'un de ses membres, Rémi Savard, étudiant en sociologie. Ce dernier s'était vu rabroué par les autorités de l'université pour avoir publié un article titré «La collusion des pouvoirs».

Pour quelqu'un qui avait goûté au libéralisme des oblats, le texte n'avait rien de particulièrement sulfureux. Mais, s'en prenant à la complaisance dont le clergé avait fait preuve à l'endroit du régime duplessiste, il eut l'heur de déplaire à la direction de l'université, encore très près de ces messieurs de l'évêché et du séminaire de Québec. À peine arrivé, je dus joindre ma protestation à celle des autres et rengainer ma plume frémissante.

De retour à Québec pour ma première année de droit, je m'essayai à nouveau au *Carabin*. Mais la guigne m'avait à l'œil. Car les foudres de la censure ne tardèrent pas à frapper un autre collaborateur du *Carabin*, coupable d'avoir publié cette fois un texte jugé indécent. Ce n'était qu'un poème en prose, d'inspiration érotique, qui chantait les appas de Dora, probablement la «blonde» du poète, un étudiant en médecine du nom d'André Blanchet. L'ode ne ferait pas ciller aujourd'hui un garçon de douze ans. Mais son auteur dut s'exiler à l'Université de Montréal. Le message était clair: quand on n'a pas la vertu de réprimer ses épanchements amoureux, au moins faut-il avoir la prudence de ne pas les étaler dans *Le Carabin*. Je ne sais trop ce qui arriva par la suite, mais j'en fus quitte pour accrocher mes patins et prendre mon mal d'écrire en patience.

L'année suivante, ma deuxième en droit, devait être la bonne. Le conseil de l'AGEL décida de nous confier *Le Carabin*, à Denis de Belleval et à moi, et de nous en nommer, respectivement, directeur et rédacteur en chef. Je ne connaissais pas beaucoup Denis, qui étudiait en sciences politiques. Mais je n'ai jamais cessé de louer le sort qui l'a mis sur mon chemin. De notre collaboration au journal date une amitié qui doit tout à la bienveillance et ne doit rien à l'intérêt et qu'une vigilante franchise a constamment soutenue.

Son allant et ses capacités intellectuelles comptèrent pour beaucoup dans les succès de notre *Carabin*. Notre *Carabin*, c'est celui de 1961-1962, qui remporta le trophée Bracken, attribué à la meilleure page éditoriale parmi tous les journaux étudiants du Canada. Il obtint aussi le prix *Le Droit* qui le consacrait meilleur journal étudiant francophone.

Nous avions réuni une équipe remarquable dont faisaient partie mes camarades de classe Peter Kilburn, Pierre De Bané et Georges Dubé. Le journal ouvrait ses pages à des chroniques, enquêtes et textes de réflexion sur les arts, l'actualité étudiante, la littérature, l'amour, l'économie, les questions sociales. Nous encouragions la polémique, à la condition qu'elle reste de bon ton. Quelques-uns ne dédaignaient pas pratiquer la satire. Mais nos sujets favoris étaient l'éducation et la politique, traitées sous l'angle de la remise en cause de la société. Nous avions la plume plus contestataire que militante. En fait, le militantisme nous déplaisait, par ses côtés grégaire, inconditionnel et parfois arriviste. Les clubs politiques où se regroupaient les membres des Partis libéral, conservateur et de l'Union nationale comptaient parmi nos têtes de Turc. Nous n'aimions pas ces organisations affublées de noms comme «Jeunesse de l'Union nationale» ou «Jeunesse du Parti libéral». Nous nous plaisions à les traiter de «vieilles jeunesses».

Nous vivions au cœur de ce qui devait s'appeler la Révolution tranquille. On pouvait croiser, autour de la Colline parlementaire et dans les rues du Vieux-Québec, les principaux acteurs des événements en cours. René Lévesque était souvent à table au restaurent L'Aquarium, rue Sainte-Anne. Les ministres Kierans et Gérin-Lajoie ne répugnaient pas à s'arrêter sur le trottoir pour répondre à nos questions. Je me souviens d'une rencontre avec Daniel Johnson, un soir, sur la Grande-Allée. Voyant le petit groupe que nous étions, il s'immobilisa et entama la conversation avec nous. Il nous raconta une anecdote politique qui nous fit rire aux éclats et oublier un instant que nous n'aimions pas l'Union nationale.

Nous étions partie intégrante du décor. *Le Carabin* et nos discussions de groupe, à la salle des pas perdus de la faculté, autour d'une immense table ronde, répercutaient les débats de l'Assemblée législative et les controverses de l'heure.

La réforme de l'éducation faisait couler encre et salive. Le projet d'octroyer le droit de grève aux syndiqués du secteur public fut reçu avec consternation à la faculté de droit et avec enthousiasme en sciences sociales. Les «pour» alléguaient que, bien sûr, les dirigeants syndicaux avaient trop le sens de leurs responsabilités pour user d'un tel droit dans les hôpitaux. Les «contre», plus sceptiques, prédisaient qu'on assisterait bel et bien à l'interruption des soins de santé. Et, comme on pense bien, la question nationale faisait déjà des siennes. Nous étions allés accueillir à la gare du Palais Marcel Chaput, venu prononcer un discours à Québec. Au sein de la classe, les revendications constitutionnelles du Québec et la viabilité du fédéralisme suscitaient des discussions passionnées. Autour du thème «Le Canada, échec ou réussite», Brian Mulroney, Michael Meighen et Peter White organisèrent un colloque auquel participèrent des célébrités politiques comme André Laurendeau, Jean Lesage, Davie Fulton et René Lévesque.

En ce qui me concerne, je n'étais pas encore indépendantiste, bien qu'ardent nationaliste. Je n'allais pas aussi loin dans mes articles que Denis de Belleval dans les siens, où il prônait ouvertement l'indépendance du Québec. Je misais sur les réformes en cours, surtout celle de l'éducation, qui allaient changer la face des choses. Beaucoup de gens étaient de cet avis à l'époque. Il était logique de croire que, en démocratisant l'enseignement, la société québécoise mettrait fin au gaspillage éhonté des talents et des intelligences.

Je songeais, sans vanité blessée mais avec une tristesse indignée, à mon père, à ma mère, à mes ascendants et à tous les autres, mis sous le boisseau. Les vers de Grey, mémorisés à quinze ans, me revenaient à l'esprit:

Full many a flower, born to blush unseen,
Wastes its sweetness on the desert air.
Full many a gem, of purest ray serene,
The dark unfathomed caves of ocean bear.

(*Elegy in a country churchyard*)

Je me disais que la vaillance et la persévérance des nôtres, magnifiées par le plein épanouissement de leurs capacités intellectuelles, les conduiraient irrésistiblement, fédéralisme ou pas, à la réalisation de leur destin de peuple.

Le Québec bougeait et dans la bonne direction.

Le Gouvernement avait créé un ministère de l'Éducation et formé la commission Parent qui devait élaborer la réforme du même nom. On fondait la Société générale de financement, on lançait les travaux de Manic 5 et on s'apprêtait à faire d'Hydro-Québec, par la nationalisation de l'électricité, la plus importante entreprise publique du Canada. Déjà, on rêvait d'une institution financière gérant les fonds de retraite publics. Durant cette période faste, où tout semblait s'accélérer, il n'y avait jamais loin du rêve à la réalité. En 1964, Jean Lesage concluait avec Lester B. Pearson l'entente qui allait donner naissance à la Caisse de dépôt.

On instaurait des programmes sociaux, notamment dans le domaine de la santé, et on jetait les bases d'une authentique administration publique par la constitution d'un Conseil du Trésor, la mise sur pied d'une fonction publique non partisane et l'amorce d'une définition de politique salariale. On a tendance à oublier aujourd'hui combien ces mesures s'imposaient. Deux exemples le rappelleront.

L'appréhension d'une maladie nécessitant un séjour à l'hôpital se plaçait au premier rang des préoccupations de chacun, car les factures d'hôpital excédaient les moyens du travailleur ordinaire. Il n'était pas rare de voir une famille, à la suite d'une maladie d'un de ses membres, s'endetter pour des années et subir des saisies de salaires, de meubles et d'immeubles. Du médecin on passait souvent à l'avocat.

Roch Bolduc, jeune diplômé de l'Université de Chicago et fonctionnaire à Québec, raconte avoir vu, à compter de 1953, le premier ministre Duplessis réviser lui-même la liste des salaires des fonctionnaires. «Un tel, tant de plus; tel autre: pas d'augmentation», et ainsi de suite. La liste des salaires revenait ensuite au service en cause avec, vis-à-vis de chaque nom, les initiales «M.L.D.» (Maurice Le Noblet Duplessis). Autrement dit, il n'y avait, à proprement parler, qu'un État embryonnaire, tout à fait «provincial» et très «broche à foin». Il fut même un temps où un Premier ministre du Québec n'était pas loin de se considérer comme inférieur à un ministre du cabinet fédéral.

Or le Québec vivait un moment de grâce: les meilleurs répondaient à l'appel. Arthur Tremblay, Roch Bolduc, Louis-Philippe Pigeon, Yves Pratte, Michel Bélanger, Claude Morin avaient déjà commencé à mettre la main à la pâte. Guy Rocher faisait partie de la commission Parent. Jean Marchand, que nous étions plusieurs à voir comme notre prochain leader, dirigeait une CSN progressiste, qui menait son combat sur tous les fronts et l'intégrait à celui du Québec. Jacques Parizeau, Yves Martin et beaucoup d'autres, formés dans les plus grandes universités du monde, arriveraient en renfort.

Le Québec, quand il s'éveille et prend son essor, loin de se refermer, s'ouvre tout grand. Il n'y a pas dénigrement plus odieux que de réduire nos élans collectifs les plus légitimes à des replis chauvins et frileux.

Mais ces artisans de la Révolution tranquille, la plupart disciples du père Lévesque, croyaient, sauf exceptions, qu'il ne dépendait que de nous, même à l'intérieur du cadre fédéral, de réaliser notre développement. Ils pratiquaient l'«affirmationnisme» avant la lettre, estimant qu'une collectivité éduquée, maîtresse de son économie et appuyée sur les ressources d'un État moderne, forcerait son chemin à travers les barrières constitu-tionnelles. Leur postulat était que le partenaire canadien aurait la maturité politique et l'ouverture d'esprit suffisantes pour laisser la voie libre à cette évolution. De toute façon, selon eux, la dynamique des choses astreindrait le Canada anglais à accepter les changements de structure qui donneraient toute sa place à une société moderne, économiquement forte et politiquement déterminée.

Je le pensais, moi aussi, plus ou moins explicitement. Autre-ment dit, beaucoup de gens, comme on le verra, se berçaient d'illusions sur les attitudes du Canada anglais aussi bien que sur les vertus de la Révolution tranquille. On sous-estimait l'effet débilitant des entraves fédérales.

Toutes ces choses, nous nous les disions et redisions, en préparant nos articles et en faisant la mise en pages, toute l'équipe réunie le lundi soir au pavillon Pollack. Les articles de chacun étaient livrés en pâture aux autres, d'autant plus féroces qu'ils venaient de se faire déchiqueter leurs propres textes. C'est une ascèse que de fixer régulièrement sur papier ses pensées et ses attitudes. Chaque semaine de cette année-là nous obligeait à faire l'expérience de l'intime correspondance entre la réflexion qui alimente l'écriture et l'écriture qui ordonne la réflexion.

La censure de l'université s'était faite plus discrète. Nous avons bien été convoqués deux ou trois fois par des professeurs, mécontents d'un article, mais nous n'avons pas eu de difficultés réelles. J'avais, en un sens, un peu pris les devants en publiant une dénonciation de la mise à l'index de certains livres.

D'ailleurs, les autorités universitaires, sans doute instruites par leurs erreurs des années passées, s'étaient assouplies, allant jusqu'à former un comité de cogestion où je fus invité à siéger. Mais nous n'avons absolument rien géré. Nous, les étudiants, n'étions pas de taille à traiter avec les représentants de l'uni-versité qui, comme André Bisson, n'ont pas eu de peine à nous mettre dans leur poche.

Ces séances du lundi nous exaltaient. Denis de Belleval et moi avions droit de vie ou de mort sur les textes, ce qui nous donnait un sentiment exagéré de notre importance. Nous aurions «fermé» les pages d'une édition du *New York Times* que nous n'aurions pas été plus fiers. Le surlendemain était jour de correction d'épreuves chez un imprimeur de Lévis. J'entends un véritable imprimeur, comme ceux d'autrefois, qui avaient les mains tachées d'encre et travaillaient sur les «plombs».

Dans tout un passé d'activités routinières, il arrive qu'une image émerge dans la mémoire. C'est le cas d'un de ces déplacements que nous fîmes, Denis et moi, un après-midi d'avril. Le traversier coupait à travers les glaces à la dérive, pendant que s'éloignaient les façades de vieilles pierres du Vieux-Québec, réchauffées par un jeune soleil. C'était le printemps, à Québec, cette année-là.

Après *Le Carabin*, ce furent les *Cahiers de droit* de Laval, dont je fus nommé rédacteur en chef. J'y fis régulièrement paraître des commentaires et des études juridiques. Cela me procura des contacts plus fréquents avec certains professeurs, dont Marie-Louis Beaulieu, Louis Marceau et André Desgagné. Les réformistes qui faisaient campagne à la faculté s'en prenaient moins à la qualité des professeurs qu'à leur méthode d'enseignement et à un régime qui privait les étudiants d'encadrement. Toute discussion ou tout éclaircissement après le cours était impensable avec un avocat qui devait courir revêtir la toge pour plaider une cause importante.

Mais, dans l'ensemble, nos professeurs étaient d'éminents juristes et des esprits distingués. Pour n'en nommer que quelques-uns, il y avait Louis-Philippe Pigeon, droit constitutionnel; Yves Pratte, droit commercial; Robert Cliche, enseignement pratique de l'enquête et de la plaidoirie; André Patry, spécialiste du droit international; Jean-Charles Bonenfant, droit romain; Julien Chouinard, droit des corporations; et Antoine Rivard, pour la procédure d'appel.

Je connus de plus près MM. Beaulieu, Marceau, Desgagné et Patry. Marie-Louis Beaulieu était un de ces gentilshommes à la mode d'antan, toujours libre et d'une politesse qui nous donnait l'impression d'être ses égaux. Il avait abandonné la pratique du droit pour se consacrer à l'enseignement. Grand travailleur intellectuel, il aimait écrire et adorait ses étudiants, qui ont parfois profité de son attitude débonnaire pour le chahuter. Il citait, sans fausse honte, les jugements rendus dans les causes qu'il avait perdues. Il s'était beaucoup intéressé aux problèmes du bornage et en savait long sur les chicanes de clôtures de la Beauce.

MM. Marceau et Desgagné, nos deux seuls professeurs de carrière, constituaient la garde montante. Ils avaient fait leurs études de doctorat à Paris et inauguraient un enseignement davantage fondé sur les principes du droit que sur la mémorisation des codes. Ils y mettaient beaucoup d'ardeur, surtout Louis Marceau, spécialiste en responsabilité civile et excellent professeur. Nous avions intitulé «La tragédie du mandat» l'un de ses cours qu'il dispensait avec passion. André Desgagné était, lui, versé en droit public et enseignait le droit administratif. Cet homme chaleureux et civil avait des accès de férocité dès qu'il prenait la plume du correcteur. Terreur des cancres et même des autres, sa correction d'examens faisait des hécatombes.

C'est autour de ces deux jeunes professeurs que la nouvelle faculté se construisit. Les professeurs de carrière, formés en France, en Angleterre et aux États-Unis, remplacèrent graduellement l'ancien corps professoral.

André Patry détonnait dans ce milieu de juristes. Venu des sciences sociales, il était chargé du cours de droit international, mais sa culture et son érudition débordaient le cadre strict de son enseignement. Il nous amenait Habib Bourguiba fils, alors ministre des Affaires internationales de Tunisie, nous parlait de diplomatie, de l'OTAN, de géopolitique et de Malraux, mon idole du moment. Pour acheter le volume des œuvres de ce dernier, dans la Pléiade, je m'étais privé de plusieurs surlonges. André Patry avait rencontré Malraux et avait même été reçu chez lui. Je n'avais jamais approché quelqu'un qui ait autant lu et voyagé.

Il nous invitait, Denis de Belleval et moi, à savourer, avec plus d'appétit que de raffinement, des plats exotiques au restaurant Nanking, incendié par la suite, et au Kerhulu, magnifique établissement démoli depuis pour faire place au progrès. Patry, avec son érudition époustouflante, discutait politique internationale, évoquait l'Italie, la peinture et le régime des eaux des Grands Lacs. Mais son propos principal était de stimuler nos exigences.

Il ne me dissimula pas sa désapprobation quand je lui annonçai que je retournais dans ma région pour exercer la profession d'avocat. La majorité de mes amis avaient opté pour Montréal et Québec. J'avais fait plusieurs stages d'été dans l'étude Fradette, Bergeron et Cain, de Chicoutimi. Je m'y étais plu et j'entretenais les meilleurs rapports avec les associés.

Bien que mis dans une perspective nouvelle par un séjour de cinq ans à Québec, mes liens avec la famille et la région ne s'étaient pas relâchés. Et je fréquentais sérieusement une jeune fille d'Alma.

Avant de partir, j'eus la satisfaction de donner une grande joie à mes parents et l'occasion de prononcer mon premier discours politique.

Mon père et ma mère firent le voyage à Québec pour assister à la collation des diplômes où ils me virent recevoir ma licence en droit, avec quelques premiers prix, dont celui du barreau du Québec. Mon père, déjà atteint de la maladie qui devait l'emporter, manifesta son contentement en nous offrant à ma mère et à moi un «steak haché» au restaurant Laurentien, sur la place d'Youville.

Je reçus le baptême oratoire au cours d'une manifestation sur la Colline parlementaire, à Québec, à l'occasion d'une conférence fédérale-provinciale, celle de 1964. Pendant que les Premiers ministres discutaient à l'intérieur, nous étions plusieurs centaines d'étudiants, de toutes les universités, à scander des slogans et à agiter des pancartes.

Il avait été convenu que je prendrais la parole au nom des étudiants de Laval. Mon tour venu, je me hissai sur le socle de la statue de l'Amérindien, devant la porte principale. Je fis de mon mieux pour convaincre la foule d'appuyer Jean Lesage dans ses revendications auprès du fédéral et du Canada anglais. L'une des questions débattues concernait la création de la Caisse de dépôt, pour laquelle le Québec eut d'ailleurs gain de cause.

Pour la première fois, j'éprouvai la sensation bien particulière de communiquer avec une foule. Je l'entendis répondre à mes interpellations par des exclamations et des approbations bruyantes. Tous semblaient avoir apprécié ma performance.

Tous sauf un, en l'occurrence Pierre Marois, qui, représentant les étudiants de Montréal, me succéda près de la statue. À mon grand désarroi, ses premiers mots furent pour déplorer la courte vue d'un discours qui s'était contenté de se solidariser avec le Premier ministre pour appuyer les revendications constitutionnelles du Québec, alors que le vrai combat politique était celui du relèvement des classes défavorisées et de la justice sociale.

J'admirais déjà Pierre Marois et fus mortifié de cette douche d'eau froide sur l'ardeur de mon éloquence naissante. Je dus même chasser un tardif regret de ne pas avoir fait mon droit à Montréal.

Mais je n'irais pas en métropole de sitôt, puisque, peu de temps après, je chargeais mes affaires à bord de ma Volkswagen et prenais la direction contraire, celle de Chicoutimi.

Un métier
de liberté

Le motif professionnel de mon retour en région porte un
nom: Roland Fradette. L'homme est parfaitement
inconnu en dehors du Saguenay—Lac-Saint-Jean et du
cercle de plus en plus restreint de juges et d'avocats qui l'ont vu
à l'œuvre.

Il ne faut pas s'en étonner. Par la force des choses, l'exercice
d'une profession comme la médecine ou le droit n'a rien de
médiatique. Le caractère privé des rapports avec le client, l'obligation du secret professionnel et l'appartenance à des ordres
professionnels qui ont gardé quelque chose de leur tradition de
«clubs privés» élèvent une cloison entre la société et un avocat ou
un médecin. Les très grands avocats, à peu près ignorés de leur
vivant du grand public, ont tôt fait, une fois disparus, de
sombrer dans l'oubli. Les morceaux d'éloquence s'envolent et
l'intérêt des plaidoiries les plus habiles et les mieux rédigées ne
survit pas au jugement qui ferme le dossier. La profession l'a

voulu ainsi. Elle vient tout juste de lever l'interdiction pour l'avocat de faire sa publicité. Meilleur il était, moins il en avait besoin.

Se trouvait donc doublement destiné à l'anonymat un avocat qui, comme Roland Fradette, avait exercé sa profession dans une région considérée comme étant éloignée par ceux qui n'y vont jamais. Pourtant, il fut l'un des meilleurs plaideurs de sa génération, merveilleusement servi par sa maîtrise de la langue, sa connaissance du droit, sa culture et sa vivacité d'esprit.

En vérité, j'ai très rarement, au Québec, entendu quelqu'un parler aussi bien notre langue. On sait quelle leçon d'humilité administre à leurs auteurs la lecture des transcriptions de discours improvisés. Qui n'a pas déjà cherché en vain, dans ce fatras, un complément ou une chute à une phrase embrouillée? Qui n'a pas maudit les tics de langage, les répétitions, les barbarismes relevés dans une intervention qu'on lui attribue? Dans son cas, la phrase, bien que faisant appel à un vocabulaire étendu, était toujours claire et grammaticalement impeccable. Il avait une élocution sans pareille, charmeuse quand il s'agissait de plaire et d'une rigueur sans faille quand il voulait convaincre.

Il disait qu'une cause se gagne ou se perd à l'enquête. Il avait un don pour percer la défense des témoins récalcitrants. Il jouait sur tous les registres: la bonhomie, l'indignation, la férocité, la séduction. Ses proies favorites étaient ces témoins-experts qui se font chèrement payer pour défendre la thèse de celui qui émet les chèques. Il engageait avec eux des joutes où il se plaisait à les prendre en défaut sur des aspects techniques et à les mettre en contradiction avec des témoignages rendus en d'autres causes. Il savait s'arrêter juste avant de poser la question de trop. C'est l'erreur souvent commise par ceux qui, cherchant à pousser trop loin leur avantage, permettent au témoin de se reprendre et de donner une réponse fatale à la cause de leur client.

Bien que professant le plus grand respect pour la justice et pour ceux qui la rendent, il lui arrivait aussi de ne pas épargner les juges, sans jamais oublier d'y mettre les formes. Plaidant un jour l'appel d'un jugement où il pensait que le juge avait laissé son tempérament imaginatif déformer les faits de la cause, il se permit de laisser tomber: «Le caractère de l'homme l'a emporté sur la conscience du magistrat.» Les juges le respectaient et le craignaient aussi. Ils savaient qu'il avait pour principe de ne jamais accepter un jugement qui lui paraissait erroné. C'est pourquoi il a souvent fréquenté les tribunaux d'appel, à Québec, à Montréal et à Ottawa. Durant les années 1950, il arrivait souvent que des professeurs à la faculté de droit de l'Université Laval suggèrent aux étudiants d'aller l'entendre en Cour d'appel quand l'une de ses causes apparaissait au rôle. Robert Cliche et d'autres me l'ont confirmé. Doté d'une mémoire exceptionnelle, il lisait la plupart des rapports judiciaires et en retenait la portée. Ses procédures et plaidoiries écrites étaient celles d'un maître du droit et de la langue.

Avec cela, un physique plutôt quelconque, sauf le visage et le regard qui respiraient l'intelligence. Redoutable aux échecs, imbattable au bridge, il pouvait, comme Saint-Simon pour la noblesse française, remonter les arbres généalogiques de ses connaissances, en suivre les ramifications les plus fines et déterrer les alliances les plus lointaines. «Un tel? Mais c'est votre parent au septième degré»; et d'en faire la démonstration par une longue chaîne de mariages et de naissances.

L'un de ses dons les plus précieux, pour ses associés et sta-giaires, était sa capacité d'enseigner. Il aimait transmettre sa science et former les jeunes. Il ne nous pardonnait rien. Scrutant nos avis juridiques et rapports de recherches, il en démontait la structure logique et corrigeait la langue. Il ne souffrait aucune longueur, dans l'oral comme dans l'écrit. Rien ne l'impatientait plus qu'un exposé commençant par la queue et finissant par la tête.

Il avait été à dure école. Bûcheron, il fut obligé, à cause d'une blessure à la jambe, de retourner travailler sur la terre paternelle. Le curé de la paroisse, ayant remarqué son esprit éveillé, lui apprit les rudiments du latin et du grec et lui paya des études au séminaire de Chicoutimi. Il y termina son classique en six ans. À Laval, premier de classe, il fit sa cléricature auprès du père de Louis-Philippe Pigeon, lui aussi jurisconsulte du Gouvernement. Revenu pratiquer le droit à Chicoutimi, il a littéralement crevé de faim durant les années de la crise. Lecteur vorace, il était particulièrement versé en littérature du XVIIᵉ siècle et en histoire politique française. Il me parlait, comme d'une connaissance, de Georges Clemenceau, d'Aristide Briand, de Jean Jaurès, de Raymond Poincaré, récitant des passages de leurs interventions à la Chambre. Il savait par cœur des extraits de plaidoiries prononcées durant l'affaire Dreyfus et au procès du maréchal Pétain. Il était plutôt libre penseur. Quoiqu'en bons termes avec les autorités ecclésiastiques, il lui arriva de lire Voltaire durant la messe dominicale.

Il n'avait que peu d'égards pour les politiciens. Peut-être faisait-il exception pour Laurier, Bourassa et Lavergne, dont il citait les discours. S'il avait déjà éprouvé du respect pour la politique, il le perdit, avec son dépôt, aux élections de 1935 où, candidat libéral malheureux, il vit ses affiches arrachées et ses assemblées dispersées par les fiers-à-bras de son adversaire. Il ne voulut plus jamais toucher à la politique. Cela lui a probablement coûté une nomination de magistrat: car il ne fut jamais nommé juge. Ce n'est pas qu'il eût besoin du salaire, l'aisance financière lui étant venue avec les succès professionnels. Trop fier pour solliciter, sans contact avec les milieux politiques, isolé dans une région isolée, il fut ainsi privé de l'occasion de donner sa pleine mesure et de survivre, à tout le moins par les jugements qu'il aurait rendus.

L'homme qu'on découvrait dans l'intimité de sa famille était encore plus attachant. Il faisait de la conversation une fête de l'esprit, saisissait tout au bond et savait «faire étriver» comme personne. Quelque chose du naturel et de l'enjouement français scintillait, avec lui, dans ce lointain coin de pays.

Parlant sans cesse de la France, de sa littérature et de ses personnages illustres, il ne l'aura jamais vue. Il n'a pas voyagé, n'étant allé, avec Mme Fradette, qu'une fois à New York, pour voir et entendre Édith Piaf. Veuf et retraité, il a fini ses jours avec ses rêves, dont il n'a jamais parlé, mais qui ne pouvaient être qu'inachevés. Pour un régional de cette époque, l'éducation, le talent et la réussite professionnelle ne suffisaient pas. On aura peut-être deviné que je l'ai admiré et aimé.

J'entrai dans son étude en juillet 1964. Je connaissais déjà Pierre Bergeron, homme de confiance et neveu de M. Fradette, excellent avocat lui-même, maintenant juge à la Cour supérieure. Il devint mon ami et mon allié, par le mariage de mon plus jeune frère Gérard avec sa plus jeune sœur Lise. L'autre associé était Michael Cain, un Irlandais aux allures de gentleman, parfait bilingue, avocat de grande qualité, si attaché à la profession qu'il y est revenu après un bref passage à la Cour supérieure.

Dans les traditions de l'étude de Roland Fradette, un avocat digne de ce nom était, d'abord et avant tout, un plaideur. Combien de fois m'a-t-on dit: «Un avocat a beau faire partie d'une étude de cent associés, devant la cour, il est seul et doit montrer ce qu'il a dans le ventre et dans la tête.» Joignant le geste à la parole, M. Fradette l'a souvent fait découvrir à quelques confrères imprudents, arrivés de Montréal ou Québec pour la guerre fraîche et joyeuse, sans trop se préparer. L'autre corollaire de la solitude de l'avocat, c'était qu'il ne devait se fier à personne d'autre pour faire son travail: «Il faut être *cook*, capitaine et matelot» m'a-t-il répété à satiété.

M. Fradette vouait peu de considération aux avocats qui ne mettaient pas les pieds à la cour. Pour lui, ce n'étaient pas de vrais avocats, un point c'est tout. On me fit donc plaider. Je ne tardai pas à vérifier le bien-fondé de l'adage: «*Nascuntur poetæ, fiunt oratores*» («On naît poète, on devient orateur»). Même mes lectures du livre de Maurice Garçon sur l'éloquence judiciaire et du traité de Cicéron sur l'éloquence tout court ne firent pas de moi un foudre instantané du prétoire. Mes genoux flageolaient sous ma toge quand je présentai en cour de pratique ma première requête pour examen médical, pourtant une simple formalité, comme le savent les avocats.

Tous les juges ne sont pas d'une patience infinie avec les jeunes avocats, surtout ceux qui prétendent les illuminer de leur science. Je fus dévasté par la remarque de l'un d'eux, à ma première cause. Voyant, après l'audition des témoins, que je me levais pour prononcer une plaidoirie que je destinais à l'immortalité, le juge me coupa la parole: «Vous, le jeune, restez assis. Vous avez une bonne cause, ne la gâchez pas!»

La cour est une école de modestie. Je peux dire que j'y fis mes classes. On a l'impression d'y avoir tout le monde contre soi: un adversaire attitré, c'est-à-dire l'autre avocat que son client paye pour clamer bien haut vos erreurs et votre ignorance; les témoins de l'autre partie, qui vous prennent pour le diable, ce que d'ailleurs vous cherchez à être; le juge, qui renvoie vos objections frivoles, refuse vos questions allusives et rabroue vos manquements aux règles de preuve; et votre client, si vous perdez sa cause. Aussi ai-je toujours dissuadé les membres de ma famille désireux de me voir à l'œuvre.

Je passai mes quatre ou cinq premières années à la cour, plaidant certains jours trois ou quatre causes, pour la plupart des poursuites en dommages résultant d'accidents de la route. C'était avant que la mise en vigueur de l'assurance automobile obligatoire de Mme Lise Payette vienne tuer la poule aux œufs d'or des avocats. En plus d'être rémunérateurs, ces litiges permettaient aux jeunes d'acquérir rapidement l'expérience de la cour, de la stratégie des interrogatoires et de la psychologie des témoins.

* * *

Je m'honore d'avoir pu compter sur d'excellents maîtres. Ils m'emmenaient, à tour de rôle, avec eux, pour que je les voie agir dans des causes importantes. J'appris ainsi les rudiments d'un métier dont je pense encore qu'il est l'un des plus beaux. Ambassadeur, ministre et député, il m'arrivait souvent, il m'arrive encore, quand je remplis distraitement une carte de débarquement d'avion ou un registre d'hôtel, d'inscrire «avocat» comme profession, tant me manque ce métier que j'ai pratiqué, avec joie et liberté, pendant vingt et un ans.

Je contractai, en 1966, mon premier mariage.

Ce furent des années studieuses. Je n'étais pas connu, surtout à Chicoutimi, où je n'avais jamais demeuré ni étudié. Je sortais peu et consacrais l'essentiel de mes loisirs à la lecture. Après avoir lu tout Chateaubriand, je découvris Michelet, Saint-Simon et Proust. Je m'immergeai dans les œuvres complètes des deux derniers que je dévorai de la première à la dernière page. *À la Recherche du temps perdu*, je l'ai lu deux fois, avec, en parallèle, des commentaires et biographies, dont celle, inégalée, de George Painter et la dernière, remarquable, de Ghislain de Diesbach. Michelet me fut révélé par mon frère Gérard qui me fit lire, entre autres, son *Histoire de la Révolution française*. Gibbon, avec son monumental *The Decline and Fall of the Roman Empire* fut une autre de mes rencontres. Il en fut de même de nombreuses biographies de personnages français, américains et britanniques. Je fréquentais les auteurs anglais depuis longtemps, ayant appris à lire dans leur langue après qu'un cousin de mon père qui travaillait à l'Alcan, Roland Ellefsen, eut commencé, quand j'avais quinze ans, à me refiler ses vieux numéros du *Time Magazine*. Je m'y abonnai quelque temps après et le parcourus régulièrement, pendant des années, à grand renfort de consultations du dictionnaire Webster.

Tout ce qui me tombait sous les yeux, pendant ce temps où je demeurais à Chicoutimi, je l'ai lu, le soir, la nuit, dans les autobus, les avions, les hôtels. Les livres ont toujours tenu une place de choix dans ma vie. Ils transmettent, au moment et au rythme voulus, le meilleur de la pensée et de la création des plus grands esprits de tous les temps. La lecture, personne ne pourra jamais me l'enlever.

Graduellement s'accrut l'importance des causes qui me furent confiées. Je devins famalier avec le droit immobilier, scolaire, hospitalier, le droit de la faillite, des communications, du travail, et les recours en injonction. Je sentis, à tort ou à raison, plus de considération de la part des juges. Peut-être appréciaient-ils mes efforts dans la préparation de mes causes. L'un d'eux me demanda même un jour de plaider pour lui une affaire civile dans laquelle il était personnellement en cause.

Puis, coup sur coup, en 1968-1969, deux ou trois ouvertures s'offrirent à moi.

Mon associé Pierre Bergeron, contraint de s'installer à Montréal pour un an, afin d'agir comme négociateur dans le secteur des hôpitaux, me transféra trois dossiers chauds. Le premier concernait la vente, au ministère des Affaires sociales, de l'hôpital de Chicoutimi, propriété des Chanoinesses hospitalières; le deuxième, la cession du séminaire de Chicoutimi, transformé en cégep, au ministère de l'Éducation; et le troisième, la location à l'Université du Québec de l'orphelinat des Petites Franciscaines de Marie, pour y abriter la constituante de Chicoutimi. Je devais représenter les vendeurs et mener les trois dossiers en parallèle.

J'avais bien commencé à faire de la négociation de travail pour le compte d'employeurs privés, mais on ne m'avait jamais confié de mandat de cette importance et de cette complexité. Surtout trois d'un coup. Les sociétés propriétaires étaient très anciennes et devaient tenir compte de toutes sortes d'impératifs internes. Les discussions furent longues et ardues, surtout dans le cas du cégep et du séminaire, et agrémentées d'interventions politiques.

Pour la première fois, j'eus à traiter avec des fonctionnaires. Ils ne voulaient payer que le vil prix. Après de multiples péripéties qui me firent traverser le parc des Laurentides plus d'une centaine de fois, les trois dossiers se terminèrent par des transactions équitables. Ainsi, le produit de la vente du séminaire permit de maintenir le collège privé qui porte toujours le nom de séminaire de Chicoutimi.

Mais la véritable échappée eut pour conséquence directe de m'investir de responsabilités à l'échelle du Québec. C'est une assez longue chaîne d'événements qui a produit ce rebondissement de carrière. Ses premiers chaînons avaient pour point d'ancrage l'une des exigences de la Révolution tranquille, c'est-à-dire l'équité dans les services publics sur l'ensemble du territoire.

Pour atteindre cet objectif, il fallait uniformiser les conditions de travail dans les secteurs de la santé et de l'éducation.

Le jeu des négociations locales et la détermination des salaires et conditions normatives par arbitres avaient provoqué, au début des années 1960, des disparités considérables. Celles-ci avaient créé une mosaïque de régimes d'emploi. Pour mettre fin aux incohérences et iniquités qui en résultaient, le Gouvernement résolut d'intégrer toutes les conventions collectives à l'intérieur de deux ententes provinciales, l'une pour l'enseignement, l'autre pour la santé. On se rappellera les conflits qui marquèrent les négociations de 1966, au cours desquelles le Gouvernement tenta de réaliser cet objectif. Pour briser l'impasse, dans le secteur de la santé, le Gouvernement nomma Yves Pratte administrateur *ad hoc* de tous les établissements, nanti du pouvoir de fixer les conditions de travail, ce qu'il fit.

Du côté de l'éducation, on mit en place un mécanisme de résolution plus élaboré. Le projet de loi 22 instaura une sorte de tribunal administratif présidé par le juge Jean-Charles Simard, de Chicoutimi, pour fixer, dans chaque cas, le mode d'intégration des régimes locaux au cadre provincial. L'opération déboucha sur la négociation d'une entente provinciale régissant uniformément l'essentiel des conditions de travail des enseignants du Québec. Les parties conclurent l'entente en novembre 1969, mais ne purent s'accorder sur la mise en œuvre du mécanisme d'arbitrage des griefs.

Le problème était de taille puisque, jusque-là, aucun secteur d'activité n'avait centralisé l'arbitrage de ses griefs. Mais, dans le domaine de l'enseignement, les parties, pour éviter l'éparpillement de la jurisprudence arbitrale et réduire les coûts, étaient convenues d'instituer un tribunal unique, exerçant sa juridiction dans tout le Québec.

Selon le système envisagé, les parties devaient dresser une liste de juges de la Cour supérieure et de la Cour provinciale, sous la présidence de l'un d'eux, appelé premier président. Chacun des juges devait ensuite diriger des tribunaux d'arbitrage spécifiques, assisté d'assesseurs syndical et patronal. L'idée était d'établir un esprit de collégialité entre les juges, par le truchement du premier président chargé de leur assigner chaque grief et de présider lui-même les arbitrages où il estimait devoir faire jurisprudence.

Mais le projet rencontra un obstacle imprévu. Le législateur modifia la loi des tribunaux judiciaires pour interdire aux juges de sortir de leurs attributions de droit commun et de faire de l'arbitrage. La discussion achoppa quand le Gouvernement, les centrales syndicales et la Fédération de commissions scolaires et de cégeps, obligés de se rabattre sur des avocats, ne purent s'entendre sur la nomination du premier président. Les avocats connus de Montréal et de Québec l'étaient justement trop, en ce sens que leurs mandats antérieurs pour le compte d'employeurs ou de syndicats les rendaient suspects aux yeux de l'une ou de l'autre partie. À l'époque, il n'y avait pas plus manichéen que le monde des relations du travail.

Finalement, le juge Jean-Charles Simard, devant lequel j'avais plaidé à quelques reprises, au civil comme en arbitrage des griefs, proposa mon nom. Les parties, dont aucune ne me connaissait, sauf, j'imagine, par le bouche à oreille, arrêtèrent leur choix sur moi. C'est ainsi que je devins, en avril 1970, le premier président des tribunaux d'arbitrage du secteur de l'éducation.

La nomination présentait un intérêt certain pour un avocat de trente et un ans qui, tout en conservant son cabinet privé et son port d'attache à Chicoutimi, se voyait offrir l'occasion de voyager dans tout le Québec, d'acquérir une expérience nouvelle et d'accéder à un large réseau, dans un secteur de pointe. En même temps, j'entrais en contact avec des milieux largement nouveaux pour moi.

Tout était à faire: le greffe, le système de gestion de centaines de milliers de dossiers, la constitution des tribunaux proprement dits, la confection des rôles, l'inauguration des auditions, la répartition des causes entre les présidents inscrits sur la liste, la détermination des premières orientations jurisprudentielles et la publication de recueils de sentences. La chance me fit tomber sur un fonctionnaire d'une efficacité et d'un dévouement exemplaires en la personne de Lionel Labbé, qui fut choisi comme greffier.

Je commençai par m'attribuer la plupart des premières causes pour poser certaines balises à la jurisprudence. Tout le monde voulait éviter les dispersions des tendances, afin d'éviter que les justiciables ne subissent des sorts différents, selon qu'ils comparaissaient devant un président plutôt que devant un autre. Bien que mon bureau de premier président ait été à Québec, je fis en sorte que l'audition des griefs ait lieu, autant que possible, dans la ville du plaignant. Je parcourus ainsi toutes les régions du Québec, des Îles-de-la-Madeleine à l'Abitibi, entendant des griefs et rencontrant les acteurs du monde de l'éducation et de ses relations du travail: administrateurs, dirigeants et permanents de syndicats et de centrales, négociateurs et avocats.

Les conflits dont j'ai été saisi m'ont permis, bien que par la bande et à travers le prisme nécessairement déformant de différends à trancher, de prendre le pouls de l'école et de la motivation des maîtres, soumise à rude épreuve par la complexité bureaucratique dans laquelle était déjà tombé notre système d'enseignement. À telle enseigne que les écoles qui marchaient le mieux étaient celles où cadres et enseignants convenaient de s'affranchir de l'excessive minutie de la convention collective. En fait, j'avais justement pour tâche de déchiffrer ce que Lise Bissonnette appela un jour le «grimoire». Je me suis arraché les cheveux à résoudre des problèmes ésotériques comme celui de la «demi-année de scolarité».

D'où nous est venue cette manie de vouloir encadrer, dans ses manifestations les plus fines, la prestation de l'enseignant? Le chronométrage des minutes, le découpage de la tâche au bistouri, les règles byzantines de distribution de postes et cent autres contraintes souvent inapplicables par leurs propres concepteurs ont desséché cet acte créateur et vivant qu'est celui d'enseigner.

Nos décisions avaient parfois des incidences financières considérables, notamment celle que j'ai rendue un jour sur le sens d'une clause de rétroactivité, un enjeu de quelque trente millions de dollars.

L'un des aspects intéressants de la fonction a été de traiter avec la cinquantaine de collègues-présidents. C'est ainsi que j'ai revu et vraiment connu Robert Cliche qui nous avait enseigné à la faculté. J'ai aussi travaillé avec des personnes comme Roger Chouinard, Marc Brière et Stanley Hart.

C'est de cette époque que datent mes amitiés avec Robert Cliche et Jean-Roch Boivin, tous deux présidents-arbitres, et avec Guy Chevrette, assesseur syndical. La fréquentation de l'univers des relations du travail a quelque chose de formateur. On y parle sans détour et sans trop ménager les susceptibilités. Cela devait me réserver quelques chocs. Comme la remarque que me lança un jour Viateur Dupont, de la CEQ, durant une séance de délibéré: «Si vous étiez moins guindé, vous nous comprendriez mieux.»

Les discussions devinrent de plus en plus libres avec ces gens qui, pour la plupart, étaient engagés, à des titres divers, dans l'action sociale et politique. Mes échanges avec eux et mon expérience nouvelle intensifièrent une remise en question qui couvait depuis quelque temps.

Pendant plusieurs années, j'ai été sympathisant libéral. André Ouellet, dans le temps attaché politique de Guy Favreau, m'offrit, en 1967, d'entrer dans le cabinet du ministre Paul Hellyer, alors ministre des Transports. Je déclinai sa proposition, ce qui ne m'empêcha pas de compter parmi les premiers partisans de Pierre Elliott Trudeau quand il se présenta à la direction du Parti libéral fédéral. Je m'étais réjoui de son entrée en politique. Mais celui que j'ai accueilli comme une bouffée d'air frais, c'est Jean Marchand. Son intégrité, son intelligence et sa loyauté passionnée pour les siens m'avaient d'abord fait espérer qu'il resterait au Québec et succéderait à Jean Lesage. Je me ralliai toutefois à l'idée de son entrée en politique fédérale en pensant que, pour une fois, les Canadiens anglais verraient arriver à Ottawa autre chose que des francophones de service au gabarit intellectuel quelconque et prêts à troquer contre des pensions et des titres ce qu'ils avaient — ou n'avaient pas — dans les tripes. Pour moi, Marchand et Trudeau (je connaissais moins Gérard Pelletier) allaient montrer à tout le pays ce que peuvent faire des Québécois brillants, indépendants d'esprit et résolus à changer les choses. Quand l'étoile de Jean Marchand se mit à pâlir, au profit de celle de Pierre Trudeau qui montait, je fus séduit, comme tout le monde, par sa maîtrise des deux langues et sa rigueur intellectuelle.

Si bien qu'aux élections de 1968 je participai à la campagne électorale, appuyant le candidat libéral dans Chicoutimi. En plus de militer dans l'organisation, je fis une tournée de discours dans la circonscription avec le candidat. Des auditoires de Chicoutimi, Saint-Fulgence, Sainte-Rose-du-Nord, Anse-Saint-Jean (qui s'enorgueillit du pont couvert apparaissant sur les billets de mille dollars), Petit-Saguenay et Rivière-Éternité purent m'entendre chanter les louanges de Trudeau. Ceux qui restaient jusqu'à la fin de mes discours étaient aussi invités à saluer l'arrivée, à Ottawa, d'une nouvelle génération de Québécois qui imposeraient nos vues et feraient triompher nos intérêts. Le refrain n'est pas inconnu, surtout pour des oreilles d'aujourd'hui.

Mon associé François Lamarre avait fait campagne avec moi. Après la victoire, nous reçûmes d'Ottawa des mandats pour représenter différents ministères fédéraux dans la région. Nous retournâmes les dossiers avec une lettre un peu arrogante, signalant que nous n'avions pas milité par intérêt et que l'ouvrage ne nous manquait pas.

Il ne semble pas que le Parti libéral fédéral s'en soit formalisé puisque, quelque temps après, je fus nommé vice-président de la Commission politique de l'aile québécoise. Le président était Jacques Gérin, parent de Paul Gérin-Lajoie. Quand s'ouvrit la course au leadership du Parti libéral du Québec, je fus invité par Jacques à assister à une réunion tenue à la résidence de Paul Gérin-Lajoie. Ce dernier jonglait avec l'idée de se présenter et voulait s'enquérir de ses chances de succès. Je me rappelle y avoir vu Guy Rocher. Je ne pense pas que Paul Gérin-Lajoie ait trouvé la réunion très encourageante.

Après l'accession de Robert Bourassa à la direction du PLQ, les organisateurs de la circonscription de Chicoutimi se mirent à la recherche d'un candidat pour l'élection de 1970. Il n'y avait pas eu de député libéral élu à Chicoutimi depuis 1931, et les militants estimaient que le moment était venu de mettre fin à la traversée du désert. Plusieurs éminences du parti me convoquèrent pour m'offrir d'appuyer ma candidature. Je refusai car, pour rien au monde, je ne voulais cesser de pratiquer le droit.

Les libéraux convainquirent finalement Adrien Plourde de se présenter. Figure très connue dans la région, tribun efficace et président du puissant syndicat des travailleurs de l'aluminium, il était, sur papier, imbattable. C'était sans compter avec la longue mémoire des marchands de la rue Racine — la *main* de Chicoutimi — qui avaient vu fondre leurs chiffres d'affaires durant la grève de quatre mois déclenchée en 1957 par Adrien Plourde et le syndicat qu'il dirigeait.

Je fis campagne pour les libéraux, qui me confièrent la responsabilité des communications dans toutes les circonscriptions de la région. Deux ou trois semaines avant le scrutin, nous menions allègrement partout, sauf dans Chicoutimi où notre candidat traînait la jambe. L'organisation centrale nous dépêcha du renfort en la personne de Jeanne Sauvé qui, apparemment, connaissait Adrien Plourde, peut-être par l'intermédiaire de Jean Marchand. Ce n'était pas une mauvaise idée. Le charme de ses yeux bleus, sa classe et son élocution distinguée ne pouvaient que plaire à la population bourgeoise de Chicoutimi. Mais elle jouait de malheur, car Jean-Noël Tremblay, ministre et candidat de l'Union nationale, parlait bien, lui aussi, pour ne pas dire qu'il «perlait». Il fut réélu. Je ne pouvais pas me douter qu'il écrirait plus tard les discours d'un gouverneur général du Canada qui s'appellerait Jeanne Sauvé. Et que nous nous retrouverions tous les trois, un soir, en robe et habits de cérémonie, à un dîner de gala donné en l'honneur du gouverneur général, dans l'appartement parisien de Maurice Druon, secrétaire perpétuel de l'Académie française.

Le soir de l'élection, j'invitai chez moi quelques «gros» organisateurs libéraux pour célébrer les résultats favorables que nous escomptions dans l'ensemble du Québec. Roger Chouinard, un avocat de mes amis, maintenant juge à la Cour d'appel du Québec, y était, de même que Gaston Ouellet, qui était resté l'un de mes proches depuis notre rencontre dans la salle de rédaction de *La Presse*. Si je ne craignais pas de lui nuire, maintenant qu'il est à l'emploi du gouvernement du Québec, j'avouerais qu'il est l'un de mes meilleurs amis.

La défaite, prévue, du candidat libéral de Chicoutimi fut annoncée. Pour le reste, il n'y avait, pour les libéraux bon teint que nous étions censés être, que matière à réjouissance. Avec l'élection de soixante-douze députés sur cent huit, c'était la fête. Mais les agapes furent inopinément perturbées par les sanglots de ma première femme et de l'épouse d'un ami quand on annonça les défaites de René Lévesque et de Jacques Parizeau. Je vis des libéraux échanger des regards interrogateurs. De plus, parmi les candidats défaits, se trouvait le porte-étendard péquiste dans Chicoutimi. C'était un avocat, mon aîné de quelques années, Marc-André Bédard. Il avait fait une belle campagne, tenant un discours qui me touchait plus que celui d'Adrien Plourde. J'exclus Jean-Noël Tremblay, que tout le monde aimait entendre parler, sans se rappeler pour autant ce qu'il avait dit.

Marc-André Bédard exerçait déjà le droit quand je suis arrivé à Chicoutimi, en 1964. Presque tous les avocats de la ville avaient leur bureau dans l'édifice du 110, rue Racine. Marc-André et moi étions du nombre. Nous nous rencontrions tous dans un restaurant voisin où les discussions politiques allaient bon train.

Les avocats s'intéressent à la politique, la suivent de près et aiment la commenter. Mais, contrairement à ce qu'on pourrait croire, ils n'ont généralement pas la plus haute opinion de ceux des leurs qui descendent dans l'arène électorale. Ils ne sont pas loin de penser que ces confrères, s'ils avaient réussi dans la profession, ne se seraient pas embarqués dans cette galère. Qui veut quitter une profession lucrative, construite sur des années d'efforts, pour aller se faire mettre en charpie par la faune des chroniqueurs, traquer par les journalistes et détester par le public? Les avocats n'accueillent d'ailleurs pas toujours à bras ouverts les enfants prodigues qui, dépouillés de leurs fonctions ministérielles, veulent rentrer au bercail. Les exemples foisonnent de ces ex-politiciens qui ont dû frapper à plusieurs portes avant de se recaser.

La plupart de mes nouveaux confrères étaient d'allégeance libérale ou unioniste. On avait trop des doigts d'une main pour compter les indépendantistes. Pendant assez longtemps, et certainement jusqu'en 1976, il n'était pas très bien vu, au sein de la confrérie des avocats, d'adhérer au Parti québécois. Marc-André Bédard, qui avait été membre du RIN, faisait un peu figure de marginal par son engagement souverainiste.

Cependant, il était aimé de tous. Participant à toutes les discussions, il avait une manière à lui d'écouter l'autre, de ne brusquer personne et de faire passer ses arguments en douce. Son désintéressement et son amour du Québec étaient incontestables, tout autant que sa patience et sa compréhension instinctive des réactions humaines. Je trouvai difficile de le combattre en 1970. Il ne m'en tint pas rigueur et nos relations demeurèrent intactes.

Là-dessus survint la crise d'Octobre: kidnappings, meurtre, mesures de guerre. Mes accommodements avec le fédéralisme, déjà bien fragiles et très conditionnels, en sortirent ébranlés. Je découvris avec effroi combien il est facile, pour un groupuscule prêt à tout, de faire basculer un gouvernement dans la répression et une société dans la psychose. Voyageant pour mes affaires, je vis l'armée à Montréal. J'assistai à l'incarcération, sans acte d'accusation, de personnes innocentes et fus bouleversé, ce fameux samedi soir, par la découverte du cadavre de Pierre Laporte dans la valise d'une automobile, à Saint-Hubert.

Je ne reconnaissais ni mon pays, ni sa justice. Par surcroît, j'étais profondément déçu par les hommes que j'avais, si modestement que ce fût, aidé à faire élire, à Ottawa et à Québec. Aujourd'hui moins que jamais, je n'arrive pas à comprendre comment ont pu s'effondrer de la sorte les réflexes démocratiques de Trudeau, Marchand et Pelletier. À propos d'effondrement, celui de Robert Bourassa ne me parut pas plus honorable, car c'est alors qu'il contracta son habitude de faire venir l'armée fédérale au Québec.

Je dus me rendre à l'évidence: René Lévesque fut le seul à se tenir debout et à incarner, dans la dignité, les valeurs démocratiques du Québec.

Puis Pierre Trudeau révéla, pour de bon, avec une insistance qui tenait de la provocation, son acharnement à maintenir le Québec dans le statut d'une province, simple module, comme les neuf autres, d'un système assujetti au contrôle du centre. La Révolution tranquille était bien finie. Elle ne pouvait pas aller plus loin, bloquée par la rigidité de structures que l'intransigeance du Canada anglais condamnait à l'immuabilité. Je reconnus le bien-fondé des arguments que René Lévesque tirait de la nécessité, pour les Québécois, de s'assumer comme peuple et de prendre leurs affaires en main. Je me dis que le lent déploiement de notre collectivité ne pouvait aboutir qu'à la plénitude de ses pouvoirs et de ses responsabilités.

Presque sans m'en rendre compte, par une sorte de maturation, je devins indépendantiste. Je ne peux préciser ni le jour ni la semaine, puisqu'il n'y eut ni crise ni déchirement. Je ne convoquai pas de conférence de presse pour annoncer la bonne nouvelle et pourfendre le fédéralisme, et traitai l'affaire en privé.

Il y avait déjà un certain temps que j'avais opté pour la souveraineté quand, Jacques Parizeau se trouvant à Chicoutimi, je signai devant lui ma carte de membre du Parti québécois. C'était en 1971 ou 1972. J'avisai mes proches et rompis avec les libéraux.

Robert Bourassa déclencha des élections pour novembre 1973. J'acceptai de travailler aux côtés de Marc-André Bédard et d'y consacrer mes trois semaines de vacances annuelles. Je rédigeai des discours, m'occupai de communications et pris la parole à des assemblées électorales. Vers la fin de la campagne, je fis même une allocution à la télévision. Bref, je me donnai tout entier à cette campagne, à l'issue de laquelle Marc-André fut élu. J'étais content pour lui, mais déçu de la défaite essuyée par le Parti québécois dans l'ensemble du Québec.

Une autre déception m'attendait, cette fois-ci dans mon bureau d'avocat. J'y fus accueilli fraîchement par quelques-uns de mes associés que la visibilité et peut-être l'ardeur de mon engagement électoral avaient choqués et blessés.

M. Fradette n'était plus là, mais il avait imprimé à la société une forte tradition familiale. Puisque nous formions une famille, ce que faisait l'un de nous rejaillissait sur les autres et pouvait même les compromettre. Plusieurs associés étaient fédéralistes et avaient mal pris que mon option politique, rendue publique par le combat électoral, déteigne sur le cabinet. À toutes fins utiles, on voulut inclure dans le contrat de la société une clause restreignant les activités politiques publiques de chaque associé. Je refusai et, bien que conservant mon estime à mes ex-associés, je quittai le cabinet où j'avais été heureux pendant près de dix ans.

C'est ainsi que je me trouvai, en décembre 1973, péquiste et sans emploi. Je refusai les ouvertures qui m'étaient faites à Montréal et décidai de fonder mon propre cabinet. Le mot est pompeux pour décrire le petit bureau que j'aménageai, le mois suivant, seul avec ma première femme qui, pendant quelques mois, combina les rôles de réceptionniste, de comptable et de secrétaire.

Les clients arrivèrent, rares d'abord, ensuite en nombre suffisant pour que je prenne un premier associé, puis un deuxième, et ainsi de suite.

L'un de ces premiers clients était l'Hôtel-Dieu d'Alma pour le compte duquel je plaidai un grief, en mai 1974. En pleine audience, un messager m'informa qu'on me demandait d'urgence au téléphone. Avec la permission du tribunal, je courus répondre.

La commission
Cliche:
héros et gredins

Guy Chevrette était au bout du fil. «Lucien, dit-il, je suis en compagnie du juge Cliche et de Brian Mulroney. Nous avons un mandat à te confier.» Après un brin de causette, il me passa Brian Mulroney, puis Robert Cliche.

Il n'était pas besoin d'être sorcier pour savoir, d'emblée, ce que les trois hommes faisaient ensemble. Le saccage du chantier de la baie James avait eu lieu quelques semaines auparavant. Hydro-Québec et sa filiale, la SEBJ, avaient dû arrêter les travaux de construction du barrage et improviser un pont aérien pour évacuer les lieux.

Émeute, violence, incendie de campements, destruction du matériel (un dirigeant de la FTQ-Construction, aux commandes d'un Caterpillar D-9, avait foncé sur les génératrices géantes), le bilan était lourd et les conséquences étaient énormes. L'affaire avait éclaté comme une bombe au sein de la population québécoise, frappée de stupeur et plongée dans la perplexité.

Le gouvernement Bourassa décida de charger une commission d'enquête de faire la lumière sur les causes du désastre et d'identifier les coupables. Mais on était en 1974. Le syndicalisme jouissait auprès du public d'une grande autorité morale. Soucieux de ne pas encourir l'accusation de se livrer à une opération répressive contre les syndicats, le Gouvernement choisit avec circonspection les membres de la commission.

Il nomma président Robert Cliche, juge en chef de la Cour provinciale du Québec. Encore auréolé de son prestige d'ancien chef du NPD-Québec, il venait tout juste d'instaurer et de roder la Cour des petites créances, qui recueillit la faveur populaire. Très introduit dans les milieux intellectuels et progressistes, il était à tu et à toi avec la plupart des chefs syndicalistes. Il avait derrière lui une carrière bien remplie d'avocat plaideur qui l'avait rompu à l'enquête judiciaire. En un mot, Robert Cliche était le président rêvé.

Pour assurer l'équilibre, les deux autres commissaires devaient respectivement émaner des milieux patronal et syndical.

Dans le premier cas, le Gouvernement arrêta son choix sur Brian Mulroney, spécialisé en négociations et en droit du travail. Il avait représenté divers employeurs, dont les autorités du port de Montréal, des compagnies minières et le journal *La Presse*. Sa nomination à la commission Cliche fut son premier mandat gouvernemental d'importance. Et aussi celui qui le signala à l'attention du grand public. Ses lettres de créance professionnelles étaient impeccables. De plus, il faisait partie d'Ogilvie Renault, l'un des plus prestigieux cabinets d'avocats du Canada. Ses excellentes relations avec la communauté anglophone complétaient le tableau.

La désignation du représentant syndical souleva plus de difficulté. Elle ne put être annoncée qu'après celle des deux autres commissaires. La FTQ et la CSN avaient toutes deux des membres sur le chantier de LG-2 lors des événements d'avril 1974. J'imagine qu'elles n'avaient pas tellement envie d'enquêter sur leurs propres syndiqués. Finalement, Guy Chevrette, alors vice-président de la CEQ, accepta la nomination. Il avait été enseignant, assesseur syndical et président de syndicat, dans la région de Joliette. Il avait parcouru beaucoup de terrain avant de devenir le vice-président de sa centrale. Des trois, c'est lui qui jouait le plus gros. De toute évidence, ce ne serait pas la plus belle heure du monde syndical. Le rôle de justicier que risquait de devoir assumer Guy Chevrette ne ferait pas automatiquement de lui une vedette dans son milieu.

Quand ils m'appelèrent en mai, les commissaires étaient en train de prendre l'une de leurs premières décisions: le choix de leurs procureurs. Ils avaient pensé à Paul-Arthur Gendreau et à moi qu'ils se trouvaient à connaître. Brian Mulroney, pour avoir fait son droit dans la même classe, Robert Cliche, pour nous avoir enseigné et avoir travaillé à nos côtés comme président de tribunal, et Guy Chevrette, pour avoir siégé et délibéré avec nous dans les tribunaux d'arbitrage de l'Éducation.

Le Gouvernement, qui connaissait mon engagement péquiste, résista à ma nomination. Les commissaires tinrent bon, menaçant même de remettre leur démission, s'il le fallait. Au bout du compte, l'équipe initiale des avocats se composa de Jean Dutil, procureur de la Couronne, Nicol Henry, de Québec, Paul-Arthur Gendreau, de Rimouski, et moi-même. Jean Dutil devint procureur en chef.

La commission me permit de vivre une extraordinaire expérience, professionnelle et humaine. D'abord et avant tout, ses travaux me firent découvrir à quel point les institutions, syndicales, patronales et gouvernementales, sont vulnérables à la corruption, à la violence et au chantage.

Jusque-là, je n'avais de tout cela qu'une connaissance théorique. Qu'il s'agisse de la corruption syndicale mise au jour par la commission McLellan, à laquelle avaient participé les frères John et Robert Kennedy, ou des scandales de l'Union nationale, les exemples que j'avais à l'esprit m'étaient connus par la lecture. Au surplus, ils venaient d'ailleurs ou d'une autre époque.

Un choc m'attendait. Pendant un an, je me suis trouvé au beau milieu d'un spectacle-vérité, étant moi-même l'un de ceux qui poussaient sur la scène des personnages dont les confessions

dressaient, d'un certain milieu syndical, patronal et gouvernemental, un portrait de cauchemar.

La première partie de l'enquête porta principalement sur les
acteurs syndicaux de l'industrie de la construction, essentiellement ceux de la FTQ-Construction. Tout le Québec a vu défiler
devant la commission, grâce aux caméras de télévision libérale-
ment admises, aux moments forts, dans les salles d'audience, une
faune que l'imagination d'un romancier n'aurait pu inventer.

Qu'on se rappelle le proxénète à la dent sertie d'un diamant
qui étincelait sous les feux des projecteurs de télévision; les délégués syndicaux-usuriers qui, après avoir prêté à leurs membres à
un taux de 256 %, assommaient les emprunteurs défaillants et
encaissaient à leur place les indemnités de la Commission des
accidents du travail; les lutteurs et boxeurs recyclés dans des
fonctions syndicales; les repris de justice et éléments du monde
interlope vaquant à leurs activités syndicales avec bâtons de base-
ball, revolvers de calibre .25, .38 et .45, ou encore avec des
mitraillettes M-1; un cercle bien garni d'agents d'affaires et de
représentants syndicaux encaissant les prébendes en espèces, avec
une prédilection pour les coupures de mille dollars; les «don-
neurs» et exécutants de contrats d'assauts punitifs sur la personne de syndicalistes rivaux; des dirigeants syndicaux récom-
pensant, d'une somme de 6 000 $, les actes criminels commis
par cinq de leurs subordonnés. Ce ne sont là que des exemples
choisis au hasard. La quasi-totalité des trois cent cinquante-cinq
pages du rapport de la commission se lisent comme un catalogue
d'horreurs.

Mais la commission déterra aussi de la turpitude dans le
jardin patronal et gouvernemental.

J'étais, à ce moment-là, devenu procureur-chef, en remplacement de Jean Dutil, nommé juge à la Cour des sessions de la
paix.

Une preuve abondante révéla que de nombreux employeurs
entrèrent dans la ronde des pots-de-vin, distribuant les enveloppes aux maîtres chanteurs syndicaux qui leur assuraient en
échange la protection de leurs chantiers et de leur matériel. Mais

quand la commission aborda la partie gouvernementale de son enquête, elle leva le voile sur des agissements qui n'avaient rien de plus édifiant.

Je pense à ce commissaire de la Commission du salaire minimum qui obtint son poste moyennant un versement de 2 000 $, à la suite d'une manigance à laquelle se trouvaient mêlés le président d'une société de la Couronne et le chef de cabinet d'un ministre; à ce sous-ministre qui, devant la menace d'un syndicat de ralentir les travaux de construction du complexe «G», à Québec, fit verser 45 000 $ par son ministère; au fonctionnaire du ministère de l'Éducation qui a extorqué 2 500 $ au directeur d'une école de formation professionnelle à la recherche d'un permis; à ce président de la Commission de la fonction publique qui a avoué avoir accédé à cette fonction après avoir facilité la nomination d'un protégé du régime à un poste névralgique dans le contrôle du placement à la baie James; aux fiers-à-bras qui réussirent à mettre fin à une commission parlementaire, par voies de faits et dommages matériels, en plein Parlement, sans jamais être inquiétés par la justice.

Tout le reste est à l'avenant. Les noms, les dates, les montants figurent dans le rapport. Preuves à l'appui, ce dernier fait la démonstration que la pourriture s'était installée au cœur de la FTQ-Construction, que de nombreux patrons s'en étaient accommodés, alimentant même le système, pendant qu'au Gouvernement des gens en haut lieu fermaient les yeux et se bouchaient le nez et les oreilles.

On devine que, pour les avocats, il y avait du pain sur la planche. Car la commission, si elle a parrainé des recherches et des études, en certains cas approfondies, sur des questions théoriques, a bel et bien été une commission d'enquête.

De concert avec la Sûreté du Québec et la police de la CUM, on nous chargea de mener une investigation qui nous a conduits sur tous les chantiers de construction importants du Québec, de la baie James au mont Wright, de Mirabel à la raffinerie Ultramar, près de Saint-Romuald. À cela s'ajoutent des centaines d'interrogatoires à huis clos et en séance publique.

Après une première série d'audiences à Québec, en septembre 1974, essentiellement pour l'audition de mémoires, la commission s'est transportée à Montréal. Pendant près de cinq mois, elle a siégé dans la même salle de l'édifice Parthenais. Ses procureurs interrogeaient témoins après témoins. Très souvent, ceux-ci se faisaient assister par leurs propres avocats, ce qui donna lieu à de multiples affrontements entre procureurs sur la légalité d'une question, le bien-fondé d'une requête ou même le droit pour un témoin de ne pas répondre à une question. Je fis ainsi face, jour après jour, à un bon nombre de maîtres montréalais du prétoire.

La lutte était âpre et l'énergie que nous y mettions ne plaisait pas à tout le monde. André Desjardins, qu'on appelait le «Roi de la construction», en avait séduit plusieurs par sa force, son intelligence et la fermeté de ses batailles syndicales.

Les avocats de la commission, avec l'appui des commissaires, firent des interrogations corsées et manifestèrent une ardeur que certains de nos confrères avaient plutôt tendance à qualifier d'agressivité. Plusieurs ne se sont pas gênés pour mettre sur le compte de mes sympathies péquistes la vigueur de mon investigation du côté du Gouvernement. J'assignais les fonctionnaires, inondais les banques, sociétés et institutions diverses de *sub pœna duces tecum* pour mettre la main sur chèques et documents de toutes sortes. Nous fîmes émettre et exécuter des mandats de perquisition.

Plusieurs de ces coups de filet nous ramenèrent même des chèques de contributions électorales au Parti libéral du Québec, que je produisis devant le tribunal. Je fis comparaître l'éminence grise, Paul Desrochers, qui vint cligner des yeux devant les caméras de télévision et dut subir un long interrogatoire. J'obtins des commissaires l'assignation comme témoins des ministres Jérôme Choquette et Jean Cournoyer. Le suivant sur ma liste était Robert Bourassa. Mais les commissaires en jugèrent autrement.

La détermination était générale, toutefois. Plus l'enquête progressait, plus l'indignation nous gagnait. Le juge Cliche n'était pas lui-même à l'abri d'explosions beauceronnes. À un procureur syndical qui demandait le report d'une comparution, le juge s'écria, en pleine audience, qu'il n'était pas question d'accorder la remise et qu'il ne tenait pas à retrouver ses témoins dans la rivière des Prairies. Un jour que j'interrogeais le président de la SEBJ, je fus interrompu par Michel Chartrand qui, de son siège dans l'assistance, se mit à m'invectiver, m'accusant de «brasser moins fort» les patrons que les syndicalistes. Un beau charivari s'ensuivit. Le juge Cliche, se départant de sa réserve judiciaire, ne put résister à l'attrait d'un combat de coqs avec Michel Chartrand. Il fallut suspendre l'audience, ce qui n'empêcha pas le juge, cramoisi et aussi déchaîné que son adversaire, d'aller le «reconduire» à l'ascenseur. J'ai aussi le souvenir d'une altercation entre Brian Mulroney et Michel Bourdon, celui-ci ayant lancé qu'il voyait dépasser le bas d'un jupon patronal sous la robe du commissaire.

Comme on dit, les troupes étaient gonflées à bloc. Le ministère du Travail ayant tardé, au début, à pourvoir la commission de sa première tranche de budget, nous nous cotisâmes personnellement, commissaires et procureurs, et avançâmes les fonds nécessaires au démarrage de nos travaux.

Il y avait aussi de la nervosité dans l'air, partiellement provoquée par le climat de violence que révélait l'enquête. Nos chauffeurs étaient armés, et la Sûreté du Québec protégeait les commissaires, qui avaient reçu des menaces. L'intérieur de la maison de mon voisin immédiat, à Chicoutimi, un informaticien bien tranquille, fut complètement détruit par des vandales, sans que rien pût être prouvé à l'encontre de qui que ce soit. Tout ce que je sais, c'est que le pauvre n'était pas assuré et qu'il me regarda de travers jusqu'à mon départ pour Paris.

L'un de nos recherchistes se promenait avec un revolver qui nous inspirait plus de crainte que le danger hypothétique contre lequel il était censé le protéger.

Une nuit, vers les deux heures, je fus réveillé au Reine-Élisabeth, où nous logions tous, par un caporal de la Sûreté du Québec. Il m'informa qu'on venait de trouver le cadavre d'un homme dans le coffre d'une voiture garée dans un centre commercial des environs de Montréal. Il me dit que le corps avait les lèvres cousues de fil de fer et portait, épinglé sur un vêtement, le macaron d'un syndicat de la construction. Au petit matin, Guy Chevrette alla voir les restes de la victime à la morgue Parthenais. Il dut se passer de petit déjeuner et afficha, tout le reste de la journée, une mine de papier mâché. Vérification faite, le nom de la victime n'apparaissait pas sur nos listes de témoins. L'énigme reste entière.

Je n'avais jamais auparavant travaillé dans ce genre de tension que fait naître la combinaison de menaces et de violences. Pour la plupart d'entre nous, il y avait deux autres éléments de nouveauté: la collaboration avec la police et la présence constante des médias.

Nos premiers contacts avec la Sûreté du Québec ont été corrects mais froids. Ses dirigeants n'en étaient pas à leur première commission d'enquête. Ils ne savaient pas au juste qui nous étions et devaient s'interroger sur la détermination des commissaires: serait-ce une commission d'enquête bidon, destinée seulement à servir d'exutoire à l'indignation publique et qui, la tempête passée, rangerait sagement ses dossiers? Oserait-elle s'attaquer aux vaches sacrées et remonter le filon jusqu'à la puissance syndicale et au Gouvernement?

Je me rendis compte, après coup, que la police s'était mise en position d'attente, le temps de nous évaluer. Elle répondit avec diligence à nos requêtes mais n'alla pas au-delà. Par définition, les milieux policiers sont méfiants. Ils se savent les mal-aimés d'une société qui, par contre, exige d'eux protection et sécurité. Des expériences cuisantes leur ont appris qu'ils sont les premiers blâmés et les derniers félicités. Comme il s'agissait d'une enquête sur la délinquance syndicale et ses ramifications patronales et gouvernementales, on peut comprendre que la Sûreté, après s'être mise au garde-à-vous, ait éprouvé le besoin de voir venir.

Il fallut le retour du Zaïre de René Mantha, en octobre 1974, pour que la Sûreté se résolve à nous admettre dans le secret des dieux et nous donne vraiment les moyens de faire éclater la vérité. René Mantha était agent d'affaires du local 791 (opérateurs sur machinerie lourde) au moment du saccage de LG-2. Dans les semaines qui suivirent, il fut embauché au Zaïre, dans le cadre d'un contrat de l'ACDI. Mis en cause par des témoignages rendus à la commission, il revint précipitamment au Québec. Dès son arrivée à Dorval, il annonça qu'il venait laver son honneur devant la commission. Celle-ci l'invita à comparaître dès le lendemain.

Préparant mon interrogatoire, le soir même, je me rendis compte, en vérifiant les dossiers qu'on nous avait remis, qu'à l'exception des allégations de quelques témoins les preuves inculpant René Mantha étaient plutôt minces. Je rentrai à l'hôtel. À peine endormi, je fus réveillé par un agent du service des renseignements spéciaux de la Sûreté du Québec qui me convoqua à son bureau. Là, il m'apprit que la Sûreté avait monté une opération d'écoute électronique, baptisée Vegas 2, et que Mantha était l'une des cibles. Il me fit entendre, séance tenante, des enregistrements de conversations téléphoniques prouvant noir sur blanc la culpabilité de René Mentha dans l'organisation d'un assaut sur une personne à Hull.

Le lendemain, le témoin nous donna du fil à retordre par ses dénégations indignées de toute participation aux voies de fait infligées au jeune fils d'un dirigeant du syndicat rival. Il perdit sa superbe quand je fis passer les enregistrements de sa voix, qu'il reconnut sienne. Il put s'entendre donner des instructions sur l'opération qu'il venait de nier, en jurant sur la tête de sa mère.

Ce n'était qu'un commencement. La glace était rompue avec la Sûreté. Nous avions dû procéder, jusque-là, de façon ardue, en opposant un témoin à un autre, travaillant au corps à corps les témoins récalcitrants. Tout cela changea quand, petit à petit, le service des renseignements spéciaux nous donna accès à du matériel recueilli par écoute électronique. Une foule de témoins, comptant sur l'inexistence d'écrits suspects, se sont présentés à la barre avec une assurance que devaient vite démolir leurs propres confidences téléphoniques. L'arme devint encore plus efficace à l'encontre des témoins ultérieurs qui, plutôt que de s'exposer à la déconfiture publique, prirent les devants en confessant la vérité.

Ces interceptions électroniques dataient d'avant les modifications apportées au Code criminel en juillet 1974. Le législateur a alors interdit toute interception qui ne soit pas préalablement autorisée par un juge, conformément aux conditions prescrites. Il n'en était pas ainsi auparavant. Tout indique que les pouvoirs publics en avaient profité pour s'engager dans d'intenses activités d'écoute, notamment après la crise d'Octobre de 1970.

On doit admettre que, privée de la preuve ainsi recueillie, la commission Cliche n'aurait pas pu établir la moitié des faits qu'elle a dévoilés. L'intérêt des audiences s'en est aussi ressenti. La presse a fait ses choux gras de l'intensité dramatique et des rebondissements de l'enquête. Les médias, dont les représentants ne cessaient d'affluer à Parthenais, n'ont pas été longs à supputer toute la matière qu'ils pourraient en tirer. Je leur souhaite d'avoir été rémunérés «au pouce», car pendant des mois, les révélations de la commission ont fait les manchettes quotidiennes.

Les commissaires ont très tôt compris que la presse jouerait un rôle clé dans le travail de sensibilisation qu'ils voulaient accomplir. L'un des mandats de la commission était d'instaurer une véritable démocratie syndicale et, par conséquent, de purger le milieu de ses éléments indésirables. La personnalité des commissaires se prêtait au rayonnement de leurs efforts. Tous trois étaient extrêmement «médiatiques». En plus de passer la rampe, ils comprenaient, mieux que quiconque, le fonctionnement des médias, leurs contraintes, les raisons de leur engouement et de leur indifférence. Au reste, il était difficile, même pour des journalistes blasés, de résister à leur humour, à leur enthousiasme et à leur sincérité.

Réciproquement, Robert Cliche aimait les journalistes. Séduit par leur côté irrévérencieux et la spontanéité de leur conversation, il faisait en sorte de leur faciliter le travail. Les avocats avaient pour instructions de tenir compte des heures de tombée dans le déroulement de leurs interrogatoires. S'il était prévu que des questions provoqueraient des réponses-«manchettes», on nous demandait de les poser avant que les journalistes de la télé partent faire leur «topo». Il m'est arrivé quelquefois, absorbé dans mon interrogatoire et retardé par la résistance d'un témoin peu soucieux de synchronisme médiatique, d'oublier l'heure et la séquence souhaitées. Les commissaires avaient tôt fait de me rappeler à l'ordre, pointant sur leurs montres des doigts impérieux.

Je ne suis pas sûr que ce genre de rapports pourraient s'établir, aujourd'hui, avec la presse, sans être taxés d'incestueux. Robert Cliche avait eu le temps de s'en rendre compte avant de mourir, si j'en juge par l'anecdote fictive qu'il nous raconta, pince-sans-rire, à Brian Mulroney et à moi: «Les petits gars, je viens de recevoir un appel de Robert Bourassa. Il me demande de présider une autre commission d'enquête.» Nous lui demandâmes ce qu'il avait répondu. «Eh bien! je lui ai dit, monsieur le Premier ministre, j'accepte à la condition de choisir mon sujet, mes commissaires, mes avocats et mes journalistes.»

Il n'y avait pas que les médias qui aimaient cet homme chaleureux. Nous l'adorions tous. Il nous inspirait, nous communiquait son enthousiasme, nous faisait rire de nos faiblesses et de nos vanités, non sans d'abord avoir lui-même ridiculisé les siennes. La dernière chose qui pouvait arriver en sa compagnie, c'était de s'ennuyer. Il n'était pas l'homme d'une idée fixe, d'un seul état d'âme ou d'une préoccupation unique. Une journée avec lui vous faisait parcourir plusieurs registres.

Le Beauceron qu'il était resté avait gardé l'habitude de se lever «aux aurores». Tous les matins, nous nous retrouvions dans sa suite, lisant et commentant les journaux, passant en revue les épisodes de la veille et mettant la dernière main à la stratégie de la journée. Brian Mulroney, qui ne logeait pas à l'hôtel, étant domicilié à Montréal, ne manquait pas une de ces réunions convoquées au chant du coq. Robert Cliche nous donnait des conseils, nous encourageait, nous rassurait à l'occasion, mais se gardait de toute complaisance. Ceux de nous qui n'avaient pas très bien réussi dans leurs interrogatoires de la veille n'avaient qu'à bien se tenir: «Mon petit gars, c'était pas fameux, ton affaire, hier. T'es chanceux d'avoir été à Montréal, parce que, dans la Beauce, tu te serais fait lancer des tomates.» Puis, se tournant aussitôt, l'air sévère, vers un autre avocat qui la trouvait bien bonne, il l'apostrophait: «Toi, au lieu de rire des autres, tu ferais mieux de te préparer pour aujourd'hui.»

Bien qu'il ne dédaignât pas de lancer, au bon moment, une boutade percutante, il présidait les séances avec beaucoup de dignité. L'exubérance lui était naturelle, mais il la subordonna toujours, dans l'exercice de ses fonctions, à la haute idée qu'il se faisait de la justice à rendre, des tribunaux et de leur décorum. Cette considération pour l'institution judiciaire prenait racine dans une tradition familiale. Avant lui, son père, son oncle et son frère avaient été magistrats, soit à la Cour supérieure, soit à la Cour provinciale.

Il vénérait ce père dont il nous parlait parfois comme d'une personne encore vivante, à ne pas décevoir. Ce père, qu'il nous décrivait comme austère et respectueux de l'ordre établi, ne fut probablement pas étranger aux égards du fils pour l'institution étatique. Robert Cliche n'évoquait jamais l'État sans prendre un ton sérieux, presque grave. C'était son Église laïque.

Une autre institution qu'il estimait devoir protéger, c'était le syndicalisme. Je ne suis pas sûr que celle-là lui ait été recommandée par son père, vivant à une époque où l'organisation des travailleurs en syndicats n'était pas la première préoccupation de la bourgeoisie rurale. C'est la sensibilité sociale de Robert Cliche qui lui faisait valoriser le syndicalisme.

On comprendra dès lors qu'il lui fallut beaucoup de courage et de lucidité pour se lancer à fond de train dans une enquête qui fit découvrir au public que la corruption rongeait certains syndicats et rouages gouvernementaux. Il exprima souvent sa peur de déstabiliser l'État québécois qu'il estimait mal remis du traumatisme d'octobre 1970. En même temps, il était très sensible aux critiques d'une certaine gauche qui l'accusait de faire le jeu de la droite en jetant le discrédit sur le monde syndical. Pour ces raisons, il n'aurait jamais permis une agression malveillante contre les syndicats et le Gouvernement. Mais il se percevait un peu comme le chirurgien qui, pour le bien du patient, découpe au bistouri les tissus gangrenés.

C'était un homme complexe qui, trop conscient peut-être de la relativité des choses, n'avait pas résolu toutes ses ambivalences. Même s'il avait longtemps cru au fédéralisme, je ne pense pas qu'il ait écarté la souveraineté du Québec. Comme bien des gens de sa génération, il devait la souhaiter tout en appréhendant la rupture avec le Canada. Engagé volontaire dans la marine canadienne, durant la guerre, il avait servi à bord d'une corvette qui escortait les convois de l'Atlantique Nord. Il conservait un bon souvenir de la camaraderie qui liait les membres de l'équipage. Il aimait rappeler les nuits de veille qu'il partageait entre la contemplation des étoiles et le guet des sous-marins ennemis. En politique, il n'avait milité que pour des partis fédéralistes. Je ne puis en dire plus, sinon qu'il était en transition et qu'il a envisagé de se présenter aux élections de 1976 sous la bannière du Parti québécois.

Ce printemps-là, René Lévesque fit plusieurs voyages en autobus, de Montréal à Québec, où il rencontrait Robert Cliche et Alfred Rouleau, du mouvement Desjardins, afin de les convaincre d'entrer en lice à ses côtés. À la fin, tous deux se désistèrent, Robert Cliche invoquant des raisons de santé.

Ni René Lévesque ni la majorité des amis du juge ne le crurent. Qui aurait pensé que cette dynamo, ce gaillard qui parcourait en fin de semaine, en pleine commission, trente kilomètres de ski de randonnée sur ses terres de Saint-Zacharie, allait s'effondrer deux ans plus tard? Lui se savait atteint et avait même, depuis quelques mois, pris ses dispositions avec l'entrepreneur de pompes funèbres. Madeleine Ferron, sa femme, devait être au courant quand, faisant allusion à son éventuel engagement électoral au sein du Parti québécois, elle dit à René Lévesque: «L'avion est en bout de piste, tous ses moteurs vrombissent, mais il ne pourra pas décoller.»

C'est peut-être pour cela qu'il nous incitait avec autant d'insistance à entrer en politique. Candidat néo-démocrate aux élections de 1965 et de 1968, il fut défait chaque fois. Sachant qu'on ne lui accorderait pas de match de revanche, il ne lui restait qu'à se trouver des héritiers. Il les désigna des deux côtés de son ambivalence. «Les p'tits gars, c'est votre tour, nous disait-il dans sa suite d'hôtel. Toi, mon Brian, tu t'en vas à Ottawa et tu deviendras Premier ministre du Canada. Toi, ti-Guy (Chevrette), tu te feras élire à Québec. Vous autres (c'était Paul-Arthur et moi), cessez de penser uniquement à gagner de l'argent et faites aussi vos devoirs de citoyens.»

On peut se demander si ses concitoyens ne lui ont pas rendu service en refusant de l'élire. Il y avait du romantisme dans sa conception de l'État. Élu et porté au pouvoir, il aurait probablement déchanté. On ne charme pas un appareil bureaucratique, et les politicailleries ont coupé les jarrets de plus d'un idéaliste.

Brian Mulroney, que Robert Cliche a influencé à la façon d'un deuxième père, a lui-même fait ses premiers pas en politique avec une vision romantique et même simplifiée du pouvoir; genre «nous allons être tolérants et généreux, les gens vont nous aimer, la presse également, nous allons faire de grandes choses et je passerai à l'Histoire». Il devait découvrir qu'il n'est pas lyrique de s'escrimer contre l'hydre du déficit, pas plus qu'il n'est généreux de réduire les bénéfices du régime d'assurance-chômage. Car l'heure des romantiques, surtout à Ottawa, est révolue. Aucun premier ministre ne connaîtra plus l'exaltation d'inaugurer Via Rail, de créer Radio-Canada et de fonder Pétro-Canada. Les premiers ministres doivent maintenant se soumettre aux ordres des comptables du ministère des Finances qui leur enjoignent de charcuter le premier, de sabrer dans les budgets du deuxième et de liquider le troisième. Pour une génération de dirigeants surpris par les mutations qui sont en train de changer le monde, l'exercice du pouvoir risque de se résumer au maniement des ciseaux et à l'organisation de «ventes de feu». Les séances de cabinet à Ottawa porteront de plus en plus sur la réponse à donner à la question «À qui allons-nous faire mal, aujourd'hui: aux personnes âgées, aux démunis, aux jeunes ou aux femmes?»

Robert Cliche n'était pas fait pour cette politique de rase-mottes. Il était plutôt de la race des bâtisseurs de pays. On ne peut aller plus loin sans se perdre en conjectures. Il nous a quittés avant l'heure des choix. On ne compte plus, au Québec, les itinéraires qui s'évanouissent en pointillé. De ceux de nos contemporains qui m'ont inspiré, aucun n'a pu se rendre au bout de sa course.

C'est peut-être normal, et cela le sera aussi longtemps que le Québec ne se décidera pas à achever la sienne. Dans le cas d'un homme comme Robert Cliche, qui avait tant à donner, c'est particulièrement dommage.

Il reste aux privilégiés qui l'ont connu le souvenir d'un homme qui cherchait la poésie et la tendresse partout, ne les trouvait pas souvent et s'empressait d'en rire pour dissimuler, sans toujours réussir, la tristesse qu'il éprouvait. Je n'ai jamais rencontré quelqu'un d'aussi curieux des êtres, d'aussi habile à déceler leurs failles et d'aussi sensible à leurs indélicatesses à son endroit. Mais il était encore plus prompt à leur pardonner, car il ne voulait voir dans ses frères humains que la meilleure part. Pour le grand public, son nom ne restera attaché qu'à cette commission qui, d'ailleurs, en sortant de l'actualité, s'est éteinte comme une étincelle privée d'oxygène. Dieu sait s'il portait plus en lui qu'une simple commission d'enquête.

En tout cas, sa commission, il ne l'aura pas ratée. Son rapport fut déposé le 2 mai 1975, moins d'un an après sa création. Ses recommandations entraînèrent l'adoption de pas moins de quatre lois qui réformèrent la qualification profes-sionnelle des entrepreneurs de construction, mirent sur pied l'Office de la construction, provoquèrent la mise en tutelle de trois syndicats et modifièrent le régime des relations du travail de cette industrie.

Plusieurs personnes furent reconnues (ou plaidèrent) coupa-bles d'actes criminels. Les syndicats, les associations patronales et les ministères en cause procédèrent à l'épuration requise. La violence et la corruption ont à peu près disparu des chantiers de construction. Et les Québécois en ont peut-être appris un petit peu plus sur la fragilité de la démocratie et la nécessité d'une vigilance de tous les instants. Il suffirait de baisser la garde pour que, là ou ailleurs, tout recommence.

Même si l'enquête et les audiences étaient terminées, les dernières semaines de la commission ne furent pas de tout repos pour Paul-Arthur Gendreau et moi. Insatisfaits des projets de rapport qui leur étaient soumis, les commissaires nous demandèrent de mettre la main à la pâte. Nous nous sommes enfermés, pendant plus d'un mois, dans des bureaux de la place Ville-Marie et avons rédigé, à nous deux, pas loin des deux tiers du rapport.

Après quoi, je rentrai à Chicoutimi reprendre le fil de ma pratique.

Négociations: les combats douteux

Durant les travaux de la commission Cliche, je retournais en fin de semaine à Chicoutimi, pour parer au plus pressé et discuter de dossiers avec mes associés.

Mais, revenant pour de bon en juin 1975, je me replongeai à fond dans la pratique privée en même temps que j'intensifiai mon engagement au sein du barreau.

Élu bâtonnier du barreau du Saguenay, j'entrai, à ce titre, au Conseil général de l'ordre, qui me désigna pour siéger au Comité administratif du barreau du Québec, sous la présidence du bâtonnier Guy Pepin. Aux points de vue professionnel et humain, j'ai trouvé très stimulante la vie interne du barreau.

Les avocats sont les seuls à faire profession de s'affronter systématiquement les uns les autres. Leur participation dans les instances du barreau leur donne l'occasion de travailler ensemble à la formation de leurs futurs confrères et consœurs, à la législation nouvelle et au rehaussement des normes éthiques de leur profession.

Dans un climat dépouillé des querelles auxquelles les condamne la défense des intérêts conflictuels de leurs clients, ils retrouvent la convivialité de leur corporation et découvrent de nouvelles sources de motivation professionnelle. Aussi longtemps que j'ai été en exercice, j'ai participé autant que je l'ai pu aux ateliers, comités et congrès du barreau.

L'un des avantages de la pratique du généraliste est de se déployer sur plusieurs fronts, ouvrant largement l'éventail des sujets et champs professionnels auxquels il doit s'intéresser. C'est surtout le lot des avocats plaideurs de passer d'un problème de droit bancaire à un accident d'avion, d'un litige dans une entreprise à un cas de succession. Les circonstances me firent aussi entrer dans un champ relativement nouveau pour l'époque, celui de la négociation et du droit du travail. À un moment donné, j'étais, simultanément, premier président des tribunaux d'arbitrage de l'Éducation, négociateur patronal dans le secteur privé et procureur d'une vingtaine d'hôpitaux, CLSC et centres d'accueil. Je passais donc en alternance du privé au public et, dans ce dernier secteur, de l'éducation à la santé.

Cela m'amena, entre autres, à plaider fréquemment dans le domaine de la santé. Il n'était pas rare de voir une centaine de griefs accumulés dans un seul hôpital. Les équipes patronales et syndicales se donnaient alors rendez-vous dans l'établissement, en réglaient la plus grande partie à l'amiable et plaidaient le reste devant un tribunal présidé par un avocat-arbitre, flanqué d'assesseurs syndical et patronal. Les auditions pouvaient durer jusqu'à une semaine, parfois deux, à l'hôpital même. Elles se déroulaient en public, de sorte qu'il y avait toujours un auditoire de salariés et de cadres. J'ai ainsi connu un grand nombre d'acteurs du domaine de la santé. Cela pourra sembler paradoxal, mais, en dépit de la virulence des débats et de l'acuité des différences de points de vue, j'ai tissé avec plusieurs combattants de l'autre camp d'indiscutables liens de précieuse camaraderie. Il s'agit pour cela de se conformer à une règle simple, mais non écrite: pas de coups fourrés et respect de la parole donnée.

Les pérégrinations et la vie en groupe ménagent des rencontres extraordinaires. Je pense à cet eudiste breton échoué, en fin de carrière, à l'hôpital du Havre-Saint-Pierre, comme aumônier. Je passai quatre ou cinq soirées avec lui, dans l'appartement où les religieuses l'avaient installé, au dernier étage de l'hôpital, d'où il prétendait apercevoir, par beau temps, l'île d'Anticosti.

Le père Le Lannic avait consacré une grande partie de sa vie adulte aux Inuit du Grand Nord. Ce mystique aimait, d'une même passion, ses compatriotes Chateaubriand et Renan. Il parlait de l'un avec fierté et de l'autre avec tristesse, comme d'un frère adoré qui aurait mal tourné. Bien des années plus tard, le père Léger Comeau, champion de la cause acadienne, de passage à Paris, me fit retrouver la trace du père Le Lannic, encore vivant. Nous avons alors repris notre correspondance. Il ne put terminer lui-même sa dernière lettre, car il mourut après l'avoir commencée. Elle me fut envoyée telle quelle par son compagnon de chambre.

Cet homme cultivé, exilé dans nos terres les plus désertiques et les plus hostiles, n'était pas de notre siècle. Il ne parlait jamais d'argent, ne soignait pas son image et ne s'étendait pas sous des lampes solaires. Il ne hurlait pas dans les haut-parleurs survoltés en grattant des guitares à décibels. Il n'était vraiment pas de notre époque. Aussi l'avons-nous puni, lui, comme tous les autres héros du quotidien, en le laissant croupir dans l'obscurité. La preuve qu'il était démodé, c'est qu'il semble avoir été heureux tout de même.

Je refusai, au printemps 1976, l'offre du Gouvernement d'agir comme négociateur à la table des employés d'hôpitaux représentés par la Fédération des affaires sociales (CSN). Mais j'acceptai des mandats *ad hoc*, telles la détermination des conditions de travail des agents de la paix et la révision des congédiements effectués, dans le secteur de la santé, durant la négociation de 1976.

Mais il y avait de la politique dans l'air. Dès la fin de 1975, l'échéancier électoral commença à se préciser. Les bruits de «patronage» et les révélations de la commission Cliche avaient ébranlé le Gouvernement. Par surcroît, la série de négociations avec le Front commun des salariés de l'État s'annonçait dure. Il devenait évident qu'une fois de plus Robert Bourassa appellerait la population aux urnes avant la fin de son mandat.

J'eus, à ce moment-là, avec Jacques Parizeau, une rencontre qui ajouta à ce que je savais déjà des déboires de la vie politique. Par un beau dimanche soir, durant l'été 1976, je reçus un coup de fil de Marc-André Bédard qui me priait de me rendre à l'hôtel Champlain (celui de Chicoutimi): «M. Parizeau arrive à l'instant et repart ce soir pour Montréal. Viens, c'est une réunion importante.» Nous nous trouvâmes une dizaine de militants dans une salle mal éclairée, autour d'un Jacques Parizeau fripé, après six heures d'autobus. «Je viens pour *Le Jour*, dit-il. Chaque édition est un miracle, nos fournisseurs exigent d'être payés à la livraison. Nous avons besoin de 10 000 $ pour demain.»

Je compris pourquoi nous étions dix. Mais je songeais surtout à la carrière qu'aurait pu faire cet homme, rien qu'à suivre les sentiers battus du fédéralisme: gouverneur de la Banque centrale, Premier ministre du Canada, tout était à la portée de son talent, de sa formation, de son milieu et d'un si parfait bilinguisme. Mais il était là devant nous, plaidant pour prolonger de deux ou trois jours l'agonie d'un journal de combat, fondé avec des moyens de fortune.

Marc-André, sur un ton d'irrésistible tristesse, fit un tour de table: «Toi, es-tu bon pour mille dollars? Et toi, et toi?», jusqu'à l'un de nos amis médecins, ardent nationaliste. «Eh bien! de répondre celui-ci, à la consternation générale, je ne suis pas sûr. Je dois vous dire, M. Parizeau, que je n'ai pas aimé votre dernier article sur nos revendications à nous, médecins, dans nos négociations avec le Gouvernement.» Et Jacques Parizeau, mal à l'aise, s'épongeant le front, d'expliquer son point de vue, d'argumenter pendant une bonne dizaine de minutes, notre ami décidant à la fin de verser les mille dollars.

Quand notre visiteur remonta à bord de l'autobus, pour rouler toute la nuit vers Montréal, je me répétai qu'il fallait y penser à deux fois avant de prendre le bâton du pèlerin politique.

Justement, Marc-André Bédard souhaitait me voir briguer les suffrages dans la circonscription de Jonquière, où je comptais de nombreux parents et amis. Chicoutimi était exclu, Marc-André le représentant déjà. Une fois de plus, je dus, à mon corps défendant, reconsidérer la question de mon entrée en politique active. La pression atteignit son point culminant lorsque René Lévesque nous fit venir à Montréal, Guy Chevrette et moi, pour nous embrigader.

Corinne Côté, Marc-André Bédard et Nicole, sa femme, assistèrent à la rencontre qui, je ne sais pour quelle raison, eut lieu au restaurant Sambô. Je n'avais jamais rencontré René Lévesque en tête-à-tête. L'admiration que je lui vouais, sa timidité et la mienne, tous les ingrédients étaient réunis pour donner un tour embarrassé à l'entretien. De plus, mon interlocuteur était visiblement mal à l'aise dans cette démarche de sollicitation. L'idée me vint qu'il pensait qu'ayant accepté de le voir je n'allais pas l'exposer à la déconvenue d'un refus. À moins qu'on ne lui ait donné à entendre que l'affaire était déjà conclue.

Il me parut que Guy Chevrette, plus avancé dans sa réflexion, allait dire oui.

Mais c'est le décor qui me dérouta le plus. Le repas se déroulait en plein défilé de mode. Les mannequins venaient régulièrement parader autour de nous, à croire que notre table était un des jalons de leur circuit. Chaque fois qu'une de ces filles superbes s'arrêtait à côté de nous pour pirouetter et repartir, tous nos regards de mâles se portaient sur elle, au détriment de nos échanges, qui cessaient aussitôt. Je dois dire que la loquacité de René Lévesque n'était pas moins vulnérable que la nôtre à ces apparitions. Nous en étions quittes pour tenter de relancer la conversation après le départ de ces déesses.

Je pus constater à nouveau la force de mon attachement à la profession et mon peu d'attrait pour la politique. D'autant plus que Robert Cliche fit savoir, sur ces entrefaites, qu'il ne serait pas de la partie. Ayant dit non à une candidature, je fis toutefois la campagne d'octobre-novembre 1976 aux côtés de Marc-André Bédard.

L'organisation me demanda de le présenter aux congrégations religieuses. Il se trouvait que je comptais parmi mes clients les chanoinesses hospitalières, les sœurs du Bon Conseil, du Bon Pasteur, les petites franciscaines de Marie, les sœurs du Saint Sacrement et les ursulines, sans oublier les autorités du diocèse et de nombreuses fabriques. J'emmenai donc Marc-André dans plusieurs communautés, où tout se passa bien. Mais un organisateur zélé voulut en ajouter une autre sur la liste, celle des antoniennes de Marie. Je n'y vis pas d'objection; elles étaient aussi mes clientes et j'y comptais une tante ainsi que de nombreuses parentes et amies.

Marc-André y fut reçu avec tous les égards. Je le présentai aux religieuses qui s'étaient rassemblées dans la grande salle du monastère pour entendre le message du candidat péquiste. Selon toute apparence, la réception était bonne, en tout cas polie et attentive. Manifestement satisfait de sa performance, Marc-André invita l'auditoire à poser des questions. Après un long moment de silence, je vis avec inquiétude mon amie, la sœur économe, se lever et demander doucement: «M. Bédard, j'ai lu le programme de votre parti et j'aimerais savoir si je me trompe en croyant avoir compris que vous voulez supprimer les subventions aux écoles privées? Vous savez que, dans ce cas, nous serions obligées de fermer l'École apostolique.»

Marc-André blêmit et se mit à remuer la jambe gauche, signe chez lui de grande nervosité. Le désastre! Tout le monde avait oublié l'École apostolique, l'un des fleurons des écoles privées de la région. C'était une école élémentaire fondée cinquante ans auparavant. Le Tout-Chicoutimi mâle y était passé. Marc-André lui-même y envoyait ses quatre garçons. C'est bien le diable si quelqu'un put comprendre sa réponse à la sœur économe. Il y était question du PQ, qui est une chose, mais aussi de la réalité, qui en était une autre, sans oublier l'École apostolique, une œuvre magnifique, etc. Je ne sais pas ce que le candidat du Parti libéral, lui-même un ancien de l'École apostolique, a dit aux religieuses, quand il leur rendit visite, la semaine suivante, mais il avait la partie belle.

Deux images de fin de campagne me restent de René Lévesque, de passage à Chicoutimi. Après son discours, nous nous étions retrouvés en petit groupe avec lui au restaurant. Entendant l'un de nous déblatérer contre Robert Bourassa, et en termes très agressifs, il l'interrompit sèchement: «Attention! ne le sous-estimez pas: il est très intelligent.» Et quelques heures plus tard, comme il arrivait, en pleine tempête de neige, à l'aérogare de Bagotville pour repartir en avion, quelqu'un l'accosta pour lui dire: «M. Lévesque, je pense que la tempête de neige va nous empêcher de décoller.» Je le vis se crisper, faire un geste excédé et se diriger au pas de course vers le vieux DC-3 de location qui décolla dans la bourrasque. Cet impatient devait savoir que, pour une fois, il volait vers la victoire.

Quelques mois plus tard, il me fit venir à Québec dans son bureau de Premier ministre, pour m'offrir le poste de sous-ministre du Travail. Une fois de plus, je me trouvai dans la situation de devoir lui dire non. Il ne m'en voulut pas trop puisque, au printemps 1977, il me demanda de participer à une commission d'étude, placée sous la présidence d'Yves Martin, avec le mandat de proposer une réforme du cadre de négociation des secteurs public et parapublic. J'acceptai la nomination et devins commissaire avec Michel Grant, un permanent de la FTQ.

Les négociations des secteurs public et parapublic avaient, depuis dix ans, régulièrement perturbé la société québécoise. Grèves illégales dans les hôpitaux et les écoles, interruptions de service dans des ministères étaient devenues monnaie courante durant leurs temps forts. On avait même assisté, lors du premier gouvernement Bourassa, à l'emprisonnement de chefs syndicaux, à la suite de leurs refus d'obtempérer à une injonction de la Cour supérieure.

Le Parti québécois avait, dans l'ensemble, appuyé, en 1972 et en 1976, les syndicats réunis en Front commun. Il recrutait une bonne partie de sa base politique chez les syndiqués. Fort de ces atouts, il espéra, en arrivant au pouvoir, réussir là où les gouvernements antérieurs avaient échoué. Il voulut d'abord réformer le régime de négociation pour abréger des négociations qui s'éternisaient, entrecoupées de perturbations de toutes sortes, qui finissaient immanquablement dans le psychodrame. Il s'en trouvait beaucoup pour estimer que l'amélioration de la qualité du dialogue, grâce à la crédibilité du PQ, pourrait modifier les choses.

Mais d'abord, il fallait rétablir le climat, dégager des consensus et apporter au régime de négociation les modifications nécessaires. C'est le mandat qui fut confié à la commission où je fus nommé, à laquelle on donna plus tard le nom de Martin-Bouchard (l'autre commissaire, Michel Grant, donna sa démission avant la rédaction du rapport).

La commission tint, jusqu'à la fin de décembre 1977, des séances publiques où lui furent présentés plusieurs dizaines de mémoires. Après huit semaines de rédaction ininterrompue, Yves Martin et moi déposâmes le rapport entre les mains du Premier ministre, à la mi-février 1978.

Nous savions que beaucoup de gens, notamment au sein du Gouvernement, attendaient de nous des propositions radicales. On misait sur d'ingénieux mécanismes qui dépolitiseraient le processus de négociation et disciplineraient le rapport de force syndical. Certains souhaitaient ouvertement que nous recommandions l'abolition du droit de grève dans les services publics.

Après six mois de consultation, de lectures et de réflexion, Yves Martin et moi en arrivions à des conclusions différentes. Il nous était apparu que la dynamique des forces à l'œuvre était justement trop politique pour être mise en échec par des correctifs mécaniques. Au fond, les maux qu'on cherchait à conjurer ne découlaient pas d'un mauvais choix comme tel. Ce choix, aucun gouvernement ne l'eut jamais. Le régime de négociation fut tout simplement dicté par un inéluctable enchaînement d'impératifs politiques.

Bien qu'on l'ait appelée «tranquille», la révolution des années 1960 est la cause directe des bouleversements et des crises qui ont accompagné par la suite chacune des négociations avec le Front commun. Les choix politiques du début portaient en germe la centralisation et la politisation des négociations. Un vent de justice sociale passait alors sur le Québec. Jusque-là emprisonnée par des mentalités qui boudaient l'avenir et freinée par une organisation du pouvoir hostile aux prises en charge collectives, la conscience sociale du Québec s'était tendue à la manière d'un ressort. Brusquement libérée en 1960, cette tension accumulée trouva son exutoire dans une vague irrésistible de réformes, toutes axées sur l'accès égal à une éducation et à des soins de même qualité. Le reste devait couler de source, selon une logique implacable, celle de la nécessité. La démocratisation de l'enseignement et l'universalité des programmes de santé appelaient la péréquation des ressources et des services.

Dès lors, il n'y avait que l'État pour assumer ces tâches et mettre en place les structures fiscales et administratives requises. La définition des conditions normatives et financières des diverses catégories de personnel ne pouvait manquer de tenir une place prépondérante pour assurer l'équilibre financier et le fonctionnement adéquat des systèmes. À un service égal devait correspondre un travail égal, donc un salaire forcément égal, lui aussi. D'où la centralisation du mode de fixation des conditions de travail, seul moyen de garantir la parité.

Il ne restait plus qu'une question à résoudre: l'État allait-il fixer les conditions lui-même, les faire établir par des arbitres ou les négocier? La solution arbitrale fut rejetée. Il le fallait. Car une décision qui dispose de la moitié des ressources de l'État ne peut relever que de la responsabilité de l'État. Ce n'est pas à un arbitre, un non-élu soumis aux pressions des deux parties, de statuer, indirectement, sur les budgets qui seront alloués au développement économique et aux programmes sociaux.

Par ailleurs, au moment où naissait le syndicalisme public dont la justification principale était de lutter contre l'arbitraire et le favoritisme, le recours à la solution négociée était inévitable. Jean Lesage, conseillé par Louis-Philippe Pigeon, tenta, un moment, d'y échapper, en se réfugiant derrière une formule qui avait eu ses beaux jours à l'âge d'or de la monarchie britannique: «La reine ne négocie pas avec ses sujets.» En réalité, ces réticences visaient le droit de grève, ressort de toute négociation traditionnelle. Finalement, le Gouvernement fit semblant de croire Jean Marchand, alors président de la CSN, quand il fit lui-même semblant de promettre de ne jamais faire la grève dans les hôpitaux. La loi accordant le droit de grève fut votée en 1965.

Par conséquent, le rapport Martin-Bouchard disait au Gouvernement qu'il ne pouvait altérer les fondements du régime de négociation sans remettre en cause l'universalité des services de santé et la démocratisation de l'enseignement. Par contre, il proposait un resserrement de l'échéancier. Mais nous ne nous faisions pas d'illusions, sachant que les syndicats n'avaient que rarement respecté les délais par lesquels le législateur avait cherché à encadrer le droit de grève.

Quant à ce droit de grève, nous suggérions de le maintenir, mais en assujettissant son exercice à un encadrement plus strict. Là où le rapport innovait, c'était dans le domaine des services essentiels. Il recommandait de confier au syndicat une part importante de responsabilités dans leur définition. Toutefois, le Conseil des ministres conservait le pouvoir d'interdire la grève si le niveau de services offerts s'avérait insuffisant.

Lorsque j'expliquai les grandes lignes du rapport à René Lévesque, j'eus l'impression qu'il était déçu. En fait, nous renvoyions la balle là où elle devait être. L'État n'est pas un employeur comme un autre: il rend compte à la collectivité. C'est elle qu'il engage quand il négocie avec ses salariés. René Lévesque a certainement compris qu'aucune trouvaille technique n'exempterait l'État d'assumer ses responsabilités. A-t-il dès lors entrevu à quelles extrémités son devoir de Premier ministre le pousserait un jour, dans ce dossier, et à quel prix politique?

Pour moi, je croyais me décharger de tout cela avec la fin de la commission. Mais quelques mois plus tard, Jean-Roch Boivin me fit venir à Québec pour me demander, au nom du Premier ministre, de m'occuper de la table centrale et d'agir comme négociateur en chef au cours des négociations qui allaient commencer. «Tu t'es permis de nous dire comment faire, me lança Jean-Roch. Tu seras le premier à savoir si tu avais raison.» Je rencontrai ensuite Jean-Claude Lebel, secrétaire du Conseil du Trésor, qui, sur le plan des fonctionnaires, devait coordonner le dossier gouvernemental. Puis je reçus une convocation du véritable maître d'œuvre de l'opération, Jacques Parizeau.

Il était d'ailleurs plus que cela. On n'avait jamais vu à Québec une telle concentration de pouvoirs entre les mains d'un ministre. En plus de détenir les cordons des Finances, il était ministre du Revenu, président du Conseil du Trésor et membre du Comité des priorités. Il contrôlait toutes les étapes du circuit monétaire au sein du Gouvernement. La perception des taxes, c'était lui. Le budget du Gouvernement et les enveloppes de chaque ministère, c'était encore lui; les emprunts, toujours lui; l'approbation de chaque sortie de fonds, lui aussi.

Comme président du Conseil du Trésor, il tenait audience tous les mardis matin. Pas un ministre ne pouvait engager la moindre dépense, même si elle figurait déjà dans le budget de son ministère, sans aller montrer patte blanche à la table du conseil. Plusieurs en repartaient bredouilles. Les forts en thème des HEC dont s'entourait Jacques Parizeau se plaisaient à répéter: «Le Conseil du Trésor joue un rôle essentiel dans le fonctionnement du char de l'État: celui du frein.»

Bien sûr, d'autres ministres importants, des ténors comme Camille Laurin, Bernard Landry, Pierre Marois, Robert Burns, auraient pu, placés aux commandes de ministères sectoriels, opposer leur puissance à la sienne. Mais ils dirigeaient des ministères d'État, sans responsabilités de première ligne, se confinant dans la définition de politiques dans les champs prioritaires. Ils n'étaient pas dénués d'importance — les accomplissements du docteur Laurin dans le dossier de la langue sont là pour le démontrer. Mais, dans l'ensemble, pendant qu'ils se livraient à des consultations, tenaient des réunions, réfléchissaient et rédigeaient études et livres blancs, Jacques Parizeau, depuis l'ancien bureau de Duplessis qu'il avait fait sien, prenait cinquante décisions par jour et gouvernait.

René Lévesque, qui détestait la routine administrative et qui exécrait le pouvoir bureaucratique, lui avait, en fait, confié la machine gouvernementale. Celle-ci n'avait pas de secrets pour Jacques Parizeau, qui l'avait conçue pour une bonne part. Il en jouait donc comme Menuhin d'un Stradivarius et choisissait lui-même les partitions.

Il savait que l'un de ses premiers bancs d'essai était la prochaine ronde de négociations avec le Front commun. Là encore, il était superbement préparé. Il avait été aux premières loges de toutes les négociations de la décennie 1960. Homme de confiance d'au moins trois premiers ministres, il avait fait les premiers calculs de masse salariale, calibré les échelles de salaires initiales, établi les paramètres des clauses monétaires. De plus, il aimait les négociations, leur atmosphère de drame, l'affrontement des stratégies, les ripostes-surprises. Pour la première fois, il allait les diriger en maître.

Toutes ces raisons étaient de nature à le convaincre de choisir lui-même son principal négociateur et porte-parole et de faire appel à quelqu'un de particulièrement expérimenté. Or, je n'avais participé à aucune des négociations du Front commun et j'arrivais au dossier par la filière du bureau du Premier ministre. Sans avoir saisi toutes les subtilités du contexte, je fus décontenancé par la froideur de son accueil quand je le rencontrai la première fois. Jacques Parizeau m'aborda en lançant, sur le ton de la plus parfaite civilité: «On me dit que vous vous intéressez aux négociations du Front commun.»

Finalement, j'entrai en fonction. Mais les premières semaines furent difficiles, la civilité n'arrivant pas toujours à dissimuler les réticences du ministre des Finances. Je m'en ouvris à Jean-Roch Boivin, lui demandant s'il n'y avait pas lieu d'en parler au Premier ministre. J'eus droit à une démonstration instantanée du franc-parler légendaire de ce Saguenéen d'origine: «Tu t'imagines toujours pas qu'entre son ministre des Finances et un blanc-bec comme toi, M. Lévesque va hésiter une seconde! Prends ton trou, apprends à travailler avec Jacques Parizeau. Ça fait partie de ta job de mériter sa confiance.» Le tout agrémenté d'expressions qui m'ont rappelé mes étés dans les chantiers de la Pikauba.

Une fois remis de cette dégelée, je résolus de tenter un autre essai loyal et me remis au travail avec ardeur. Je découvris qu'il n'y avait qu'une façon de plaire à Jacques Parizeau: c'était, comme on dit, de livrer la marchandise. Progressivement, je vis s'améliorer mes rapports avec lui.

Les enjeux étaient énormes: pour la durée des conventions collectives, la masse salariale totale approchait pour trois ans les trente milliards de dollars, répartis entre plus de trois cent mille salariés. Il s'agissait donc de près de la moitié du budget de l'État et de 15 pour 100 de la main-d'œuvre active du Québec.

L'opération qui s'engageait, ce printemps 1979, était pleine d'embûches. À mesure qu'avançaient nos études préparatoires, il nous apparut de plus en plus clairement que la dynamique des négociations qui allaient suivre différerait de celle des autres. Celles de 1966 et de 1969 furent les négociations du rattrapage. Les fonctionnaires, enseignants et employés d'hôpitaux étaient sous-payés. La plupart des revendications syndicales visaient à redresser des iniquités et à réparer des injustices. Dès 1969, les enseignants obtenaient l'échelle unique pour hommes et femmes, avec parité d'une région à l'autre. Du côté des affaires sociales, les syndiqués gagnèrent, dès 1966, la notion de poste et la promotion par ancienneté; en 1969, ils accédaient à la sécurité d'emploi avec deux ans d'ancienneté.

Les années 1972 et 1976 furent celles des grandes percées normatives et pécuniaires. Les négociations de 1972 devaient se conclure par un allégement de la tâche d'enseignement au niveau primaire et l'introduction d'un mécanisme de protection pour les mises à pied en cas de surplus de personnel. À compter de la même année, tous les salariés des secteurs public et para-public bénéficièrent d'un régime de retraite. C'est aussi en 1972 que le Gouvernement, parmi les premiers employeurs, accepta d'indexer le revenu sous forme de versements forfaitaires. Il consentit aussi les premiers écrasements d'échelles, au bénéfice des plus bas salaires, au moyen d'une plus forte augmentation du taux de base. Souvent, les syndicats réussissaient le tour de force d'obtenir ces gains en se les faisant imposer par décret.

Les négociations de 1976 eurent ceci de particulier qu'elles permirent à tous les salariés de faire des gains importants sur le plan pécuniaire aussi bien que normatif. Ce fut l'année de la quatrième semaine de vacances après un an, de la sécurité d'emploi pour les enseignants, de la définition détaillée de la tâche individuelle, des ratios maître-élèves spécifiques aux divers types d'enseignement ainsi que de généreux taux de redressement, comportant de l'enrichissement, des ajustements de structure et l'incorporation des forfaitaires de protection du revenu. On vit également apparaître les clauses d'indexation intégrées aux échelles elles-mêmes.

Au fur et à mesure que les résultats des négociations laissaient en arrière le niveau de rémunération du secteur privé, les centrales syndicales substituèrent à leur objectif initial de rattrapage une nouvelle justification; les négociations du secteur public furent ainsi présentées comme un instrument de promotion sociale, utilisé comme charrue pour ouvrir le chemin aux salariés du secteur privé.

En même temps, le discours devint de plus en plus politique. Cette politisation a même donné lieu, à certains moments, à des attaques syndicales systématiques contre le parti au pouvoir. Ce fut le cas, paradoxalement, durant les négociations de 1976, où les syndicats ont obtenu du Gouvernement leur meilleur règlement. Les gains syndicaux ainsi obtenus portèrent à 16 pour 100 l'écart de la rémunération globale du secteur public par rapport au secteur privé. Les augmentations de salaires se situaient à une moyenne de 12 pour 100, avec des pointes allant jusqu'à 24 pour 100.

De toute évidence, les choses ne pouvaient plus continuer au même rythme. Sans parler de retour en arrière, des ajustements, dont l'importance apparaîtrait surtout au cours des négociations de 1982, se présentaient déjà comme inéluctables. Les rentrées fiscales fléchissaient tandis que s'alourdissait le poids du service de la dette.

L'accumulation des concessions salariales, qui, en plus, s'amplifiaient au gré de la poussée inflationniste, avait rétréci la marge de manœuvre dont disposait le Gouvernement pour assumer ses autres responsabilités. Par surcroît, le problème de la disparité salariale avec les employés du secteur privé commençait à se poser très sérieusement.

Il était grand temps pour le Gouvernement et les centrales syndicales de se rappeler que les salaires du secteur public étaient payés par les contribuables. D'où la question qu'il fallait dès lors poser, au risque de déplaire aux dirigeants syndicaux: «Pourquoi un salarié du secteur privé devrait-il verser, à mêmes ses impôts, à un fonctionnaire qui fait le même travail que lui, un salaire supérieur au sien?» Sans oublier le bénéfice de la sécurité d'emploi, inconnu dans le secteur privé. De plus, l'effet d'entraînement d'un secteur à l'autre ne s'était pas produit. Souvent comparé à une locomotive par rapport aux conditions de travail du privé, le syndicalisme public avait semé ses wagons loin derrière lui. La transférabilité d'avantages comme les diminutions de la tâche d'enseignement et la notion de poste ne pouvait pas se réaliser. Et les avancées à incidence pécuniaire restaient hors de portée des employeurs du secteur privé.

Cette problématique et les politiques qu'elle appelait n'avaient rien de réjouissant pour un gouvernement qui, d'entrée de jeu, avait avoué «avoir un préjugé favorable pour les travailleurs». Tout le monde se rappelait le «lâchez pas, les gars» lancé par René Lévesque, alors ministre des Richesses naturelles, aux grévistes d'Hydro-Québec. Il est plus difficile de serrer la vis à des amis qu'à des étrangers. Surtout quand les amis se doublent de partisans politiques.

Il se trouvait justement que le parti au pouvoir poursuivait un objectif politique singulièrement exigeant. Ce parti ne se distinguait pas simplement des autres en gérant l'État un peu plus à gauche: il prônait l'indépendance du Québec et devait remplir l'engagement de tenir un référendum sur la souveraineté-association. La démarche référendaire devrait ainsi passer sous les fourches caudines du Front commun.

Le Gouvernement en eut un avant-goût quand il rendit public, en novembre 1979, son livre blanc sur la souveraineté.

Tout le monde put voir, à la télévision, des fonctionnaires syndiqués jeter le document au feu.

Il était naïf de croire que les sympathies indépendantistes des travailleurs allaient imposer une accalmie au combat syndical. Aussi René Lévesque et Jacques Parizeau ne le crurent-ils pas longtemps. Les syndiqués perdaient d'autant moins leurs intérêts de vue qu'ils ne les jugeaient pas contraires à ceux de la cause indépendantiste. Pour eux, l'État n'avait pas encore atteint les limites de sa capacité de payer. Quant aux appareils syndicaux, on ne pouvait s'attendre à ce qu'ils renoncent à un mode d'action qui leur avait si bien réussi. Les stratèges et bureaucrates des centrales ne juraient que par les vertus de l'affrontement.

Passé un premier moment d'amertume envers une pugnacité syndicale qui ne désarmait pas, le Gouvernement adopta la seule attitude qui convenait. Il décida de négocier avec vigueur et franchise, en misant sur la maturité et le réalisme des travailleurs et des dirigeants syndicaux.

Le Gouvernement dévoila sans ambages ses objectifs de négociation: ramener le taux de croissance des salaires à un palier correspondant à celui de l'évolution des prix et réduire, aussi substantiellement que possible, l'écart de la rémunération globale du secteur public par rapport à celui du privé. En échange, nous fîmes savoir que nous étions prêts à des concessions. Le choix de ces dernières était crucial: elles devaient, à la fois, rejoindre les principales préoccupations syndicales et s'harmoniser avec la politique du Gouvernement. Le choix se porta sur une bonification du régime de travail des femmes. Elles constituaient près des deux tiers des membres du Front commun. Pour la première fois, nous avons formé, à côté de la table centrale, responsable des salaires et de la coordination des tables sectorielles, un forum de discussion des conditions de travail propres aux femmes salariées. Il nous apparut très rapidement qu'un régime bonifié de congés de maternité pourrait être la clef de voûte du règlement espéré.

Comme prévu, les négociations furent rudes, épuisantes et ponctuées de crises. La plus significative prit la forme d'une grève illégale dans les hôpitaux, qui se débanda après une intervention télévisée de René Lévesque. Faisant revivre les beaux soirs de *Point de mire*, il se planta devant un tableau noir, craie et baguette en main, et démontra, pendant une demi-heure, le sérieux des offres gouvernementales et l'illégitimité de l'arrêt de travail. La nuit même, une séance d'urgence à la table centrale me permit de constater, à la mine des porte-parole des centrales, la portée de l'effet Lévesque sur leurs troupes.

Mais cela ne pouvait nous exempter de franchir toutes les étapes de la négociation traditionnelle.

Comme une tragédie grecque, toute négociation se déroule en quatre temps. Au premier temps, les personnages font leur entrée et présentent leurs doléances: c'est l'exposition. Le deuxième énonce les raisons essentielles du conflit et circonscrit le champ de bataille: c'est le nœud. Durant le troisième se succèdent les dénonciations, menaces, grèves, coups de force: c'est l'action. Vient enfin le dénouement, par entente des parties ou intervention du législateur, sorte de *deus ex machina*.

Là s'arrête la comparaison. Les échanges aux tables ne planent pas aux mêmes altitudes que les dialogues d'Eschyle. Il n'y a pas d'unité de lieu, de temps et d'action. Les acteurs gesticulent, en même temps, sur une quarantaine de scènes alors que la vraie pièce se joue dans les coulisses. Une véritable cacophonie remplace la musique des strophes. Des journalistes en jeans se substituent au chœur. Les victimes ne crient pas leur douleur sur la scène mais subissent leur sort dans le silence du quotidien, assises dans les estrades, privées de services publics et de voix au chapitre. Surtout, il n'y a pas de héros: seulement des négociateurs aux yeux cernés, parlant un jargon plus hermétique — et «aux douceurs moins souveraines» — que le grec ancien, ne dormant que quelques heures, obligatoirement le jour, vivant la nuit, comme des vampires, dans des suites d'hôtel enfumées et encombrées de tasses de café vides et de reliefs de sandwiches.

C'est là et dans ces conditions que s'écrivent les textes de la fin, rébus que des centaines d'arbitres mettront des années à déchiffrer. Tel arbre, tel fruit. L'incroyable lourdeur des structures mises en place pour ces négociations les condamne à la confusion et à l'enlisement. Tout semble avoir été conçu pour empêcher un dénouement. Près de quarante tables de discussion et des centaines d'interlocuteurs; partout des divergences d'intérêts, d'un syndicat à l'autre, aucun ne voulant signer quoi que ce soit avant son rival de temps de paix, de crainte qu'il n'ait ensuite plus de fil à retordre que lui. Au centre, une table de coordination, investie de plus de la responsabilité de négocier les salaires des trois cent mille employés de l'État. Elle n'a pas, à proprement parler, de prise réelle sur les blocages sectoriels. Sauf au dernier moment, où le Gouvernement, battu en brèche, blâmé par les contribuables, houspillé par l'opposition, vitupéré par les éditorialistes et harcelé par son caucus, se décide enfin à faire sauter l'embâcle à coups de lois spéciales et de concessions.

Un peu avant les Fêtes, une entente invervint à la table centrale sur les salaires. Comme prévu, notre proposition de congés de maternité (vingt et une semaines payées après l'accouchement) emporta le morceau. Pour régler les litiges normatifs, nous dûmes consentir une restriction de cinquante kilomètres au déplacement des personnes mises en disponibilité. Mais nous fîmes accepter un taux de croissance des salaires à peu près aligné sur le niveau des prix, ce qui eut pour effet de rapprocher les rémunérations des secteurs public et privé, réduisant l'écart à 11 pour 100, de 16 pour 100 qu'il était.

À la dernière minute des discussions salariales, le Gouvernement accueillit favorablement la proposition du syndicat d'ajouter une rallonge de six mois à la durée normale des conventions collectives. De ce fait, leur expiration se trouva fixée au 31 décembre 1982, au lieu du 30 juin, et une augmentation de salaire, indexée à l'inflation, fut prévue pour le 1er juillet 1982. Personne ne s'en rendit compte, mais on venait de semer le germe de la crise de 1982 qui allait rompre le pacte de non-agression entre le Parti québécois et les syndicats.

Dans les premières semaines de 1980, toutes les signatures furent apposées au bas des quarante-trois conventions collectives, sans que le Gouvernement ait à brandir de matraque législative.

Le débat référendaire sur la souveraineté-association pouvait ainsi s'engager dans la quiétude sociale.

Échec sur tous les fronts

La décennie 1980 me semblait s'engager sous des auspices favorables: les négociations avec le Front commun s'étaient terminées à la satisfaction générale et la campagne du OUI connaissait un très bon départ.

Depuis 1960, le Québec avait franchi bien des étapes. Après qu'il se fut donné un système d'éducation, des programmes sociaux, une fonction publique, un État et des instruments de développement économique, il paraissait normal à plusieurs de faire sauter les derniers verrous. Une certaine logique voulait que la révolution trouve son accomplissement tranquille dans la souveraineté. Du 20 juin 1960 au 20 mai 1980, le parcours eût été beau. Sa nécessité se serait manifestée par cette élégance qu'exigeait Einstein d'une équation mathématique pour rendre compte de la perfection des lois de la nature. Mais les contours de la réalité politique sont moins nets et épousent rarement ceux de l'esthétisme fonctionnel.

Contrairement à d'autres qui voyaient croître les forces du NON, j'ai cru jusqu'à la fin à la victoire du OUI. Il est vrai que mon environnement régional, où le OUI dominait, disposait à l'optimisme.

Les résultats référendaires me plongèrent dans la stupeur. Ils survivent en moi par quelques images: Pierre Trudeau, à l'autre bout du monde, réagissant à la nouvelle avec un étrange détachement; Claude Ryan, grimaçant d'une jouissance amère; et René Lévesque, pathétique et minuscule devant un gigantesque fond de scène, assommé de douleur mais cherchant quand même à exprimer de l'espoir pour un peuple dont il était si fier, quatre ans auparavant.

Pour les gens de ma génération, qui n'avaient, justement, durant les années 1960, que les mots «espoir» et «fierté» à la bouche et sous la plume, c'était la fin de quelque chose. Je sais bien que l'Histoire n'est jamais terminée, qu'une flambée peut suivre un abattement et que les états d'âme ne préjugent pas du destin d'un peuple. Mais personne ne vit les instants en historien et en politologue. En tout cas, ce 20 mai 1980 fut pour moi une cassure.

Les trois années qui suivirent me le confirmèrent, à plus d'un titre. Sur le plan collectif, par l'indigne rapatriement unilatéral de 1981-1982 et par le bris du lien de confiance entre le gouvernement Lévesque et les syndicats. Sur le plan individuel, par la part professionnelle — si modeste fût-elle — que j'ai prise dans ces déboires sociaux et constitutionnels. Enfin, par l'état d'abattement dans lequel me laissèrent les retombées immédiatement personnelles de ces événements.

Quelques mois après avoir remporté le référendum sur la promesse de changements profonds à la constitution, Pierre Elliott Trudeau devait montrer ses vraies couleurs. Dès octobre 1980, il rendit public son projet de rapatriement unilatéral, assorti d'une charte des droits qui réduisait les pouvoirs de l'Assemblée nationale. Il dispensa ainsi une autre leçon de *Realpolitik* aux Québécois qui lui avaient laissé carte blanche, s'imaginant que les changements promis leur seraient bénéfiques.

Manifestement, les fédéraux avaient décidé de pousser à fond l'avantage que leur avait donné le rejet de la proposition référendaire. Dépouillé de recours politique, il ne restait plus au gouvernement Lévesque qu'à solliciter l'intervention des tribunaux. C'est assez dire le caractère désespéré de la situation où l'avait mis le NON du 20 mai. Le Gouvernement décida ainsi de réunir autour d'Yves Pratte une équipe d'avocats chargés de saisir la Cour d'appel du Québec d'un référé sur la légalité du rapatriement unilatéral. J'en fis partie, avec Georges Emery, Colin Irving et Paul-Arthur Gendreau, devenu sous-ministre associé de la Justice. J'étais le seul péquiste du groupe, le Gouvernement ayant jugé opportun de ménager une distance entre la politique et la démarche judiciaire. De son côté, le fédéral se fit représenter par les avocats Michel Robert, Raynold Langlois (un autre de mes confrères de Laval) et Gérald Beaudoin, futur sénateur conservateur. La cause fut plaidée en janvier 1981.

Nous attendions encore le jugement quand le gouvernement Lévesque, pour son plus grand malheur, fut réélu, le 13 avril. On peut se demander pourquoi les électeurs, après avoir refusé leur appui au projet souverainiste de René Lévesque, ont reporté ce dernier au pouvoir. Était-ce un prix de consolation pour le NON du 20 mai 1980? Ou un geste de confiance à l'endroit d'un bon gouvernement? Ou pour punir les libéraux du Québec tenus responsables par association des menées antiquébécoises de leur allié référendaire Pierre Trudeau? Ou encore un désaveu du leadership de Claude Ryan? Toutes les hypothèses sont permises. Mais une chose est certaine: cette réélection a délivré à René Lévesque le passeport d'une descente aux enfers.

On discerne plus clairement aujourd'hui la vulnérabilité du Parti québécois à l'offensive postréférendaire du fédéral. Trudeau pouvait mettre sur le compte de la malveillance le moindre raidissement du Québec. Un parti qui avait essayé de «détruire» le Canada et qui, pire encore, s'était fait rappeler à l'ordre par les Québécois eux-mêmes avait peu de crédibilité pour négocier serré et contrer l'attaque d'Ottawa. Et si, à la fin, le Québec se trouvait isolé, le gouvernement fédéral et ses neuf alliés auraient beau jeu de passer outre, de déchirer le pacte de 1867 et d'imposer leur volonté à la province récalcitrante.

Au reste, le Parti québécois avait été créé pour faire l'indépendance. Il n'était pas à l'aise dans ce rôle contre nature qu'on lui demandait maintenant de tenir dans le «renouvellement» du fédéralisme canadien. Il devait ainsi se garder de deux dangers, aussi périlleux l'un que l'autre: réussir ou échouer. Le premier en faisait un parti résolument fédéraliste, le deuxième un négociateur de mauvaise foi. Dans les deux cas, justement à cause de son impuissance politique, il exposait le Québec à des reculs sans précédent.

Ce qu'il fallait appréhender est arrivé, puisque nous avons perdu, dans l'aventure, notre droit de veto (en tout cas celui que tout le monde nous reconnaissait) et une bonne partie de nos pouvoirs en matière de langue. Tout s'est passé comme si les Québécois avaient envoyé leur champion à la bataille après lui avoir attaché les mains derrière le dos.

Deux jours après sa victoire électorale, commençait la série noire du deuxième gouvernement péquiste. La Cour d'appel rendit un jugement qui donnait raison au fédéral en concluant à la légalité du projet de rapatriement.

Le Québec faisait, le lendemain, un pacte de solidarité avec sept autres provinces. Puis, mettant ses ultimes espoirs dans la Cour suprême, il donnait instruction à nous, ses avocats, d'interjeter appel du jugement défavorable. Nous plaidâmes l'affaire en juin, à Ottawa. Le 28 septembre, la Cour suprême rendit un jugement à la frontière du juridique et du politique. Elle y statuait que le rapatriement était légal, mais illégitime, parce que privé d'un consentement suffisant des provinces.

Le fédéral réagit à la vitesse de l'éclair pour récupérer ce qui était pour lui, en réalité, une défaite politique. Dans l'heure qui suivit le prononcé du jugement, Jean Chrétien se ruait devant les caméras et les micros pour chanter victoire et se congratuler du *nihil obstat* «légal» accordé au rapatriement par la cour. Il se garda, bien sûr, de prêter la moindre importance à la condamnation politique que comportait l'une des conclusions de l'arrêt de la Cour suprême. Au grand désarroi de l'équipe des avocats du Québec, le gouvernement Lévesque perdit la bataille de l'information, sous-estimant la carte politique mise entre ses mains. Il était d'ores et déjà évident que le parlement de Londres ne consentirait jamais à un rapatriement qualifié d'illégitime par le plus haut tribunal canadien.

À partir de là, les choses se précipitèrent. Le 2 octobre, l'Assemblée nationale adopta, à la quasi-unanimité (111 votes contre 9), une résolution qui réprouvait le projet fédéral. Mais déjà, le front commun des huit provinces s'effritait. Il était naïf de croire que sept Premiers ministres canadiens-anglais se compromettraient avec un gouvernement «séparatiste» en allant, à ses côtés, jusqu'au bout d'un affrontement avec le gouvernement national. Nos sept alliées se hâtèrent de laisser tomber le Québec, après l'avoir utilisé pour établir leur rapport de force contre le fédéral. Elles purent ainsi arracher, sur le dos du Québec, les concessions qu'elles exigeaient, principalement l'inclusion d'une clause dérogatoire, la suppression du référendum «national» et un droit de retrait sans compensation.

Le moins qu'on puisse dire, c'est que le dénouement manqua de classe. On conclut le *deal* final la nuit, dans le dos des méchants «séparatistes» qui logeaient de l'autre côté de la rivière. N'étant pas du club des gentlemen, les représentants québécois n'eurent pas droit au fair-play. Quelques mois plus tard, la Cour suprême décidait que ce qui n'était pas légitime avec l'opposition de huit provinces le devenait contre le Québec seul. Le gouvernement Trudeau put ainsi passer outre.

Aurait-on fait le coup à l'Ontario, à l'Alberta, voire à Terre-Neuve? Il y a fort à parier que non. Mais contre le Québec, on n'a pas hésité.

Je n'oublierai jamais l'épilogue, fixé dans ma mémoire, encore une fois de façon visuelle, par le spectacle de la reine d'Angleterre (elle était aussi la nôtre, ce jour-là), de Pierre Trudeau, de Jean Chrétien et d'André Ouellet, réunis, le 17 avril 1982, sur les pelouses du Parlement fédéral pour apposer leurs signatures au bas d'une constitution orpheline du Québec.

Voilà, pour moi, l'événement clé, le déclencheur de tout ce qui est arrivé et arrivera, la brèche par laquelle passera la démocratie québécoise pour sortir d'un régime qui a violé ses engagements d'honneur. En pratiquant cette coupure dans le lien de confiance, c'est le partenaire lui-même qui nous dédouane. Désormais, on ne peut plus nous exhorter au respect de l'œuvre de John A. Macdonald et de George-Étienne Cartier. La signature de Cartier n'a pas pesé lourd pour les couche-tard de la nuit des longs couteaux. Ils ont choisi de lui substituer celles de Jean Chrétien et d'André Ouellet. Ils devront dorénavant vivre avec ce choix.

Je terminai, avec un goût de cendres dans la bouche, mon incursion juridique dans le dossier constitutionnel.

La tâche parallèle qu'on m'avait confiée, à l'automne 1981, n'avait rien non plus pour me rendre euphorique. J'avais accepté d'agir, une deuxième fois, comme coordonnateur gouvernemental des négociations avec le Front commun.

Il était dit que la réélection de René Lévesque et du Parti québécois leur ferait boire le calice jusqu'à la lie. Ils se trouvèrent engagés, avec les trois cent mille employés de l'État et leurs syndicats, dans une partie de bras de fer qui devait prendre les allures d'une guerre intestine.

Avant même leur victoire du 13 avril 1981, les ministres péquistes savaient que les négociations collectives à venir pourraient tourner au désastre. La récession, qui tarissait les rentrées fiscales, s'accompagnait d'une flambée des taux d'inflation. On devait effectivement les voir culminer à 10 pour cent pour la période du 19 juillet 1981 au 30 juin 1982.

Le Conseil du Trésor attacha vraiment le grelot au début de l'année 1982. Son secrétaire Robert Tessier et moi préparâmes, pour la signature du président Yves Bérubé, un mémoire faisant le point sur l'équilibre financier du Gouvernement et sur sa marge de manœuvre durant les prochaines négociations. En clair, l'étude faisait voir que le versement de l'augmentation prévue pour le 1er juillet 1982 accroîtrait de sept cent vingt-cinq millions de dollars le déficit gouvernemental. Il n'y avait que deux issues: majorer d'autant les emprunts ou ne pas payer l'augmentation de salaire. Emprunter l'excédent, c'était risquer la baisse de la cote des agences de Wall Street. Ne pas payer était plus facile à dire qu'à faire.

Robert Tessier et moi assistions à la réunion interministérielle où Yves Bérubé présenta le document. Le message et le messager furent mal reçus. Au cœur même de la débâcle constitutionnelle, le cabinet Lévesque voyait avec effroi s'accumuler de sombres nuages dans un autre secteur, celui du climat social.

Le Gouvernement avait déjà décidé de lancer une opération pour sensibiliser les décideurs économiques et sociaux à la précarité des finances publiques. Un sommet les réunit en avril 1982. De nombreux discours et des échanges courtois n'altérèrent pas une réalité coriace: le Gouvernement n'avait pas l'argent pour payer leur dû aux syndiqués et ceux-ci n'allaient pas en démordre. On me demanda de faire une ultime tournée des centrales et des groupes sociaux. Mon mandat était de leur démontrer, chiffres à l'appui, l'incapacité financière dans laquelle se trouvait l'État d'honorer l'augmentation du 1er juillet, gonflée par l'inflation sur laquelle elle avait été malencontreusement alignée. Avec l'aide d'une équipe des Finances et du Trésor, je mis au point le scénario des mesures catastrophiques (nous disions même «apocalyptiques») auxquelles le Gouvernement devrait recourir s'il était forcé de verser la totalité de la hausse salariale. (Il était question, par exemple, du licenciement de dix-sept mille employés.)

Je me heurtai à un refus catégorique. Les syndicats ne voulurent pour aucune considération rouvrir les conventions collectives et accepter une ponction de cinq cent vingt et un millions de dollars, à même la hausse de salaire prévue pour le 1er juillet 1982. Le Gouvernement se trouva ainsi renvoyé à ses responsabilités de décideur.

Soudainement, le temps se mit à presser. Le ministre des Finances devait, avant la fin de mai, présenter un budget équilibré. René Lévesque convoqua une réunion de tous les ministres et sous-ministres en cause (Finances, Conseil du Trésor,

Éducation, Affaires sociales, Fonction publique, Justice). Louis Bernard, Jean-Roch Boivin, Robert Tessier et moi étions aussi du groupe qui se réunit, en soirée, dans un salon particulier du restaurant Continental, à Québec.

Une seule question à l'ordre du jour: fallait-il légiférer pour annuler l'ajustement salarial du 1er juillet? Telle était la proposition du Conseil du Trésor. Les avis furent partagés. Jacques Parizeau n'acceptait pas que l'État du Québec répudie sa signature. D'autres, comme Yves Bérubé, invoquaient la nécessité d'équilibrer le budget sans compromettre le crédit financier du Gouvernement. Mais les arguments et le poids de Jacques Parizeau l'emportèrent auprès du Premier ministre: la hausse de salaire serait versée comme prévu.

Puisque la voie d'emprunts additionnels était bloquée, il ne restait plus qu'à imaginer un expédient: après avoir payé les hausses salariales jusqu'au 31 décembre 1982, on les reprendrait, à compter du lendemain, dans la poche des salariés par une diminution radicale de leur traitement. Le stratagème ne trompa personne, surtout pas les syndiqués. À n'en pas douter, ils auraient plus facilement digéré une loi les privant d'une augmentation non encore versée que de toucher une hausse de salaire qui leur serait ensuite retirée. Dans le deuxième cas, il y avait, de plus, le sentiment d'avoir été bernés.

Le Gouvernement fit adopter le projet de loi 70 qui stipulait que, faute d'entente avec les syndicats au terme d'une période de négociation de trois mois, il prélèverait, à compter du 19 janvier 1983, une somme de cinq cent vingt et un millions de dollars par le moyen de réductions massives de salaire. Au 31 décembre 1982, l'écart des niveaux de salaire du secteur public par rapport au secteur privé avait grimpé à 15 pour 100. La loi 70 le ramènera à 6 pour 100. Presque en même temps, l'Assemblée nationale adopta une autre loi qui sabrait dans les bénéfices de retraite.

Après cela, rien ne fut plus possible. Les réunions de la table centrale tournaient au vinaigre et parfois à l'altercation. Les nuits et les jours étaient longs. Les porte-parole syndicaux ne se gênaient pas pour nous dire dans le blanc des yeux ce qu'ils pensaient de nous. Ils se sentaient trahis, méprisés et matraqués par des amis.

Toutes les «négociations» ayant échoué, René Lévesque se vit contraint, en décembre, de déposer le projet de loi 108 qui édictait la totalité des conventions collectives, dans tous leurs aspects, normatifs comme pécuniaires. Le Gouvernement et ses partenaires en profitèrent pour faire des changements unilatéraux dans les clauses normatives, notamment sur la tâche des enseignants. Les plus hauts salariés (qu'on trouvait surtout à la CEQ) furent le plus durement frappés car ils firent les frais du gros de la récupération monétaire. On leur infligea des diminutions de salaire allant jusqu'à près de 19 pour cent. En dollars constants, certains d'entre eux n'ont regagné que bien des années plus tard leur niveau de salaire de décembre 1982. De plus, ils s'estimaient dévalorisés par certains propos des ministres qui avaient lourdement insisté sur leur moyenne d'âge relativement élevée (plus de quarante ans) et sur le fardeau de leur tâche par rapport à celui de leurs collègues de l'Ontario.

Les réactions du syndicat furent à la mesure de la brutalité du Gouvernement: arrêts de travail illégaux, révolte ouverte contre la loi, attaques personnelles et même voies de fait sur la personne du ministre Camille Laurin.

Mais le plus touché fut le Premier ministre. Paraphrasant le surnom donné à Barbie, chef de la Gestapo à Lyon, que son procès venait de remettre dans l'actualité, des syndiqués traitèrent René Lévesque de «boucher de New Carlisle».

Que se passait-il dans la tête de René Lévesque, assiégé de toutes parts? Après vingt ans de mobilisation sociale et politique, la société québécoise s'était présentée, plus forte que jamais, devant le dernier obstacle à franchir. Si quelqu'un le savait, c'était bien René Lévesque. Mais il savait aussi qu'au dernier moment elle s'était cabrée et avait refusé l'effort qu'il lui demandait. En un sens, c'était à lui qu'elle avait dit non. Un non qui l'avait fait sombrer dans le désarroi et dans une vulnérabilité sans précédent vis-à-vis des coups de main fédéralistes.

Voilà que les circonstances l'obligeaient en plus, lui, René Lévesque, à utiliser ce qui restait de force à l'État québécois contre ceux-là mêmes qui avaient appuyé sa démarche souverainiste. Renversement pour renversement, il devait voir la CEQ invoquer, comme motif de nullité, le fait que la loi décrétant les salaires n'avait pas été traduite en anglais!

La plupart de ceux qui ont approché René Lévesque s'accordent pour dire qu'il ne se confiait pas facilement. Je ne puis que confirmer ce témoignage. En fait, j'ai toujours eu l'impression d'en apprendre plus sur lui de ses discours que de sa conversation. Impénétrable en privé, il rejoignait, en public, le cœur de chacun. Comme s'il ne pouvait livrer de lui-même que ce qu'il avait de commun avec les Québécois. C'est pour cela, peut-être, qu'ils se retrouvaient dans ce qu'il exprimait. Le reste, c'est-à-dire ce qui lui appartenait en propre, il le gardait pour lui, sauf, j'imagine, en présence d'intimes, dont je n'étais pas.

Cependant, je le voyais assez souvent à l'époque de l'affrontement avec le Front commun. Il avait tendance à mettre sur le dos de l'appareil syndical plus que sur celui des travailleurs l'insensibilité qu'avaient rencontrée ses appels à la solidarité pour surmonter la crise budgétaire. Lucide avant tout, aimant les gens mais ne se faisant pas d'illusions sur la nature humaine, il savait parfaitement ce que lui coûterait sa fermeté. Mais il avait décidé de mener une lutte farouche pour la santé des finances publiques. Si quelque chose valait d'être sauvé pour l'avenir du Québec, c'étaient bien les assises d'un État solvable.

Éreinté par Trudeau, trahi par ses alliés des autres provinces, abandonné (l'aura-t-il pensé?) par les Québécois le 20 mai 1980, il se sera peut-être dit, aussi, qu'il ne pouvait pas perdre tous les combats. En toutes circonstances, une fois que les centrales eurent dit non à l'ouverture des conventions collectives, il se figea dans une détermination inébranlable. L'escalade des moyens de pression syndicaux le durcissait dans sa décision. À partir de ce moment-là, il souffrit avec de moins en moins de patience les discussions hermétiques sur les «paramètres de la tâche», les «coûts de système» et les «écrasements d'échelles». Je vis un jour un ministre lui remettre en mains propres, durant une réunion, une note technique sur un problème de négociation. Il en parcourut les premières lignes puis, furibond, la jeta par terre en disant: «Quelqu'un pourrait-il m'expliquer en français de quoi il s'agit?» Et Jacques Parizeau de venir à la rescousse de son collègue en improvisant un court exposé de la question.

René Lévesque admirait le brio de son ministre des Finances qui, de son côté, lui vouait, à lui et à sa fonction de Premier ministre, un culte empressé. Mais les rapports n'étaient pas du genre chaleureux. Ils n'avaient rien, absolument rien, de la joyeuse camaraderie. Ni l'un ni l'autre n'étaient portés sur les épanchements personnels non plus que sur les conversations anodines et interminables qu'affectionnent la plupart des politiciens. Entre eux, le «vous» était de rigueur. Dans les grands moments, ils échangeaient des lettres, généralement transmises par Jean-Roch Boivin, longtemps trait d'union essentiel.

Le meilleur entourage politique est fait de contraires, car la vérité ne peut venir que du choc des réalités. D'où la difficulté d'accorder tout ce beau monde. Ce miracle d'équilibre, René Lévesque l'a réalisé avec Louis Bernard et Jean-Roch Boivin.

Louis Bernard, l'imperturbable, tirait toute décision d'une cascade de prémisses, gérait les crises aux heures de bureau et ne leur permettait pas de faire dévier ses plans. Sorti d'un parcours de carrière très prometteur, il était venu aux affaires publiques à la poursuite d'un grand dessein. Il y avait donc quelque part une grande passion, mais bien malin qui aurait pu la déceler dans son comportement et ses propos. On ne l'a jamais vu se départir de l'équanimité avec laquelle il accueillait toutes les nouvelles, bonnes et mauvaises, et toutes les idées, d'où qu'elles viennent. Mais, par la suite, quand il s'était fait une idée à lui, il n'en changeait que rarement, quoiqu'il fût beau joueur pour exécuter ensuite une décision contraire à ses vues.

Il pratiquait la rigueur et l'honnêteté intellectuelles comme s'il en avait prononcé les vœux, ce qui le rendait redoutable dans les débats où il entrait. «Quelle est la position de Louis

Bernard?» s'enquéraient les ministres et sous-ministres qu'intéressait une question ou un projet soumis à l'arbitrage du Premier ministre. Tous savaient que René Lévesque faisait grand cas de l'avis de ce conseiller totalement désintéressé.

Il était taillé sur mesure pour la fonction de secrétaire du Conseil exécutif, dont les responsabilités chevauchaient la ligne de partage de la politique et de l'administration publique. Le titulaire doit être à la fois un politicien qui inspire confiance aux fonctionnaires et un fonctionnaire qui mérite l'appui des politiciens. En lui se fondent les intérêts de l'État et ceux du Gouvernement. D'une certaine façon, c'est un être écartelé qui doit décider, dix fois par jour, où s'arrête la loyauté au parti et où commence le service de l'État. Louis Bernard, souverainiste de cœur et de raison, dévoué jusqu'à la fin à René Lévesque, ne perdit jamais de vue ce qui est dû aux institutions, ce qu'elles exigent de conscience morale et d'élévation d'esprit. Cela lui valut peut-être les plaintes qu'il m'arriva d'entendre de la bouche de ministres sur ses manques occasionnels de jugement politique.

Si Louis Bernard reflétait surtout le côté rationnel de son patron, Jean-Roch Boivin incarnait davantage son côté instinctif. Toutes les comparaisons sont boiteuses et toutes les images simplificatrices. Mais je me risquerais à dire que l'un servait le premier ministre René Lévesque et l'autre assistait René Lévesque, devenu premier ministre.

Vingt-cinq ans d'études et de carrière d'avocat à Montréal n'avaient guère adouci une rugosité qui devait égratigner, à Québec, plus d'un épiderme de fonctionnaire, de journaliste ou de politicien. C'était le Jean-Roch Boivin du premier degré: l'homme des «jobs de bras», l'amateur du parler dru et cru, bon vivant et consommateur de gros cigares. René Lévesque, plus que quiconque, fuyait les rencontres déplaisantes. À Jean-Roch Boivin incombait donc de réprimander les ministres; de leur dire de renoncer à leurs projets favoris; de leur imposer un sous-ministre dont ils ne voulaient pas; de leur intimer l'ordre d'annuler une tournée en Europe minutieusement préparée; ou de leur annoncer qu'ils seraient évincés du prochain cabinet. Il était aussi le garde-chiourme et souffre-douleur des membres du personnel ministériel, ces jeunes ambitieux surpayés qui, d'un gouvernement à l'autre, se prennent pour des ministres. Il n'y a pas recette mieux assurée d'impopularité.

Par tradition et nature, le rôle du chef de cabinet du Premier ministre est le plus ingrat qui soit. Il reçoit les coups que leurs auteurs n'osent pas porter au Premier ministre, se fait accuser de donner à ce dernier des conseils funestes, de l'isoler et de le couper de la réalité. Le considérant comme le gardien des secrets sordides du régime, on lui prête inévitablement les plus sombres desseins et on lui impute tous les échecs du gouvernement. Jean-Roch Boivin, comme ses prédécesseurs, dut subir ces avanies.

Une bonne carapace fait partie de l'équipement obligatoire. C'était encore plus vrai pour Jean-Roch Boivin, qui dissimulait soigneusement sous la sienne une sensibilité de littéraire et une exigence de moraliste. Son lien avec la politique passait par la personne de René Lévesque et la passion de celui-ci pour le Québec. Ils étaient sortis ensemble du congrès libéral de 1967 pour aller fonder le Mouvement souveraineté-association et ne s'étaient pas quittés depuis. Ils s'entendaient à merveille et pouvaient se comprendre sans se parler. Entre eux, beaucoup de respect et d'affection, mais encore plus de sens critique et de franchise.

Le premier attendait surtout du deuxième la vérification de ses intuitions. Jean-Roch Boivin aimait ou n'aimait pas un discours, une idée, une stratégie, une situation. Il sentait les choses tout d'un coup, plus qu'il ne les soupesait, auscultait ou décortiquait. J'ai déjà vu le Premier ministre, en réunion de travail, se tourner vers son chef de cabinet, après le long et savant exposé d'un ministre, et demander: «Qu'en pensez-vous, M. Boivin?» Je ne fus pas le seul à entendre la réponse: «M. le Premier ministre, c'est fou comme de la m...» Après cela, les discussions oiseuses ne s'éternisaient pas, probablement au grand plaisir de René Lévesque.

Sur papier comme en pratique, Louis Bernard et son collègue, le chef de cabinet, auraient dû s'affronter dans une rivalité incessante. Ils avaient de fortes personnalités, se rapportaient directement au Premier ministre et assumaient des responsabilités qui s'entrecroisaient. Ces luttes ne sont pas rares dans les entourages de premiers ministres. On se déchire pour avoir l'oreille du patron, contrôler l'accès à son bureau, physiquement et même par téléphone, filtrer sa correspondance, et ainsi de suite. Je l'ai vu faire à Ottawa et à Paris. Toutes les biographies de présidents américains signalent les guerres de pouvoir qui se livrent autour d'eux à la Maison-Blanche.

En général, la paix ne s'installe qu'après la victoire de l'un des antagonistes.

Mais il n'en fut pas ainsi pour les deux proches conseillers de René Lévesque. Personne ne peut dire lequel avait le plus d'influence, aucun des deux ne cherchant à diminuer celle de l'autre. C'est probablement qu'ils n'avaient pas d'ambition ou qu'ils l'avaient haute. Également motivés par la cause souverainiste, ils conjuguèrent leurs qualités et ressources pour donner au Premier ministre un environnement efficace et harmonieux.

Cette attitude ne se démentit pas, durant cette période tumultueuse où le Gouvernement, ballotté d'une crise à l'autre, voyait s'effriter ses appuis.

Jean-Roch venait de temps en temps me voir en pleine nuit, dans la suite où nous poursuivions nos palabres avec les négociateurs syndicaux. Nous cherchions désespérément le moyen de sortir de l'impasse. Quand l'échec devint inéluctable, il intensifia le rythme de ses visites nocturnes, comme pour me réconforter. J'aurais voulu qu'on me lâche un peu la bride pour que je puisse faire bouger les syndicats et éviter le désastre. Mais nous nous trouvions devant la raison d'État, durcie par la nécessité et, à la fin, rendue implacable par le jusqu'au-boutisme de René Lévesque.

Même à Québec, du haut d'une suite remplie de fumée et de relents de nourriture, même pour des antihéros comme nous qui, souvent, n'avions pas quitté l'hôtel depuis une semaine et pas dormi depuis trois jours, l'aurore qui se levait avait «des doigts de rose» comme dans *L'Iliade*. Nous attendions qu'ouvre la salle à manger pour descendre y dévorer notre petit déjeuner, avant de reprendre ce qu'on n'appelait plus les «négociations» que par dérision. Car, pendant ce temps, des dizaines de personnes, dans les combles du Conseil du Trésor, remuaient le papier à la tonne et préparaient, en se relayant jour et nuit, la cinquantaine de conventions collectives qui seraient imposées par décrets.

Tout se termina à grands coups de lois spéciales, dans le fracas politique et les récriminations. Je fus personnellement pris à partie pour mes honoraires, bien que j'eusse déjà réduit de 10 pour 100 le taux horaire stipulé dans le contrat initial. On fit publiquement état d'un reçu de taxi établi à mon nom pour un aller-retour officiel Québec-Montréal (un débours d'environ deux cents dollars pour deux fonctionnaires et moi, beaucoup moins élevé que trois billets d'avion). Un fonctionnaire anonyme fit aussi circuler une facture d'une vingtaine de dollars que j'avais soumise au ministère de la Justice pour un pantalon de cérémonie qu'avec deux ou trois autres avocats, j'avais dû louer pour me conformer aux exigences de pratique de la Cour d'appel de Terre-Neuve, devant laquelle je devais comparaître. J'y représentais le gouvernement du Québec, mis en cause dans la controverse de Churchill Falls. Nous contestions la loi par laquelle la législature terre-neuvienne tenta (sans succès, devait-il s'avérer) de faire annuler le contrat de fourniture d'électricité à Hydro-Québec, une bagatelle de plusieurs milliards de dollars. Je dus lire dans les journaux des allusions sarcastiques à l'affaire de la «culotte à Vautrin», le ministre du cabinet Taschereau qu'avait stigmatisé Duplessis.

Bref, je fus blessé et humilié comme jamais dans ma vie. Je pris la résolution de ne plus accepter de mandat gouvernemental à honoraires. Sans grand mérite puisque je gagnais plus d'argent à servir la clientèle privée de mon cabinet.

Je n'en menais pas large quand je retournai à Chicoutimi, juste avant les vacances de Noël. J'étais en train de lécher mes plaies quand, le surlendemain du jour de l'An, le Gouvernement me fit savoir que les porte-parole syndicaux demandaient à me rencontrer. Ils désiraient négocier des aménagements aux décrets qui avaient été promulgués. Je ne pouvais refuser, mais posai une condition: je le ferais à mes frais et sans rémunération. Je ne voulais plus émarger aux comptes publics.

Ramassant mon courage à deux mains, je repris le chemin de Québec. Dès mon arrivée, un incident autrement sans importance me révéla que, dans la recherche des coupables, mon numéro était sorti, même au sein du Gouvernement. Entrant dans un restaurant en compagnie de Jean-Marc Boily, secrétaire associé du Conseil du Trésor et mon compagnon d'infortune dans toutes ces tribulations, je tombai sur un mandarin (il n'y en a pas qu'à Ottawa) du Conseil exécutif qui, avant de me tourner le dos, me jeta: «Merci pour le beau climat social.»

Près de trois mois de «bénévolat» furent nécessaires pour parvenir avec la plupart des syndicats à ce qu'on appelait pudiquement des «ententes de réaménagement». En réalité, les dirigeants syndicaux souhaitaient adoucir certains changements unilatéralement introduits par les décrets dans les clauses normatives. Nous espérions que, du même coup, ces ententes conféreraient une apparence de légitimité à notre coup de force. Le Gouvernement, qui n'avait pas vu de signatures syndicales depuis longtemps, se montra satisfait de ce succédané, par surcroît bien tardif. Ce qui me valut de la part du Premier ministre un compliment narquois: «Vous êtes plus persuasif quand on ne vous verse pas d'honoraires.»

Après quoi je quittai Québec pour Chicoutimi, où je comptais bien m'installer pour de bon.

Le beau risque

J e venais d'entrer dans ma quarante-cinquième année. Je sortais d'une mauvaise passe professionnelle et j'avais une crise personnelle à liquider. Depuis un certain temps, nous vivions séparés, ma femme et moi. Pâques approchait. Je m'immergeai dans les *Confessions* de saint Augustin, puis dans celles de Jean-Jacques Rousseau. Juste avant Pâques 1983, j'apportai ces dernières avec moi chez les capucins du lac Bouchette, où je fis une retraite d'une semaine. De retour à Chicoutimi, je reconnus mes torts, repris la vie commune et me replongeai dans la pratique du droit.

J'imagine que beaucoup de Québécois durent, comme moi, se sentir renvoyés à leurs affaires domestiques et professionnelles. Pour les souverainistes, en particulier, la voie politique paraissait bloquée, et pour longtemps. Les fédéralistes triomphaient à Ottawa, et n'attendaient que les prochaines élections, au Québec, pour libérer les péquistes de leur calvaire. L'impuissance politique s'était installée à demeure au sein de ce gouvernement qui avait vécu ses premières années de pouvoir dans un enthousiasme créateur.

Tombée, la fièvre joyeuse dans laquelle s'étaient élaborés le projet de loi 101, le zonage agricole, l'épargne-actions, l'assurance automobile, le financement populaire et l'assainissement des eaux. Refroidi, le plaisir qu'éprouvaient ces gens capables et cultivés à réaliser le rêve qui les avait amenés en politique. Il arrivait aux membres du comité ministériel de la première négociation du Front commun d'émailler leurs interventions d'expressions latines ou encore de faire assaut d'érudition littéraire. Je vis Jacques-Yvan Morin corriger l'un de ses collègues qui citait Boileau:

> *Ce que l'on conçoit bien s'énonce clairement,*
> *et les mots pour le dire* viennent *aisément.*

«Non pas "viennent", mais "arrivent"», le reprit-il, et une dispute de s'engager, suivie d'une gageure remportée par le ministre de l'Éducation, comme il se doit.

Elles étaient bien finies, ces joutes de l'esprit. Les membres de ce cabinet, probablement le plus brillant jamais réuni autour d'un Premier ministre, s'enfoncèrent dans la morosité. Ils souffrirent du malheur des uns et se désolèrent du départ des autres. Rien ne leur fut épargné, pas même la fin tourmentée d'un chef admiré. Ils eurent beau s'obstiner à concevoir des projets au demeurant très valables, comme la corvée-habitation, mais le sort s'acharnait contre eux. Les fins de régime ont quelque chose d'inexorable.

De loin et par procuration, j'observais tout cela et me confortais dans ma résolution de rester sous ma tente. Pour cette raison, je déclinai l'offre qu'on me fit de devenir le sous-ministre en titre de la Justice quand mon ami Pierre-Marc Johnson fut muté à ce ministère. Pareillement, j'opposai un non amical à Guy Chevrette, quand il voulut me confier la présidence de sa Commission de révision des programmes sociaux et de santé. J'étais convaincu que ma carrière publique était terminée avant même de l'avoir vraiment commencée.

Je poursuivis donc l'expansion de mon cabinet d'avocats et intensifiai ma présence dans les dossiers professionnels de la région. Je ne sortais guère de celle-ci que pour siéger à mes comités du barreau et aux conseils d'administration de Donohue inc. et de la Société générale de financement où j'avais été nommé l'année précédente.

Au même moment, Brian Mulroney se lançait dans sa deuxième campagne de leadership du Parti conservateur. Je n'y jouai aucun rôle. On me pria seulement de récolter de l'argent dans mon entourage, ce que je fis. On ne me demanda surtout pas de textes: le temps des envolées nationalistes n'était pas encore venu. D'autres que moi rédigèrent les discours qui reprochèrent à Joe Clark sa trop grande sympathie pour le Québec.

J'avais été beaucoup plus actif durant la course à la direction du parti de 1976, la première à laquelle ait participé mon ancien condisciple d'université. Après avoir fait quelques discours durant la campagne, je passai, au lac Memphrémagog, avec Brian Mulroney et son état-major, la semaine précédant le congrès. J'ai alors travaillé à la partie française du discours principal du candidat. Sans être un chef-d'œuvre, le texte qui sortit de cette collaboration était quand même moins insipide que celui qu'avait prononcé le candidat, le samedi suivant, à Ottawa. Je n'ai jamais su qui l'avait convaincu de substituer à l'effort de Magog ce discours de dernière minute qui déçut tout le monde.

Cet épisode n'altéra en aucune façon nos relations amicales. Il fallut bien toutefois les mettre en veilleuse à partir de 1980. Il était du camp du NON et donna par la suite son appui au rapatriement unilatéral de Pierre Trudeau. Nous sommes justement restés amis parce que nous avons, durant cette période, espacé nos rapports.

C'est lui qui, je crois, reprit vraiment contact avec moi, après son accession à la tête du Parti conservateur. Il m'appela assez souvent, durant l'élection complémentaire dans Central Nova. Il eut ensuite l'obligeance de m'inviter à son entrée en chambre comme député et chef de l'opposition en 1983. Au printemps

1984, je préparai pour lui un discours qui dressait le passif de ce que l'attitude conflictuelle du gouvernement Trudeau coûtait aux provinces. Puis, tout s'accéléra avec l'approche des élections générales.

Bernard Roy, mon compagnon d'université et fidèle de Brian Mulroney, se vit confier l'organisation électorale pour tout le Québec. Sauf dans la circonscription de Joliette, représentée par Roch La Salle, les conservateurs partaient de zéro. Leur première tâche était de dénicher soixante-quatorze candidats.

Pendant quelques semaines, je subis les assauts de Bernard Roy qui souhaitait me voir briguer les suffrages dans la circonscription de Chicoutimi. Brian Mulroney se mit de la partie. Il fit même, au printemps 1984, un saut au Saguenay avec Mila qui déjeuna avec ma femme pour obtenir son accord. J'eus avec lui une conversation plutôt positive, réservant ma décision finale.

Car j'avais encore des doutes sur la crédibilité de ma candidature sous la bannière d'un parti fédéraliste. J'avais milité avec ardeur pour la souveraineté du Québec aussi longtemps qu'elle m'était apparue possible. Et, en dépit de mon inactivité politique des deux dernières années, j'avais toujours ma carte du Parti québécois et contribuais régulièrement à son financement.

J'en parlai à Louis Bernard, dont la réponse me donna à réfléchir. «Imagine-toi devant une caméra de télévision, obligé d'expliquer en quoi le programme de Brian Mulroney t'autorise, toi un souverainiste de près de quinze ans, à porter les couleurs d'un parti fédéraliste. Tu vas être amené à patiner. Et même si tu arrives à te débrouiller avec les mots, l'œil de la caméra ne trompe pas. Il te trahira si ton choix politique te met mal à l'aise.»

En vérité, je voyais de plus en plus clairement la nécessité pour les Québécois de s'arracher à leur torpeur politique et de s'affranchir de l'ostracisme constitutionnel dont les avait frappés le Canada anglais. Malgré ce que m'en disait en privé Brian Mulroney, le programme de son parti ne comportait pas d'engagement formel en ce sens. Tout bien pesé, je décidai de ne pas me présenter et l'annonçai à Bernard Roy, au cours d'une rencontre à Montréal. Mon interlocuteur fut déçu et me le dit.

Quelques semaines plus tard, toutefois, il m'appela à Chicoutimi pour requérir ma collaboration durant la campagne électorale. Il s'agissait de me tenir en contact constant avec notre ami commun, à titre de conseiller pour le Québec, et de rédiger des discours pour lui. Ayant accepté, je me retrouvai, peu après, au Ritz, à Montréal, avec Marcel Masse et quelques dirigeants du Parti conservateur. Ma première tâche: préparer le programme du parti pour le Québec. Pour m'aider, on me remit des liasses de documents (rapports, analyses, énoncés de mesures politiques) qui semblaient émaner, pour la plupart, de la direction nationale du parti.

Je m'installai ensuite au Quatre-Saisons, à Ottawa, où je commençai à faire des textes. Puis on me donna un bureau en ville, à côté de celui de Charlie McMillan, un universitaire, conseiller économique du chef. Sans me faire d'illusions sur la valeur d'une démarche entreprise dans ces conditions, j'écrivis d'abord un programme pour le Québec, faisant de mon mieux pour l'harmoniser avec le programme national, entièrement conçu par des anglophones, avec très peu de connotations québécoises. Je m'entretenais régulièrement au téléphone avec le chef en campagne.

Il me demanda un jour de rédiger pour lui des textes d'entrée et de fermeture pour le débat des chefs en français. Je fis aussi partie, avec Jean Bazin, Charlie McMillan et Hugh Segal, de l'équipe chargée de prévoir les questions qui seraient posées à ce débat et à l'autre qui suivrait, en anglais. Notre grand souci était d'ajouter, à ceux déjà préparés, des projets de réponses, attaques et ripostes en fonction de toutes les situations que nous pouvions imaginer. Profitant des séjours éclair du candidat à Ottawa, nous eûmes plusieurs sessions avec lui, à Stornoway. Nous nous fîmes projeter, en sa compagnie, les films de débats antérieurs.

La préparation fut professionnelle au point de le devenir trop. À la mémorisation d'innombrables données statistiques et techniques se superposèrent les recommandations des experts sur le comportement, les gestes, les intonations, les mouvements de caméra. À la fin, c'est Mila Mulroney qui donna le meilleur avis. Une fois partis la plupart des conseillers, à l'issue d'une dernière séance plutôt laborieuse, elle dit: «Brian, sois naturel et oublie le reste.»

Il remporta les deux affrontements, surtout le deuxième où il confondit John Turner à propos des dizaines de nominations qu'il avait héritées de Pierre Trudeau. Il n'y a généralement que des victoires aux points dans ce genre de débat. Mais dans ce cas, tout le monde put voir en direct Brian Mulroney mettre son adversaire K.O.

Il y eut un troisième débat, celui-là sur les questions relatives à la condition féminine. Je fis le même exercice de préparation, mais avec une équipe remaniée dont firent partie quelques femmes particulièrement versées dans ces dossiers, dont Jocelyne O'Hara. J'accompagnai le chef conservateur à Toronto, où le débat eut lieu. Personne ne pouvait réussir aussi bien qu'Ed Broadbent, dont la claque avait envahi la salle, mais Brian Mulroney s'en tira sans perdre de points. Lui-même n'en espérait pas davantage.

Vers la fin de juillet, il décida de faire un discours de fond sur ses politiques économiques, à l'occasion d'un passage prévu à Sept-Îles, deux semaines plus tard. Il me donna les noms de deux ou trois économistes à consulter et me demanda de lui soumettre un projet de discours. Je découvris que les économistes, à l'instar de bien d'autres, ont une prédilection pour les partis au pouvoir. Aucun de ceux que j'appelai n'était libre; ils travaillaient pour le Parti libéral. Je rappelai Brian Mulroney et lui suggérai de consacrer son intervention à la question constitutionnelle. Il y consentit.

L'occasion me semblait belle pour lui de proposer une nouvelle perspective des relations fédérales-provinciales, fondée sur une réconciliation qui permettrait au Québec de reprendre au moins la place qu'il occupait avant les événements de 1981-1982. Réparer le gros du préjudice infligé au Québec et lui redonner un siège à la table de discussions: tels me paraissaient les éléments d'un programme minimal, de nature à rallier une majorité de personnes raisonnables. Il serait peut-être possible ensuite de refaire en profondeur la répartition des pouvoirs.

Je rédigeai le discours comme si je devais le prononcer moi-même, en donnant libre cours à l'indignation que m'inspirait la mise à l'écart du Québec. J'avais la conviction qu'il était de notre intérêt de sortir de l'isolement et de secouer une désaffection qui nous condamnaient à l'immobilisme. Je me rappelai un rapport, resté lettre morte, inspiré par le sénateur Tremblay, qui plaidait en faveur de certaines réformes. Au moment de mettre la touche finale à mon texte, je vérifiai quelques détails auprès d'Arthur Tremblay. Je notai au passage l'ironie de la situation: les idées du conseiller de Joe Clark, jetées aux orties durant la campagne de leadership pour rallier l'Ouest à Brian Mulroney, refaisaient surface durant la campagne électorale pour mobiliser le Québec.

C'est dans une chambre de l'hôtel Chicoutimi que je remis à l'intéressé mon projet de discours. Il le parcourut et s'en montra content. Je n'en entendis pas parler avant le dimanche 6 août, quand il fut prononcé à Sept-Îles.

C'était une dénonciation de «l'ostracisme constitutionnel» dont le gouvernement de Pierre Trudeau avait frappé les Québécois par son coup de force de 1982. Insistant sur la nécessité de soulager le traumatisme collectif ainsi infligé aux nôtres, le discours lançait un appel passionné à la réconciliation entre Québécois et Canadiens. Le Premier ministre s'engageait à apporter à la constitution des aménagements qui convaincraient le Québec d'y apposer sa signature. Du même souffle, il vilipendait «les subterfuges, si chers aux libéraux, qui permettent en fédéral de s'immiscer furtivement dans le contenu des politiques provinciales... Mais les libéraux ont inventé un stratagème qui, sous couvert d'uniformisation de politiques pancanadiennes, vise en réalité à envahir les compétences provinciales. L'astuce est de lier les contributions à des conditions de gestion et d'orientation politiques équivalant à des législations fédérales déguisées.»

Le discours suscita de l'espoir et reçut un accueil très favorable. Les choses baignant dans l'huile, j'écrivis le discours pour la soirée des élections du 4 septembre. On l'appelait déjà le «discours de la victoire». Je sus plus tard qu'on avait passé la même commande à Charlie McMillan. Nous fîmes l'intégration des deux projets en un texte convenable.

Le chef m'invita à passer la soirée des élections dans sa suite, au manoir de Baie-Comeau. Avant même le dévoilement des résultats, l'euphorie régnait partout dans l'hôtel, refroidie seulement par l'arrivée de Rodrigue Pageau, la mort dans le visage, étendu sur une civière. Rongé par le cancer qui allait bientôt l'emporter, il était venu savourer son dernier triomphe d'organisateur du parti pour le Québec.

Dans le pavillon où logeait le candidat, l'atmosphère était tendue par une expectative malgré tout teintée d'inquiétude. Je me trouvais assis à côté de Brian Mulroney, en face de deux écrans de télévision, quand, un peu avant neuf heures, apparut sur l'un d'eux une projection d'ordinateur annonçant une victoire conservatrice. En une fraction de seconde, mon voisin de sofa était devenu Premier ministre du Canada. Je lui donnai la main. Il me prit à part et me dit: «Comme tu sais, je réalise mon rêve. Mais j'ai besoin de toi à Paris, comme ambassadeur.» Je n'émis pas un son, trop abasourdi pour répondre.

Ensuite, ce fut le centre sportif de Baie-Comeau, la foule délirante, la lente progression du vainqueur vers l'estrade, le discours, le retour à l'hôtel et les «parties» dans toutes les suites, jusqu'aux petites heures. On m'éveilla peu après: le Premier ministre élu m'invitait à prendre le petit déjeuner en tête-à-tête.

J'arrivai au moment fixé mais dus attendre un peu. Motif: un appel du président Reagan. À peine assis à table, mon hôte réitéra ses propos de la veille. Je n'avais pas rêvé et il n'avait pas simplement cédé à une impulsion sans lendemain: il voulait réellement m'envoyer en France. Je demandai du temps pour réfléchir.

Il s'envola ensuite pour Ottawa et, comme d'habitude, je repris le chemin de Chicoutimi.

Je m'octroyai un mois de vacances en Europe. Vers la fin de mon séjour, je reçus un appel de Bernard Roy, qui m'informa que le Premier ministre de France ferait, en novembre, une visite officielle au Canada. C'était la première sortie à l'étranger de Laurent Fabius, dans ses nouvelles fonctions. Brian Mulroney, qui ferait ainsi l'une de ses premières apparitions sur la scène internationale, souhaitait annoncer les grandes lignes de la politique qu'il entendait mener à l'endroit de la France. Il me demandait de rédiger le discours qu'il prononcerait à ce sujet à l'occasion du dîner de gala du 7 novembre, offert en l'honneur de son homologue français.

La commande était lourde, mais je m'attelai à la tâche, après avoir posé une condition: mon texte ne devait pas être jeté en pâture aux comités de lecture et de banalisation des bureaucrates des Affaires extérieures. Si le Premier ministre ne l'aimait pas, il pouvait le déchirer, mais pas le faire aseptiser. Les expériences que je fis ensuite me fournirent de multiples et éclatantes démonstrations de ce que je savais déjà à l'époque: les machines bureaucratiques sont incapables de produire un discours intelligible et le moindrement imaginatif. Au contraire, si vous soumettez pour consultation un texte à des fonctionnaires, vous pouvez être certain qu'il reviendra amputé de ses meilleurs passages et alourdi d'un charabia sans saveur. Ce n'est pas qu'ils manquent toujours de talent, pris individuellement, mais ils auront formé un comité, se seront affrontés sur les paragraphes les plus audacieux pour finir par s'entendre sur un pâle compromis de rédaction. Les premières victimes de leur censure seront les quelques idées nouvelles conçues par le rédacteur. Les fonctionnaires sont allergiques à la nouveauté comme le diable à l'eau bénite. Elle leur fait perdre la sécurité des ornières, la protection de la structure et le confort de l'unanimité.

Pour ce qui était de la politique française d'Ottawa, je savais que les fonctionnaires des Affaires extérieures feraient tout en leur pouvoir pour empêcher le Premier ministre de rompre avec l'orthodoxie. L'orthodoxie, c'était la méfiance et le refus de fonder sur la substance nos rapports avec la France.

Le moins que l'on puisse dire de ces rapports, c'est qu'ils n'allaient pas fort. Depuis la visite du général de Gaulle, en 1967, et son départ en catastrophe, au lendemain du «Vive le

Québec libre», les relations entre les deux pays avaient suivi un parcours cahoteux. Tensions et tiraillements avaient été leur lot quotidien.

Au départ, la politique extérieure du Canada, dans ce dossier plus que dans tout autre, est écartelée entre deux tendances. Pour beaucoup de Canadiens anglais, non seulement la France n'est pas un partenaire prioritaire, mais on ne peut pas lui faire confiance. Une certaine intelligentsia de l'édifice Lester B. Pearson épouse facilement les rivalités immémoriales qui ont opposé les Britanniques à leurs voisins d'outre-Manche. L'effondrement des armées françaises devant l'invasion allemande de 1940 n'a rien fait pour chasser des préjugés tenaces, non plus que les préventions et la politique de de Gaulle envers les Anglo-Saxons. La fermeture des bases de l'OTAN, en France, et son retrait de l'Alliance militaire atlantique auront confirmé ces perceptions francophobes.

Celles-ci ont influencé toutes les grandes décisions prises à Ottawa en rapport avec la France. Ce fut le cas quand le gouvernement gaulliste voulut acheter de l'uranium canadien pour constituer sa force de frappe nucléaire. Ottawa, qui avait, jusque-là, approvisionné les Américains et les Britanniques sans poser de question, décida alors de soumettre à un embargo toute vente d'uranium à des fins militaires.

Lester B. Pearson annonça en juin 1965 que, pour garantir une utilisation exclusivement civile de ce minerai, son exportation serait dorénavant assujettie à des mesures de vérification.

Parfaitement légitime en soi, la nouvelle politique parut, sur le moment, définie «sur le dos» des Français. Nombreux sont ceux qui pensent que le général de Gaulle ne nous l'a jamais pardonné. Malgré tous ses efforts, la France n'a pu réussir à percer le mur de la méfiance du Canada dans le domaine névralgique de la collaboration militaire. Les systèmes français de défense radar à basse altitude ont été rejetés par notre ministère de la Défense au profit de celui de la compagnie suisse Oerlikon. L'hélicoptère embarqué de l'Aérospatiale a été écarté par notre marine, qui lui a préféré un appareil de conception britannique et italienne, encore à l'état de dessin. On entend maintenant dire que les coûts du prototype dépassent toutes les prévisions. Quant au système radar d'Oerlikon, les journaux ont fait état, en 1990, d'une insatisfaction des experts de la Défense. Tout indique de plus que, contrairement à ce qui avait été prévu, les Américains n'achèteront pas le même matériel. Mais on a évité le pire: acheter du matériel français.

Les diplomates fédéraux d'origine québécoise appartiennent, pour la plupart, à l'autre tendance, favorable à l'établissement de rapports étroits et féconds avec la France. Elle a eu d'illustres représentants, tels Pierre Dupuy, Jules Léger, Marcel Cadieux, Jean Désy, Jean Bruchési, Michel Gauvin, René Garneau, Jacques Gignac, Ghislain et Christian Hardy. Mais comme elle est, par la force des choses, minoritaire, c'est l'école anglophone des «durs», qui a donné le ton à la diplomatie fédérale.

À cela se sont ajoutées les exigences de la conjoncture. La décision du gouvernement Lesage de conférer une personnalité internationale au Québec et de l'affirmer d'abord en France exacerba une dynamique déjà conflictuelle. Elle donna objectivement raison aux «durs», qui organisèrent aussitôt la résistance.

Les premières victimes furent des hommes comme Jules Léger et Marcel Cadieux, dont les efforts furent, au mieux, mis en échec et, au pire, conscrits contre la France et contre le Québec. Car Ottawa a toujours eu l'habileté, dans ce domaine comme dans les autres, de dresser des Québécois face à la démarche québécoise.

Que pouvait faire Jules Léger, à Paris, où il fut envoyé, en 1964, comme ambassadeur après l'arrivée au pouvoir du général de Gaulle? On lui fit lire des lettres de créance qui blessèrent le chef de l'État français: après avoir évoqué l'évolution accélérée du Canada depuis 1960, le nouvel ambassadeur, rompant avec des usages qui limitent ce genre de discours à des propos de circonstance, laissa entendre que «ces développements» pouvaient avoir lieu «sans la France».

Le général remplaça la réponse qu'il avait préparée par une première réplique improvisée qu'il fit suivre d'un communiqué de sa main où l'on trouve le passage suivant:

En réalité, sans la France, un certain équilibre serait à tous égards difficile à maintenir pour le Canada. [...] Quoi qu'il en soit, la France est présente au Canada, non seulement par ses représentants, mais parce que de nombreux Canadiens sont de sang français, de langue française, d'esprit français. Bref, ils sont Français, sauf en ce qui concerne le domaine de la souveraineté.

On ne pouvait commencer une ambassade sous des auspices plus fâcheux.

Boudé par l'Élysée et mis sur la défensive par la politique française à l'endroit du Québec, il se trouva, malgré toute sa bonne volonté et son prestige personnel, réduit à l'impuissance.

Dans le cas de Marcel Cadieux, le paradoxe confine à la tragédie personnelle. Cet homme de talent, francophile et maître à penser du ministère des Affaires extérieures, a été contraint par les circonstances de lancer les troupes fédérales dans un combat à finir avec Paris et Québec.

Le gouvernement du Québec trouva, dans le général de Gaulle, un allié dont l'ardeur finit par excéder la sienne. À la fin, Daniel Johnson prit peur et ne voulut pas suivre de Gaulle jusqu'au bout de sa politique d'exaltation du Québec. Mais l'intensification de la coopération France-Québec provoqua de véritables affrontements avec Ottawa. Par exemple, la conclusion de l'accord franco-québécois sur la culture donna lieu à un incident diplomatique. Marcel Cadieux dut brandir la menace d'une rupture des relations canadiennes avec la France pour obliger Québec à demander l'autorisation préalable du gouvernement fédéral.

Quelques péripéties rocambolesques marquèrent la guérilla que se livraient, à coups de symboles, les diplomates fédéraux et ceux que le Québec essayait, tant bien que mal, de former sur le tas. Les vétérans de ces hostilités de coulisse se délectaient de retraits ou d'ajouts nocturnes de drapeaux, de changements de sièges à la table des banquets, etc. Ce qui permit à Jean Chrétien d'ironiser, avec sa finesse habituelle, sur les conflits de «flags sur le hood». Et certains diplomates francophones, à la solde d'Ottawa, se signalèrent par un zèle antiquébécois qui leur valut de belles promotions.

Au milieu de tout cela, émergea quand même une réussite: la création, à Niamey, en 1971, de l'Agence de coopération culturelle et technique. On doit au bon sens et à l'ouverture d'esprit d'hommes comme Gérard Pelletier, Julien Chouinard et Claude Morin d'avoir trouvé le moyen de faire siéger ensemble le Québec et le Canada au sein de la seule organisation internationale francophone qui existât. Sur ces fondements devaient s'édifier les Sommets de la francophonie.

Pour que cela change, il fallut pourtant attendre quinze ans et l'arrivée au pouvoir, à Ottawa, d'un Irlandais francophile. Jusque-là, toutes les initiatives étaient empoisonnées par le refus du fédéral d'aménager les rapports Canada-France en un triangle où le Québec trouverait sa place. Tout le monde était perdant, par définition: le Québec, limité dans son rayonnement, le Canada, placé en porte-à-faux dans ses rapports avec un partenaire européen de première importance, la France, déchirée entre ses intérêts et ses amitiés, et la communauté des pays francophones, incapable de se constituer aussi longtemps qu'Ottawa empêcherait Québec d'en faire partie.

Pour débloquer l'impasse, toute solution passait par la normalisation des rapports France-Québec-Canada. Il fallait, pour cela, qu'Ottawa pose un geste de réalisme politique.

Je savais depuis longtemps que Brian Mulroney aimait et admirait les Français. Il était impressionné par leur culture et par leur classe et tenait la France pour l'un des plus beaux pays du monde. Au moment d'écrire le discours qu'il m'avait demandé, j'avais toutes les raisons de croire qu'il voudrait intégrer à sa politique de réconciliation nationale un rapprochement aussi spectaculaire que possible avec la mère patrie des francophones canadiens. Ce qui supposait le règlement du contentieux triangulaire.

Je lui proposai donc un texte qui dressait le cadre d'un authentique renouvellement de la diplomatie canadienne, à l'intérieur comme à l'extérieur, vis-à-vis du Québec et de la France. Il préconisait la reconnaissance expresse et formelle, de la part du Premier ministre du Canada, de la légitimité de rapports privilégiés et directs entre le Québec et la France. Il ne comportait qu'une soupape, suffisante pour rassurer les juristes, mais assez vague pour ne pas entamer la portée juridique du geste: que cela se fasse dans le respect du cadre constitutionnel canadien.

Le Premier ministre adopta le texte et y ajouta même l'engagement d'étoffer la dimension économique — traditionnellement anémique — des échanges entre les deux pays. La délégation française fut surprise, Laurent Fabius le premier, pour lequel on n'avait préparé que des remarques de courtoisie. Brian Mulroney lui-même fut ravi: rien ne lui plaît autant que d'étonner. Tous comprirent, à Paris et à Québec, qu'il y avait, à Ottawa, quelque chose de changé. Il n'est pas sûr qu'on s'en rendît compte à Ottawa même. Les vétérans de la guerre de vingt ans avec Québec ont pu s'imaginer qu'ils ramèneraient à la raison — c'est-à-dire à la leur — un Premier ministre emporté par l'enthousiasme du débutant.

Peu après, alors que nous conversions dans sa bibliothèque privée du 24 Sussex, Brian Mulroney me désigna un rayon de volumes de la Pléiade. Je regardai le choix des auteurs et compris qu'il avait un lien avec l'allocution du 7 novembre qui se terminait par une évocation des grands écrivains français. Avant de quitter Ottawa, Laurent Fabius avait chargé l'ambassadeur Jean-Pierre Cabouat de remettre au Premier ministre canadien les œuvres, publiées dans la Pléiade, de tous les auteurs cités.

Le discours fut bien reçu à Québec, dont le Gouvernement n'avait jamais fait l'objet d'autant de sollicitude de la part des autorités fédérales. On se mettait en frais, dans la capitale fédérale, pour plaire à Québec. Pendant un certain temps, je servis d'agent de liaison *de facto* entre les deux Premiers ministres. Je réunis leurs hommes de confiance respectifs, Bernard Roy et Louis Bernard, et les présentai l'un à l'autre. Je me souviens que Louis Bernard fit à son homologue fédéral une énumération des problèmes à régler en priorité.

On nageait en plein «beau risque».

Brian Mulroney décida d'aller saluer René Lévesque à Québec. Les deux hommes ne se connaissaient pas. Avant la rencontre, je vis René Lévesque, qui m'interrogea sur son visiteur. Je lui fis un portrait, suivi d'une mise en garde, mi-sérieuse, mi-badine: «Attention! il va essayer de vous séduire. Il est redoutable dans les tête-à-tête.» «Ne me séduit pas qui veut. Mais est-il vraiment aussi charmeur qu'on le dit? À distance, moi, je ne trouve pas», répliqua mon interlocuteur qui, se reprenant, conclut lui-même, en haussant les épaules: «Je n'ai peut-être pas encore été suffisamment "exposé" à son charme.»

Un peu plus tard, Louis Bernard me demanda d'aller présenter, à Ottawa, d'une façon informelle, la liste des conditions auxquelles le gouvernement Lévesque reprendrait le dialogue constitutionnel. En accord avec Brian Mulroney et Bernard Roy, je jugeai plus sage de ne pas m'entremettre dans un dossier aussi lourd.

Entre-temps, on me fit travailler de la plume. Bernard Roy m'appelait, au pied levé, en me disant: «Le Premier ministre veut un discours pour l'inauguration des élévateurs à grain de Sept-Îles.» Ou: «Cette fois-ci, c'est pour le soixante-quinzième anniversaire des Canadiens de Montréal.»

Heureusement, certains sujets étaient plus intéressants que d'autres à traiter. Le secrétaire général de l'ONU, Javier Pérez de Cuéllar, le Premier ministre du Canada et celui du Québec avaient tous trois accepté de prononcer un discours, à Québec, en mars 1985, au banquet de clôture d'une conférence internationale sur les droits des minorités. Ce triplé avait été réussi par Gil Rémillard, organisateur de la manifestation. Je fus encore une fois mis à contribution pour préparer l'intervention de Brian Mulroney. J'assistais à l'événement et j'étais dans la suite du Premier ministre quand il reçut des Américains la nouvelle de la mort de Tchernenko.

Il dut partir peu après pour assister aux funérailles du défunt, à Moscou, emportant dans sa valise les documents préparatoires à sa rencontre avec Ronald Reagan, prévue pour la semaine suivante, à Québec.

À peine retourné à Chicoutimi, pour reprendre mon métier principal, j'appris de Bernard Roy que le Premier ministre avait lu, à Moscou, les projets de trois ou quatre discours qu'il devait donner durant la visite du président des États-Unis. Il les avait rejetés et voulait que je les écrive. À vrai dire, ils n'étaient pas d'importance égale, mais l'un deux devait être prononcé à l'occasion du banquet principal, un autre à l'aéroport, et ainsi de suite. Cette semaine-là, je pratiquai le droit, moyennant rémunération, durant le quart de jour, et consacrai gratuitement mes quarts de nuit à écrire sur les relations canado-américaines. Les textes arrivèrent à temps à Ottawa et firent apparemment l'affaire, puisque je les entendis prononcer à Québec. Au dîner de gala du château Frontenac, Brian Mulroney, jamais prodigue de compliments, me présenta à Nancy et à Ronald Reagan en disant, avec un petit rire complice à mon intention: «*Please meet Lucien Bouchard, the most eloquent French Canadian I know.*»

L'atmosphère était au beau fixe, ce soir-là, les rapports entre Américains et Canadiens pouvant même se décrire comme de la camaraderie enjouée. René Lévesque assistait au dîner et s'amusa à taquiner gentiment les Américains qui, loin de s'en formaliser, y prirent goût et jouèrent le jeu avec entrain. J'étais assis à sa table, autour de laquelle se trouvaient aussi le secrétaire à la Justice, Edwin Meese, et le chef de cabinet du président, Donald Regan. Je demandai à ce dernier, qui avait quitté les affaires (il était président de Merrill Lynch, à New York) pour entrer au gouvernement, s'il se plaisait dans ses fonctions de chef de cabinet. Il me répondit en blaguant qu'il avait préféré son premier poste à Washington, en l'occurrence secrétaire au Trésor. «Car, dit-il, c'était moi qui signais les billets de banque.» Il sortit de son portefeuille et fit circuler autour de la table un billet de dix dollars US qui portait sa signature. Le billet passa de main en main jusqu'à René Lévesque, qui fit semblant de le mettre dans sa poche, provoquant l'indignation simulée de Regan.

À la table voisine, le président et le Premier ministre rivalisaient d'humour et d'amabilité. Brian Mulroney exultait. Sa lune de miel politique se prolongeait, il savourait les délices du pouvoir et de la faveur publique. Heureuse époque où tout convergeait: la nécessité politique, la loyauté, les solidarités et l'amitié.

Tout le monde se retrouva au Grand Théâtre, pour le spectacle qui offrit en finale le *When Irish Eyes Are Smiling* chanté par les deux descendants d'immigrants irlandais, respectivement devenus président des États-Unis d'Amérique et Premier ministre du Canada.

En prenant connaissance des sièges qu'on nous avait assignés, à ma femme et à moi, je compris que Brian Mulroney n'avait pas renoncé à son projet de m'envoyer à Paris. Tous les invités étaient assis au parterre, mais les dignitaires étaient répartis, en petits groupes de six, dans les loges qui, de chaque côté, surplombent la salle. Le président et le Premier ministre se faisaient face dans les premières loges puis, dans les suivantes, les deux secrétaires d'État aux Affaires extérieures, et ainsi de suite. J'eus la surprise d'être conduit à la loge de Joe Clark qui, ne me connaissant ni d'Ève ni d'Adam, parut estomaqué de cet accroc au protocole, manifestement signé Brian Mulroney. C'était sa façon à lui de me faire faire mes débuts dans la vie diplomatique et d'envoyer un double signal, l'un pour me rappeler la mission qu'il voulait me confier, l'autre pour préparer Joe Clark à une nomination qui devrait passer par lui. De toute façon, la soirée fut très agréable et, outre Joe Clark et Maureen McTeer, je fis connaissance avec l'ambassadeur américain à Ottawa, entré dans la diplomatie par la filière politique. Pendant tout ce temps, je ne pouvais m'empêcher de penser que nous étions à peu près assis sur l'emplacement de la chambre d'étudiant que j'avais occupée pendant quatre ans, avant la démolition de l'immeuble.

Depuis septembre 1984, je refusais d'envisager un départ pour Paris. Il me répugnait de quitter, pour un emploi après tout temporaire, un cabinet que j'avais mis plus de vingt ans à construire. La clientèle que j'avais constituée me donnait l'assurance d'une liberté professionnelle et d'une sécurité financière difficilement remplaçables. C'était de plus un saut dans l'inconnu, surtout à Paris où le terrain diplomatique était semé d'embûches.

À partir d'avril, Bernard Roy évoqua la question à quelques reprises, me disant que le Premier ministre voulait faire des changements en France et qu'il ne pouvait plus attendre. J'intensifiai ma réflexion et déjeunai avec le Premier ministre. Fin mai, début juin 1985, j'acceptai son offre.

J'en étais venu à la conclusion que je devais relever le défi de ce qui m'apparaissait comme un dépassement. À mon insu, mon itinéraire m'avait, pour l'essentiel, préparé à remplir ce rôle qui exige une expérience des milieux politiques et gouvernementaux, une pratique de la négociation et une connaissance de la France. J'avais surtout envie d'accomplir la normalisation et le renouvellement diplomatiques souhaités par le Premier ministre. Il ne s'agissait pas uniquement de tenir la boutique et de parader dans les cocktails: ce qu'on devait — et pouvait maintenant — y faire s'inscrivait exactement dans la ligne de la démarche politique interne du chef du gouvernement canadien. Je savais, en outre, pouvoir compter sur l'appui de ce dernier, condition indispensable de réussite dans un poste névralgique comme celui-là.

La France, je la fréquentais depuis toujours, d'abord dans mon imagination, ensuite dans mes lectures, mes voyages et mes relations personnelles. C'est le premier endroit auquel je pensais quand je partais en vacances. Je connaissais son histoire, ses triomphes et ses malheurs; depuis toujours, j'avais passé le plus clair de mon temps libre avec ses écrivains et admirais ses créateurs. Mes trois frères y avaient fait leurs études de doctorat et ma sœur avait épousé un Français.

Présomptueux ou pas, je me sentais d'attaque.

Le Conseil des ministres était réuni à Baie-Comeau quand il me nomma ambassadeur du Canada en France, au début de juillet 1985. L'annonce en fut faite en même temps que celle de l'accession de Paul Tellier au poste de greffier du Conseil privé, titre officiel du premier fonctionnaire de l'État canadien. C'était assez dans la manière de Brian Mulroney de contrebalancer la nomination d'un souverainiste par l'ultime promotion d'un fédéraliste de choc, qui s'était illustré, durant la campagne du NON de 1980, à la tête du Centre d'information sur l'unité canadienne.

À Chicoutimi, il ne me restait qu'une chose à faire avant de partir. Le cabinet d'avocats que j'avais créé, après ma rupture de 1973, et celui de mes anciens associés étaient devenus les deux principaux concurrents de la région. Je fis savoir à mon ancien cabinet que je souhaitais une fusion. L'affaire fut menée rondement et j'eus la satisfaction de réunir ce que j'avais séparé.

Au Québec, on réserva un accueil favorable à ma nomination. Au Canada anglais, ce fut un tollé. Comme je n'avais jamais évolué sur la scène fédérale — et pour cause —, les médias anglophones ne me connaissaient pas. Hors Québec, ils écrivirent, avec une remarquable unanimité, que j'étais non seulement un méchant «séparatiste» mais aussi un incompétent, que je récoltais les fruits d'un favoritisme éhonté et que ma désignation était une insulte pour la France.

Résistant à la tentation de laisser tomber, je pris la ferme résolution de leur faire ravaler ces jugements inconsidérés et malveillants. Je m'avisai qu'il ne pouvait y avoir de riposte plus ferme que la réussite de ma mission. Je commençai par me soumettre, durant l'été, à un programme intensif de rencontres et de lectures préparatoires. Je dévorai, l'un après l'autre, les dossiers auxquels le ministère des Affaires extérieures me livra accès.

L'occasion me fut aussi donnée de faire le tour des institutions et ministères fédéraux les plus importants où l'on organisa, à ma demande, des séances d'information sur leurs activités en France et en Europe. Je pus ainsi m'entretenir avec la plupart des ministres et un grand nombre de hauts commis de l'État. J'entrepris ensuite une tournée canadienne qui, des Maritimes à la Colombie-Britannique, me fit rencontrer des Premiers ministres et des gens d'affaires. On me reçut partout avec courtoisie.

Je n'oublierai pas l'hospitalité du premier ministre Hatfield qui, en bras de chemise, m'ouvrit la porte du bungalow tout simple qu'il habitait à Fredericton. Après avoir versé le café, il me parla de l'Europe, de la France, des Acadiens, du Québec et du problème canadien. Il admirait Brian Mulroney et souhaitait la réussite de sa démarche de réconciliation. Il me donna son entier soutien en ce qui concernait la tenue de sommets franco-phones où seraient présents le Québec et le Nouveau-Brunswick.

Mon périple se terminait à Québec, que j'avais gardé pour le dessert, puisque je connaissais tout le monde et que j'y avais partout mes entrées. C'est plein d'assurance que je me présentai, vers la fin d'août, au ministère des Relations internationales. Un choc m'y attendait. On me reçut avec hauteur, et même avec une sorte de réprobation attristée. On voulut me confiner au niveau du directeur des Affaires françaises, un autre camarade de classe de Laval, manifestement astreint aux rigueurs d'une certaine raison d'État. Je mis plus que de l'insistance pour voir le sous-ministre en titre, mon ami Yves Martin, qui, bon prince, m'invita à déjeuner. Mais pas question d'une entrevue avec le ministre Bernard Landry et encore moins avec le Premier ministre. Bref, on me battit froid.

De Paris, les journaux venaient de relayer une déclaration de la déléguée générale, Louise Beaudoin, qui s'interrogeait sur mon rôle en France et s'en inquiétait. De toute évidence, on ne me laisserait pas aisément franchir la tranchée où s'était depuis longtemps enlisée la guerre diplomatique Québec-Ottawa. Je ne demandai pas mon reste et rentrai à Ottawa, dans les dispositions qu'on peut deviner.

À peine arrivé, je recevais un coup de fil de Louis Bernard. Venant d'apprendre l'accueil qu'on m'avait infligé à Québec, il voulait m'assurer que René Lévesque et lui s'en dissociaient. Le Premier ministre désirait s'entretenir avec moi et me conviait au refuge forestier du lac-à-l'Épaule.

Situé à soixante-quinze kilomètres au nord de Québec, ce lac, fameux dans les annales politiques du Québec, est l'un des joyaux du parc des Laurentides. Les montagnes qui l'entourent forment un cirque naturel qui s'ouvre, à son extrémité sud, sur une clairière où s'élèvent une suite de camps en bois rond. Par un radieux après-midi de fin d'été, je garai mon auto près du chalet principal. René Lévesque nageait dans le lac. M'ayant aperçu, il revint vers la berge et m'invita à entrer dans le camp.

Le Premier ministre était de bonne humeur, détendu et particulièrement affable. La conversation s'engagea avec animation au point de nous mener au dîner sans que je m'en rende compte. Il me raconta quelques péripéties de la réunion où le cabinet Lesage avait décidé, en 1962, de la nationalisation des ressources hydro-électriques du Québec. J'écarquillais les yeux, tout en pensant à la chance que j'avais d'entendre René Lévesque lui-même me décrire *in situ* des scènes de ce mémorable Conseil des ministres: «Jean Lesage était assis ici; Bona Arsenault, furieux, arpentait la plage, là-bas; Lesage dépêcha un tel pour ramener Bona», etc.

Il me taquina à propos des réactions négatives du Canada anglais et me donna, sans ambages, son appui pour le succès de ma mission. Après le repas, il m'emmena faire une longue promenade dans la brunante et les moustiques. Il s'arrêta tout à coup et me dit: «Votre dossier, c'est la francophonie. Les autres ont échoué à convoquer le premier sommet des pays francophones. Québec, Ottawa et Paris doivent faire une autre tentative pour conclure une entente. Vous serez bien placé pour faciliter les choses. En ce qui me concerne, je ferai mon possible.» Tard dans la nuit, je roulais, confiant, vers Québec: je venais de recevoir l'ultime bénédiction qui me permettrait d'exporter le beau risque en France.

Une mission
d'amitié

Il y a de l'enchantement dans ces nuits de traversée atlantique qu'illuminent, soudain, une aurore précoce et l'émerveillement de Paris. Ce matin du 5 septembre 1985, au moment où le Boeing 747 d'Air Canada abordait les côtes de la France, plus d'une réflexion se mêlait à la magie habituelle. Je songeais au premier Bouchard, l'artisan «petit» Claude qui, trois cent trente-cinq ans plus tôt, faisait le chemin inverse. J'évoquais aussi mon père, mort sans avoir vu les «vieux pays» et n'étant sorti du Québec que deux fois: l'une pour assister à une course de chevaux à Saratoga, l'autre pour aller voir Maurice Richard dans une partie éliminatoire, au Garden de Boston.

Ma partie de hockey à moi, c'est à Paris que je devrais la disputer. Je savais que mon père, où qu'il survive — ne serait-ce que dans la mémoire de ceux qui l'ont aimé — suivrait de près mes évolutions et s'attendrait à ce que j'en sorte vainqueur.

En tout cas, j'eus droit, à mon arrivée à Roissy, à un céré-
monial mieux réglé que celui dont fut honoré mon ancêtre,
lorsqu'il débarqua à Québec, en 1650, avec ses outils de tailleur
de pierre. Un agent du protocole français, accompagné de
quelques-uns de mes nouveaux collaborateurs de l'ambassade,
m'attendait, dès l'ouverture des portes de l'avion, pour me
conduire au salon d'honneur. De là, un cortège de limousines
nous amena rue du Faubourg-Saint-Honoré, site de ma résidence officielle.

Quelques jours plus tard, toujours en formation de cortège,
avec drapeaux claquant dans le vent et motards pétaradants,
j'entrais dans la cour d'honneur de l'Élysée, pour y présenter
mes lettres de créance au président Mitterrand.

Tout le monde, à Ottawa, à Québec et à l'ambassade,
m'avait fait saisir l'importance du moment. On ne voit pas tous
les jours le président de la République française. Pour la très
grande majorité des ambassadeurs, cette première entrevue est
aussi la dernière. Elle est d'ailleurs le plus souvent expédiée en
moins de deux par un hôte accablé de travail, pressé d'en finir
avec les banalités d'usage: «Nos pays sont amis, j'estime votre
Premier ministre, vous êtes le bienvenu en France.»

Ce tête-à-tête était une occasion unique de faire passer le
bon message et d'établir un contact personnel avec un président
peu porté sur les rencontres intimes et les discussions familières
avec des ambassadeurs.

On m'avait aussi averti que les journalistes et caméramen qui
montaient la garde à la porte du palais se feraient un malin
plaisir de chronométrer le temps qui me serait alloué. Ils y verraient la mesure de l'intérêt suscité par mes propos.

À vrai dire, si mes premiers pas devaient être jugés de façon
aussi superficielle, je jouais de malchance. L'Élysée, qui avait
probablement pris du retard dans la fixation de ces audiences, en
avait prévu trois autres, le même jour, toutes programmées avant
la mienne. Pour comble, le nouvel ambassadeur américain était
au nombre de ceux qui me précéderaient. Il s'agissait de Joe
Rogers, homme d'affaires de Nashville, Tennessee, ami et

envoyé personnel du président Reagan. Tout cela au moment où François Mitterrand en avait plein les bras de la crise politique qu'avait fait éclater le scandale du *Rainbow Warrior* (du nom du navire de Greenpeace que les services secrets français avaient fait sauter en Nouvelle-Zélande, causant la mort d'un photographe). Les observateurs politiques s'attendaient même à ce qu'il demande incessamment la démission de son ministre de la Défense, Charles Hernu.

Au moment de franchir la haie formée par les gens de la presse, j'entendis qu'on me criait: «L'ambassadeur Rogers vient de sortir. Le président l'a gardé vingt-cinq minutes. Vous aurez fort à faire!» Les deux premiers visiteurs n'avaient pas tenu le coup plus de cinq à dix minutes. Pestant contre la guigne qui me mettait en compétition avec le représentant des États-Unis, je suivis les huissiers de l'Élysée à travers les salons déserts, jusqu'à la pièce où m'attendait le président.

Il se tenait debout, l'air grave. Pas de doute, il était imposant, avec son visage trop pâle, déjà figé dans le marbre qu'animaient, seuls, des yeux en perpétuel état d'alerte. Le temps d'une poignée de main, de la remise des lettres de créance enrubannées et d'une photographie officielle, et je me trouvai assis en face de mon hôte.

Il entama la discussion en laissant tomber, sur le ton de l'évidence, que les relations entre la France et le Canada se plaçaient sous le signe de l'amitié. Aussi ne lui paraissaient-elles pas devoir souffrir d'un différend comme celui qui portait sur les droits de pêche au large de Terre-Neuve et de Saint-Pierre-et-Miquelon. Puis, faisant une allusion discrète à la question du Québec, le président exprima le désir d'éviter les tensions et d'entretenir avec tous des relations sereines.

Je lui répondis que mon affectation faisait corps avec la politique de réconciliation nationale menée par le premier ministre Mulroney; que je m'emploierais à établir des liens de très étroite coopération avec le délégué général du Québec; que l'Élysée verrait tous les Québécois se donner la main sur la place de Paris; et que la tenue d'un premier sommet francophone était l'un de mes objectifs. Je lui rappelai que le gouvernement canadien préconisait l'arbitrage pour résoudre le litige sur les pêches et lui transmis l'invitation du Premier ministre à venir au Canada en visite officielle, la première depuis le voyage écourté du général de Gaulle, en 1967.

Un échange s'ensuivit sur la nécessité d'étoffer la dimension économique des rapports entre les deux pays. Le président, sans s'engager à une visite officielle, n'en écarta pas le principe. Par contre, il revint avec force sur l'organisation d'un sommet francophone.

Je compris qu'il y avait là une clé. Dépouillé de son maquillage de cérémonie, le message du président était: «Arrangez-vous d'abord pour que je puisse convoquer ce sommet, que ni de Gaulle ni Pompidou ni Giscard d'Estaing n'ont pu présider. On verra ensuite pour le reste.»

Puis, changeant de registre, François Mitterrand voulut en savoir davantage sur ma modeste personne. Je lui débitai les propos habituels, lui indiquant ma profession et soulignant que je venais du Québec. Mais il revint à la charge, en me demandant, avec une insistance courtoise: «Oui, je sais cela. Mais qui êtes-vous?» Aucune de mes séances estivales de formation ne m'avait préparé à cela. J'y vis le désir du président d'aller plus loin et de comprendre ma démarche personnelle. Je m'exécutai donc et, sans farder quoi que ce soit, lui parlai de mes origines sociales et intellectuelles. Je m'arrêtais de temps en temps, mais il en redemandait. Force me fut d'évoquer mon milieu familial, ma formation dans un collège classique — il voulut savoir lequel —, mon itinéraire politique et l'amitié que j'avais nouée, à l'université, avec un étudiant d'ascendance irlandaise, également issu d'une famille modeste, devenu depuis Premier ministre du Canada. Il me fallut aussi lui dire de quelle région de France venaient mes ancêtres. Nous parlâmes ainsi du Perche et de la Charente, points de départ respectifs de mes ancêtres Bouchard et Simard.

Mon interlocuteur fit lui-même mention des origines géographiques de sa famille. Il dit quelques mots de la Saintonge, région natale de sa mère, puis du Berry, d'où ses ancêtres paternels n'avaient pas bougé pendant des siècles.

Marquant une pause, il eut alors cette phrase: «Au fond, nous ne sommes jamais que du pays de notre enfance.»

L'entretien tirait à sa fin. Quelqu'un vint dire au président que le ministre de la Défense l'attendait. Je débordais manifestement mon temps. Je choisis ce moment pour ouvrir un dernier champ: celui de l'activité littéraire du président. J'avais lu la plupart de ses livres, le lui dis et m'étonnai qu'il puisse, en dépit du fardeau de la vie politique, trouver le temps d'écrire. «La vie parlementaire m'a longtemps laissé des loisirs, répliqua-t-il, allusion discrète à sa traversée du désert. De toute façon, poursuivit-il, le plaisir de l'écriture m'est nécessaire.» Il était en train de préparer une longue préface pour l'édition imminente d'un recueil de ses principaux discours dans le domaine de la politique étrangère.

J'avais apporté avec moi un exemplaire de son ouvrage *Ma part de vérité*. Je lui demandai de l'autographier. Il se recueillit et écrivit sur la page de garde: «Pour monsieur l'ambassadeur Lucien Bouchard, en cordial témoignage, avec ma pensée et mes vœux pour sa mission d'amitié avec la France. Le 20 septembre 1985, François Mitterrand.»

Quand je quittai le petit salon, le ministre Charles Hernu, grand ami du président, faisait les cent pas dans le corridor. J'appris par les journaux du lendemain qu'il était venu remettre sa démission.

En sortant dans la cour, je vis la mine satisfaite des agents de l'ambassade qui m'attendaient avec les journalistes: «Le président vous a retenu une demi-heure, cinq minutes de plus que votre collègue américain. C'est de très bon augure», me dirent-ils. J'étais moi-même davantage impressionné par la personne du président et ce qu'il m'avait dit que par la durée de l'entrevue. Malgré ce qu'on racontait de son attitude altière et du peu de cas qu'il faisait de ce qui ne concernait pas sa place dans l'Histoire, je le trouvai sympathique sinon chaleureux, en accord avec les objectifs de ma mission et disposé à me faciliter les choses.

C'est le cœur joyeux que je revins à la résidence où m'attendaient de nombreux membres de la communauté canadienne et québécoise à Paris. Debout dans le grand salon lambrissé de panneaux dorés, face au jardin que j'apercevais à travers les portes-fenêtres, je prononçai mon premier toast. Tout alla bien, jusqu'à la conclusion. J'avais prévu terminer par le traditionnel: «Je lève mon verre au resserrement des liens entre la France et le Canada.» Mais la langue me fourcha et je fus moi-même surpris de m'entendre dire «Québec» au lieu de «Canada».

Le malaise qui passa sur l'assemblée m'obligea à improviser, du même souffle, un complément de discours sur la présence du Québec à Paris et sur ma détermination à travailler la main dans la main avec tous les Québécois et tous les Canadiens.

Néanmoins, il me fallut convenir que le lapsus n'était pas particulièrement rassurant pour les diplomates fédéraux qui me voyaient prendre charge de l'ambassade. Au demeurant, je n'étais pas tellement rassuré moi-même.

La diplomatie est affaire de réseaux. Au fil de leurs affectations, soit dans un ministère, soit à l'étranger, les gens de carrière ne cessent de tisser des liens: d'abord avec leurs collègues canadiens, ensuite avec d'innombrables relations à travers le monde, surtout dans les milieux de la politique, des affaires, de la presse et de la bureaucratie. Si bien qu'au moment d'accéder à un poste d'ambassadeur un diplomate formé au sérail n'est jamais dépaysé. Débarquant dans une ambassade importante comme celle de Paris, par exemple, il est sûr de retrouver des connaissances et amis avec lesquels il a déjà travaillé. Pas de surprise non plus pour ceux-ci, qui savent à quoi s'en tenir sur les qualités, défauts et habitudes de travail de leur nouveau chef de mission.

Mon cas était aux antipodes de ce tableau. Je ne connaissais aucun des quelque deux cent cinquante agents diplomatiques et employés de l'ambassade. Pour eux, autant dire que je tombais des nues. Pire même, les commentaires parus dans certains journaux sur ma nomination ne pouvaient que leur inspirer des appréhensions.

De mon côté, j'avais pu, durant l'été, en examinant les dossiers de mes futurs collaborateurs, me convaincre de la qualité de l'équipe qu'ils composaient. Deux d'entre eux avaient rang d'ambassadeur. Fred Bild avait représenté le Canada en Thaïlande et Gilles Duguay avait rempli la même fonction au Cameroun et au Maroc. La plupart des autres étaient du même calibre: diplomates à la feuille de route bien remplie, économistes, avocats, attachés militaires; et spécialistes en désarmement, finances internationales, échanges commerciaux, immigration et tourisme.

Je savais combien leur concours m'était nécessaire. La première chose à faire était de désarmer leurs préventions et gagner leur confiance. Aussi m'y employai-je sans perdre de temps.

Je fis la tournée des bureaux pour les rencontrer tous. Je n'hésitai pas à confesser que j'avais beaucoup à apprendre et que j'avais besoin de leur aide. En retour, je promis de ne ménager aucun effort, de travailler en équipe et de réussir. Mes activités professionnelles pour le compte du gouvernement du Québec m'avaient appris que l'inaction est ce que détestent le plus les fonctionnaires. Pour peu qu'on les associe à quelque chose de motivant, ils ne demandent qu'à se mobiliser. J'appliquai ma recette, mais m'astreignis d'abord à payer de ma personne, commençant mes journées tôt et les finissant tard.

Après étude des dossiers, je tins, avec mes principaux collaborateurs, d'intensives séances de planification. Je ne leur cachai rien de mon évolution politique, de mon acceptation du «beau risque» et des motifs qui m'amenaient à Paris.

Ils virent tout de suite l'occasion qui se présentait pour eux de participer à la redéfinition de la politique frileuse et crispée menée jusque-là entre la France, le Québec et le Canada. Aucune bonne idée, les assurai-je, ne se perdrait dans les méandres bureaucratiques. Le vif intérêt que le Premier ministre portait à l'entreprise et les relations que j'entretenais avec lui nous permettraient de réduire au minimum la distance entre proposition et décision.

Mais, avant toute chose, nous devions nous assigner des objectifs clairs et nous donner les moyens de les atteindre. Les objectifs, point n'était besoin d'une commission royale pour les définir. Nous n'avions pas à inventer la roue. Beaucoup d'observateurs et d'acteurs politiques avaient depuis longtemps conclu à la nécessité pour le Canada de normaliser ses rapports avec la France. En définir les moyens ne requérait pas non plus une réflexion transcendantale. Le préalable de toute réussite était de mettre fin à la querelle triangulaire. Jusque-là, Ottawa avait plutôt pensé y parvenir par la suppression du triangle, c'est-à-dire en contrant l'établissement de rapports directs entre Paris et Québec.

Les initiatives du Québec à l'étranger ont, de tout temps, suscité beaucoup de nervosité dans la capitale fédérale. Surtout lorsqu'ils se sont réclamés de la doctrine Gérin-Lajoie, les gestes d'affirmation internationale de Jean Lesage, de Daniel Johnson, de Jean-Jacques Bertrand et même de Robert Bourassa ont hérissé les mandarins et politiciens fédéraux. Il est de rigueur, à Ottawa, de jeter l'anathème sur cette thèse — pourtant énoncée par Paul Gérin-Lajoie, un fédéraliste convaincu — qui propose le prolongement international des champs de compétence internes du Québec. Les réactions fédérales se faisaient d'autant plus vives que les avancées québécoises s'effectuaient, la plupart du temps, du côté de la France ou de pays francophones. Témoin l'état d'extrême agitation dans lequel se mit le ministère fédéral des Affaires extérieures quand le gouvernement Johnson accepta, en 1968, l'invitation d'assister, à Libreville, à une conférence des ministres francophones de l'Éducation. Ottawa suspendit l'envoi d'un ambassadeur au Gabon et publia, coup sur coup, deux livres blancs visant à pourfendre la doctrine Gérin-Lajoie.

Il devait entrer une bonne dose d'insécurité juridique dans les motifs d'une attitude aussi belliqueuse. L'Acte de l'Amérique du Nord britannique ne confère pas au gouvernement fédéral le pouvoir exprès de représentation internationale, puisque l'Angleterre s'était initialement réservé ce rôle. Encore aujourd'hui, la diplomatie fédérale doit s'en remettre à l'autorité d'un *dictum* de la Cour suprême (Renvoi relatif au Plateau continental de Terre-Neuve, 1984) pour écarter les prétentions internationalistes du Québec. Le besoin d'un meilleur soutien constitutionnel doit encore se faire sentir puisque les propositions fédérales déposées à la Chambre des communes le 24 septembre 1991 prévoient l'introduction, dans la constitution canadienne, d'une disposition qui scellerait dans le béton l'exclusivité de la personnalité internationale de l'État fédéral. Comme quoi la bureaucratie fédérale a la mémoire aussi longue que le bras.

Mais, au moment de mon arrivée à Paris, elle devait tenir compte du discours du premier ministre Mulroney prononcé à l'occasion de la visite de Fabius. Les traditionalistes du ministère des Affaires étrangères s'étaient ainsi fait imposer la reconnaissance du principe de rapports directs entre Paris et Québec.

Mes collaborateurs et moi nous trouvions donc pourvus de la caution la plus haute pour mener à Paris, avec le Québec, une politique concrète de coopération et d'ouverture. Mais justement, il ne pouvait pas s'agir de simples procédés de bon voisinage, de ronds de jambe mondains et de gracieux compliments. Il fallait réaliser ensemble un projet de substance; quelque chose qui réponde à des impératifs nationaux et se situe dans le prolongement de nos réalités politiques internes; plus encore, une initiative à laquelle on puisse associer la France. Ce projet ne pouvait être que la création des sommets francophones. Je le fis inscrire en tête du programme de l'ambassade.

En deuxième lieu, nous dressâmes une liste de contacts à établir dans les milieux politique, économique, diplomatique et culturel. Il fut aussi décidé de mettre sur pied un plan d'action spécifique, doté d'un budget additionnel, pour stimuler les investissements et les échanges commerciaux entre le Canada et la France. Je devais y ajouter plus tard un volet touristique destiné à doubler en quatre ans le nombre de visiteurs français au Canada. Parmi mes objectifs particuliers figuraient aussi le règlement du contentieux sur le territoire marin et les pêches au large des îles Saint-Pierre-et-Miquelon de même que la redéfinition d'une vocation pour le Centre culturel canadien à Paris.

En outre, on ne pourrait vraiment parler de normalisation et de renouvellement des relations franco-canadiennes sans réussir un triplé de visites officielles: d'abord, celle du premier ministre Mulroney à Paris; ensuite, celle du président de la France au Canada, la première depuis le tumultueux voyage du général de Gaulle en 1967; et, pour finir, une visite d'État du gouverneur général du Canada en France, qui créerait un précédent dans l'histoire diplomatique des deux pays.

Plusieurs furent d'avis que c'était mettre beaucoup de pain sur la planche. Mais l'occasion était belle de tailler dans le neuf et de féconder ces années difficiles auxquelles les circonstances avaient condamné mes plus récents prédécesseurs. J'étais résolu, au besoin, à bousculer les habitudes et à court-circuiter les lignes de communication. Puisqu'on me reprochait d'être venu à la diplomatie par la filière politique, je serais donc politique dans mon action et par les ressorts que je ferais jouer. Après tout, les décisions requises par la mise en œuvre de mon programme étaient de nature fondamentalement politique et relevaient des seuls élus.

Ma position me permettait d'user, à cet égard, d'une liberté refusée aux diplomates de carrière qui, pour arracher la moindre instruction, doivent suivre, à pas de tortue, les chemins sinueux de la bureaucratie. Leurs supérieurs ne leur pardonneraient jamais de passer par-dessus leur tête et de s'adresser au ministre, encore moins au Premier ministre.

À ma connaissance, le seul qui puisse le faire — et encore n'est-il pas assuré de l'impunité dans l'avenir — est l'actuel ambassadeur du Canada à Washington. Bien sûr, il s'agit d'un cas d'espèce. Tout fonctionnaire qu'il soit, Derek Burney a accepté de servir au bureau du Premier ministre comme chef de cabinet durant la période critique des négociations du traité de libre-échange avec les Américains. Il a joué un rôle important dans le redressement du Gouvernement au lendemain des scandales qui l'ont si durement secoué. Il a ainsi formé avec le Premier ministre des liens de confiance qui lui ont valu sa nomination à Washington et le maintien d'une ligne directe avec le 24 Sussex.

Dans mon cas, le Premier ministre avait fait savoir en haut lieu que traiter avec moi était bien près de traiter avec lui. Les Français ne s'y trompèrent pas et virent là le signe non équivoque d'une volonté de changement réel. Ils eurent tôt fait de constater que, grâce à mes entrées auprès des décideurs à Ottawa, les réponses ou solutions espérées leur arrivaient souvent dans les vingt-quatre heures. Ainsi s'ouvrirent rapidement devant moi les portes bien gardées de l'Élysée et de Matignon.

La concurrence est vive entre les démarcheurs de toute sorte qui hantent, à Paris, les antichambres du pouvoir, à commencer par les quelque cent quarante ambassadeurs et envoyés divers. D'où la nécessité d'une réputation d'efficacité et de promptitude. Je puis dire que, passé les premières semaines d'initiation, on ne me refusa jamais un rendez-vous, souvent à une journée ou deux d'avis.

Cela dit, je m'appliquai à ne pas me mettre à dos les dirigeants du ministère des Affaires étrangères à Ottawa. D'innombrables dépêches leur rapportaient mes activités. Je les inondai de comptes rendus d'entrevues et de séances de travail et veillai à ce que leur soient transmis avec diligence les rapports administratifs, documents de planification et de suivi des dossiers. Quand j'estimais devoir saisir le niveau politique d'une affaire urgente ou importante, j'en avertissais le Ministère. Prenant goût à l'efficacité de la méthode, il arriva même que des fonctionnaires me demandent d'intervenir auprès de ministres ou même du Premier ministre pour accélérer certaines décisions.

Dans l'ensemble, je me félicitai de mes rapports avec les agents du Ministère. Il en fut de même avec le ministre titulaire. La situation n'avait pourtant rien de facile pour Joe Clark puisque, techniquement, je n'aurais dû me rapporter qu'à ses collaborateurs et à lui. Je ne fis jamais rien pour l'embarrasser ni miner son autorité mais, de toute évidence, j'étais, à Paris, l'homme du Premier ministre et non pas le sien. Il eut l'intelligence de le comprendre et le bon goût de l'accepter. Nous nous en expliquâmes, lui et moi, avant mon départ, de sorte qu'il sut s'accommoder d'un régime à trois dont beaucoup d'autres, à l'esprit plus tracassier, se seraient offusqués.

Mais une divergence de vues se fit jour, entre lui et moi, sur mon rôle dans la mise en train des sommets francophones. Joe Clark et quelques sous-ministres souhaitaient m'exclure des négociations préalables à mener avec la France et les autres pays francophones. On me représentait que j'aurais assez à faire avec mes tâches d'ambassadeur. Le Ministère était resté échaudé par les échecs de Trudeau à convoquer, en 1978 et 1983, le premier sommet. Se disant mus par un réflexe de prudence, les maîtres à penser de l'édifice Lester B. Pearson refusaient de m'exposer à une déconvenue qui aurait compromis le succès de mon ambassade. Aussi avaient-ils décidé de confier cette responsabilité à une sorte d'ambassadeur extraordinaire de la francophonie, désigné parmi les hauts fonctionnaires du Ministère et opérant depuis Ottawa.

Au-delà de ces protestations de sollicitude à l'endroit de ma mission en France, je distinguais un autre motif, celui-là moins altruiste. Le Ministère voulait manifestement s'assurer le contrôle de l'opération. J'estimais au contraire que, pour réussir, l'affaire devait dépendre directement du Premier ministre. Lui seul savait la place que tenait, dans la démarche de réconciliation nationale annoncée par le discours de Sept-Îles, la participation institutionnelle du Québec à des sommets périodiques de la francophonie. Il s'agissait de rien de moins, pour le Canada, que de rétablir un équilibre en assumant, sur le plan international, sa composante francophone, comme il le faisait, depuis des décennies, au sein du Commonwealth, pour sa composante anglophone. En un sens, c'était le pendant externe des futurs accords du lac Meech. Seul le Premier ministre pouvait affranchir l'entreprise des étroitesses légalistes qui l'avaient jusque-là étouffée.

Peut-être y avait-il de la témérité à le penser, mais je me trouvais le mieux placé pour faire évoluer le dossier. J'avais un pied au Ministère, l'autre au bureau du Premier ministre, et j'étais l'interlocuteur canadien officiel à Paris. Je pouvais aussi parler au gouvernement du Québec, avec lequel Ottawa devait d'abord s'entendre.

Je ne me laissai donc pas arrêter par les états d'âme que suscitait au Ministère la perspective d'un échec auquel j'aurais été associé. La création des sommets de la francophonie était la pièce de résistance de mon programme et le catalyseur du reste. Si cela avortait, avec ou sans mon concours, je ne donnais pas cher de ce que je voulais accomplir en France.

Ayant eu vent d'une lettre que Joe Clark s'apprêtait à transmettre au Premier ministre pour lui faire part de sa décision de m'exclure, j'alertai aussitôt Bernard Roy, alors secrétaire du Gouvernement et chef de cabinet de M. Mulroney. Je lui rappelai mes vues sur la question et insistai pour qu'il bloque l'envoi de la lettre. Son expédition m'aurait contraint à faire perdre la face à mon ministre en titre, ce qui était pour le moins hasardeux, et loin d'être acquis.

Les détails ne me sont pas connus, mais on persuada Joe Clark de ne pas envoyer sa lettre et je fus chargé de représenter le Premier ministre dans les discussions relatives à la mise sur pied du premier Sommet de la francophonie.

On m'apprit que je serais le «sherpa» — jargon du métier — du Premier ministre. Héritée de la terminologie propre à l'organisation du sommet économique annuel des sept pays les plus industrialisés, l'appellation éveillait chez moi des souvenirs de mon adolescence. Tout jeune, j'étais fasciné par l'épopée des grandes escalades. Ébloui, à dix ans, par la lecture de *Premier de cordée*, de Frison-Roche, j'avais été saisi d'un accès de fièvre alpiniste. Après avoir réussi l'ascension du cran des Sœurs (haut d'une centaine de pieds tout au plus), je m'attaquai, un jour, en revenant de l'école, au mont Jacob qui surplombe, de pas très haut non plus, la ville de Jonquière. Je dégringolai d'une paroi rocheuse et m'assommai en bas sur une pierre. Quand, encore étourdi, je repris le chemin de la maison, je constatai que ma fièvre de l'escalade avait aussi chuté. Mais les alpinistes célèbres, de Mallory à Messner, en passant par Buhl et Demaison (que j'ai rencontré), n'ont jamais cessé de me fasciner.

Les sherpas, ce sont les porteurs de bagages, ceux qui font gravir sur leurs épaules les tonnes d'équipement nécessaires à l'établissement des camps d'où sont donnés les derniers assauts vers les sommets. J'aimais imaginer ces valeureux faire-valoir, écartés de la photographie finale où n'apparaît jamais que le héros officiel, la main sur un drapeau planté dans l'arête d'un pic enneigé. Le seul de ces obscurs dont le nom soit passé à l'histoire est Tenzig, ce montagnard tibétain photographié aux côtés de Hillary, en 1951, au sommet de l'Everest. Dans nos moments de délire juvénile, mes frères et moi nous demandions même s'il n'avait pas un peu hissé Sir Edmund jusque-là. Je me demandais donc ce que mes frères allaient penser de ma nomination comme sherpa.

Pour commencer toutefois, les seuls bagages que j'eus à transporter furent les miens. Je dus, jusqu'en novembre, faire de fréquents voyages pour participer aux négociations engagées entre Ottawa et Québec afin de conclure une entente sur leur participation à un sommet francophone.

Car tout passait par là. J'en avais averti l'ambassadeur de France Jacques Leprette, venu me voir, à la demande du président, une dizaine de jours après la présentation de mes lettres de créance. Mon ouverture sur le projet francophone n'était donc pas tombée dans l'oreille d'un sourd. M. Mitterrand avait déjà, en juillet, chargé ce vétéran émérite du quai d'Orsay, spécialiste de la diplomatie multilatérale, d'explorer la possibilité de tenir une conférence au sommet des pays francophones. Je rappelai à Jacques Leprette les difficultés à résoudre, chez nous, pour ouvrir au Québec l'accès à un tel forum. J'insistai sur la nécessité, pour Ottawa et Québec, de trouver des accommodements rendant possible la présence du Premier ministre du Québec aux côtés du Premier ministre fédéral à une conférence de chefs d'États et de gouvernements souverains. Selon toute probabilité, les conditions arrêtées par nos deux paliers de gouvernement, pour leur participation respective au sommet, affecteraient le contenu, le cadre et le déroulement de ses délibérations. En plus de paraître nous forcer la main, l'amorce par la France de négociations formelles risquerait de compromettre notre participation et de nous faire porter l'odieux d'un autre échec. La pilule serait d'autant plus amère que nous avions nous-mêmes relancé le projet. Je demandai donc à mon interlocuteur de ne prendre aucun engagement auprès de tiers pays aussi longtemps qu'une entente entre le Canada et le Québec ne pourrait pas garantir notre présence.

Mon interlocuteur n'avait pas la tâche facile puisque le président l'avait prié de faire diligence. Il souhaitait convoquer pour le mois de février suivant (moins de cinq mois plus tard) les chefs d'État et de gouvernements. Sinon, le calendrier de ses activités reporterait l'affaire à beaucoup plus tard, pour ne pas dire aux calendes grecques. Car les élections législatives devaient avoir lieu en mars et les choses se présentaient mal pour le Gouvernement. Comme on dit au cap Canaveral, la «fenêtre de lancement» était étroite.

Je donnai à l'ambassadeur l'assurance que nous mettions les bouchées doubles pour provoquer la conclusion rapide d'un accord canado-québécois. Il se trouvait que j'avais affaire à un homme de jugement et d'expérience. Il se rendit à mes raisons et accepta de se mettre en position d'attente.

Les négociations avec Québec étaient commencées depuis le 30 août et se poursuivaient activement.

En exagérant à peine, on peut dire que les gouvernements fonctionnent à deux vitesses: la petite, pour les affaires faciles et relativement de peu de conséquences; la grande, pour les choses difficiles et importantes. La première est celle de la routine bureaucratique. La deuxième propulse généralement les initiatives conçues et prises en charge sur le plan politique.

C'est bien ce qui arriva à l'entente Ottawa-Québec qui fut discutée et signée en moins de trois mois. Il est vrai que les circonstances s'y prêtaient. J'avais encore frais à la mémoire les propos de M. Lévesque au lac à l'Épaule et les intentions fermes de M. Mulroney. À toutes fins utiles, les deux Gouvernements se donnèrent les moyens de réussir. De part et d'autre, les négociateurs reçurent le même mot d'ordre: «Entendez-vous.» Pour s'assurer que celui-ci serait compris, les Premiers ministres désignèrent des porte-parole qui pourraient travailler en direct avec eux: Louis Bernard, secrétaire du Conseil exécutif, et Yves Martin, sous-ministre des Affaires intergouvernementales, pour le gouvernement Lévesque; Bernard Roy et moi-même, pour le gouvernement Mulroney. La délégation québécoise était assistée de Jean K. Samson, tandis que Jacques Dupuis et Ernest Hébert, tous deux hauts fonctionnaires au ministère des Affaires extérieures, conseillaient l'équipe fédérale.

Nous commençâmes par dresser l'inventaire des précédents. Le traité qui avait créé, en 1971, l'Agence de coopération culturelle et technique reconnaissait déjà au Québec le droit de participer à des délibérations internationales portant sur la coopération et la culture. Il devait le faire à titre de gouvernement participant, avec la désignation de Canada-Québec. S'inspirant sans doute du modèle de l'ACCT (l'Agence de coopération culturelle et technique), Régis Debray, qui, lors de la tentative avortée de 1983, agissait comme conseiller du président Mitterrand pour les affaires francophones, avait proposé de faire un autre pas en avant. Son idée était de répartir en deux volets les sujets abordés au sommet: le premier, consacré aux matières économiques et politiques; le deuxième, traitant les questions de coopération et de culture.

Les deux équipes convinrent d'élaborer l'accord autour de cette charpente.

Le nœud du problème résidait dans la pondération du rôle que pourrait jouer le Premier ministre du Québec au cours des discussions sur l'un et l'autre volet. Les restrictions constitutionnelles découlant du statut provincial du Québec au sein de la fédération canadienne l'empêcheraient d'intervenir indistinctement sur l'ensemble des questions. Par exemple, il ne pourrait, à propos du conflit palestinien, disposer de la même latitude que sur les programmes de bourses allouées aux étudiants francophones.

Les parties s'entendirent pour faire du Québec un participant à part entière dans les matières ressortissant au deuxième volet et lui attribuer un statut d'observateur durant les travaux du premier volet. De plus, les représentants du Québec obtinrent du gouvernement fédéral l'engagement de faire porter les deux tiers des délibérations du sommet sur les questions sur lesquelles le Québec pouvait intervenir.

René Lévesque voulut laisser à son successeur, Pierre-Marc Johnson, l'approbation du résultat de la négociation. Le nouveau Premier ministre fit entrer dans son gouvernement Louise Beaudoin, qu'il rappela de Paris où elle remplissait, depuis 1982, la fonction de déléguée générale. Il lui confia le portefeuille des Affaires intergouvernementales. Pour les initiés, c'était signaler assez clairement que le projet d'entente ne serait pas approuvé sans modification.

Mme Beaudoin, que j'avais rencontrée depuis mon arrivée à Paris, ne m'avait pas caché les réserves que lui inspirait le texte négocié. Elle souhaitait un élargissement des interventions du Québec quant aux questions économiques. Avant son départ, nous avions même évoqué ensemble la possibilité d'introduire dans l'entente une disposition en ce sens. Il s'agissait, en gros, de prévoir que, moyennant un accord et une concertation préalables avec le Premier ministre du Canada, son homologue québécois pourrait intervenir sur des questions économiques intéressant le Québec.

Quelques jours après l'entrée en fonction de la nouvelle ministre des Affaires intergouvernementales, une autre séance de négociation réunit, à Montréal, les représentants des deux Gouvernements. Je ne fus pas surpris de voir apparaître une demande de bonification du rôle du Premier ministre du Québec dans les discussions d'ordre économique. J'avais déjà informé Bernard Roy de mes entretiens exploratoires avec Mme Beaudoin. La partie fédérale se trouvait donc en mesure de proposer, sur-le-champ, un texte presque identique à celui qui avait été envisagé à Paris. Avec quelques ajustements mineurs, l'entente fut officiellement conclue par les premiers ministres

Mulroney et Johnson, le 7 novembre 1985. Dans les journées qui suivirent, ainsi que nous l'avions annoncé aux négociateurs québécois, une entente similaire intervenait avec le premier ministre Richard Hatfield, du Nouveau-Brunswick. Nous estimions devoir reproduire, en cela aussi, le modèle de l'ACCT, où le Nouveau-Brunswick, qui reconnaît le français comme l'une de ses deux langues officielles, siège, aux côtés du Québec, comme gouvernement participant.

De retour à Paris, je me joignis à Claude Roquet, chargé des Affaires francophones de la délégation du Québec, pour informer l'ambassadeur Leprette de l'heureux dénouement de nos négociations. Il pouvait maintenant officialiser sa tournée de contacts avec les autres gouvernements. Après avoir pressenti un premier noyau (Tunisie, Sénégal, Québec), il élargit le cercle de ses consultations à une dizaine de pays et reçut partout le feu vert. Dès lors fut mis sur pied un premier comité international de préparation du sommet, dont faisaient partie, bien sûr, le Canada et le Québec. C'est là que furent établis, en conformité avec les exigences de l'entente canado-québécoise du 7 novembre, les projets d'ordre du jour et de déroulement du sommet. Là aussi furent commandés et mis en train les documents de travail du premier sommet d'une francophonie qui voulait se faire agissante.

Le succès qui s'annonçait (la simple tenue du sommet en ferait une première historique) et le rôle déclencheur que nous y jouions en amadouaient plusieurs. J'en profitai pour me jeter littéralement dans un tourbillon de rencontres, non pas seulement avec des ministres et des hauts fonctionnaires, mais aussi avec des personnalités de la vie publique française. Je m'entretins avec des politiciens en réserve de la république comme Jacques Chirac, Michel Rocard et Raymond Barre, et de nombreux représentants de la communauté des affaires.

Chaque fois, je faisais le point sur la situation politique canadienne, expliquais la portée de l'élection d'un Premier ministre francophile et mettais son objectif de réconciliation nationale en rapport avec l'échec référendaire de 1980 et le rapatriement unilatéral de 1981-1982. Je rappelais que ma mission en France, essentiellement orientée vers la décrispation et le renouveau économique de nos rapports à trois, faisait partie intégrante des objectifs internes de la politique de M. Mulroney.

Je me faisais toujours accompagner de mon conseiller politique, Jean-Pierre Juneau, qui prenait des notes, ce qui nous permettait d'expédier à Ottawa, dans les vingt-quatre heures, un rapport circonstancié. Chaque entrevue faisait l'objet d'une préparation soigneuse: constitution d'un dossier sur le cheminement de carrière de mon interlocuteur éventuel, opinions politiques, attitudes envers le Canada et le Québec. Je m'astreignais à suivre le plan de rencontre qui avait été dressé. Cela me permettait de satisfaire à une double exigence que je m'imposais: la concision et la franchise.

La première, ai-je immédiatement remarqué, est de rigueur dans les services français. Un expert du quai d'Orsay présenta un jour un rapport d'une quinzaine de pages à un comité où je siégeais en commençant par dire: «Excusez-moi, je n'ai pas eu le temps de faire plus court.» La leçon valait pour l'oral autant que pour l'écrit. Je n'attendais jamais, pour prendre congé de mon hôte, qu'il se mette à jeter des regards furtifs sur sa montre: une demi-heure était la limite que je m'étais fixée pour une entrevue type. Je pus vérifier plus tard, quand je devins ministre, le tort que peut causer à son affaire un raseur qui colle dans le bureau où il a réussi à s'introduire.

La deuxième exigence, celle de la franchise, n'est pas précisément l'apanage de tous les diplomates. Ce n'est pas qu'ils mentent, mais ils vivent dans la hantise de dépasser les instructions taillées en dentelle qu'ils reçoivent de bureaucrates jaloux de leur affectation à l'étranger. Comment tenir un discours vrai quand on est privé de la liberté de langage? Dans ces conditions, n'importe qui est condamné aux circonlocutions d'usage, à la répétition du mot à mot de la commande passée par Ottawa et aux fioritures cérémonieuses par lesquelles les moins bons diplomates caricaturent les autres.

Il n'y a plus ensuite qu'à rapporter aux bonzes du pupitre, enfermés dans les compartiments d'où ils pourraient voir l'Outaouais s'il y avait eu de la place pour percer une fenêtre: «Mission accomplie, stop, la démarche a atteint ses objectifs, stop», en ajoutant une phrase cocardière sur la fermeté dont on a fait preuve dans la défense des intérêts du Canada. Autrement dit: «N'allez surtout pas penser que nous souffrons de "localite".» La «localite» est cette maladie qui affecte les diplomates lorsque, restés trop longtemps en poste à l'étranger, ils finissent par épouser les points de vue du gouvernement hôte. La «localite» est une terrible maladie: le simple soupçon de l'avoir attrapée risque de vous ramener dare-dare à Ottawa. Or, retourner à Ottawa est le cauchemar de tous les diplomates qui ne sont pas en poste au Nigeria ou en Albanie.

Comme je l'ai expliqué, mon statut de bénéficiaire d'une «nomination politique» m'affranchissait de ces servitudes. J'en étais arrivé à chérir cette étiquette qui m'avait stigmatisé au départ. Elle était devenue un viatique. Je la portais comme une sorte de scapulaire. Je n'avais donc aucun mérite à parler librement. Naturellement, cela ne m'exemptait pas pour autant de ce qu'un diplomate doit à la courtoisie et à un certain niveau de langage. Mais parler franc était une autre façon de faire court. C'est aussi le moyen le plus éprouvé de se faire comprendre et de susciter de l'intérêt pour ce qu'on veut dire.

Je fis aussi la rencontre des principaux chefs de mission à Paris: les ambassadeurs des États-Unis, de la Grande-Bretagne, de l'Allemagne de l'Ouest, du Japon, sans oublier le nonce apostolique (qui me prit pour l'ambassadeur d'Espagne), l'ambassadeur d'Israël et un grand nombre d'autres, y compris celui de l'Union soviétique. J'étais souvent précédé d'une lettre ou d'un mot d'introduction, faveur d'amis comme l'ambassadeur Jacques Leprette, ou de connaissances comme Demontigny Marchand, alors en attente d'affectation au Conseil privé. Ces invitations affluaient de partout, et l'on acceptait facilement les miennes aux déjeuners et dîners que j'organisais à ma résidence.

Mais l'invitation la plus significative fut celle par laquelle le président Mitterrand convia le Premier ministre du Canada à une visite officielle qui s'enchaînerait au sommet.

Il n'y a rien comme une visite de Premier ministre pour raviver les rapports entre pays, revigorer les sympathies et lancer à plein régime le fonctionnement d'une ambassade. L'imminence de la visite fait passer un frisson sur l'apathie des ministères. Les dossiers montent au-dessus de la pile, la sonnerie des téléphones se fait entendre et les horloges politiques se mettent à l'heure du visiteur. On souhaitait connaître ce nouveau Premier ministre, Québécois anglophone, qui, parlant et sentant en francophone, misait sa carrière politique sur la réconciliation des deux communautés linguistiques de son pays. Peu de personnages officiels français l'avaient rencontré, sauf le président Mitterrand et le premier ministre Laurent Fabius. On disait de ce dernier qu'il était tombé sous le charme, au cours de son voyage à Ottawa, l'année précédente. Quant au président, il m'avait dit lui-même qu'il avait été frappé, au sommet économique de Bonn, par «la bonne volonté et l'ouverture» de M. Mulroney.

Sous plus d'un aspect, donc, la visite arriverait à point nommé et conférerait au Premier ministre canadien un maximum de visibilité. Déjà, les trois jours précédents, au Sommet, mettraient en évidence l'impulsion donnée par le Canada à la francophonie décisionnelle. Je m'étais assuré que M. Mulroney prononcerait l'un des discours inauguraux, à la séance solennelle de Versailles, en plus d'ouvrir les travaux du premier volet sur la situation politique internationale et dresserait ensuite, dans une deuxième allocution, le tableau des relations économiques entre les pays industrialisés et ceux du tiers monde. Je prévoyais aussi un large appui des autres pays au choix du Québec comme site du deuxième sommet, en septembre 1987. Du coup, nous nous trouverions hériter de la présidence du comité d'organisation qui serait mis en place. Que, par surcroît, le président Mitterrand prie le Premier ministre du Canada de rester en France, au lendemain de l'événement, à titre de visiteur officiel, le distinguerait d'insigne façon de ses quarante collègues et lui ferait partager, avec son hôte, le crédit de la réussite du sommet.

Je mobilisai l'ambassade pour donner à l'organisation et au programme de la visite toute l'efficacité et tout l'éclat souhaités. Notre but immédiat était d'obtenir le plus grand nombre possible de ces attributs protocolaires réservés aux chefs d'État en visite en France. Mais nous avions un problème: le Premier ministre n'est pas le chef d'État du Canada. On ne pouvait, par conséquent, saluer son arrivée et son départ par les vingt et un coups de canon réglementaires, ni faire flotter les drapeaux canadiens le long des Champs-Élysées et de l'esplanade des Invalides. Était aussi exclu le dîner d'apparat à l'Élysée. Seuls les présidents et les têtes régnantes ont droit à ces égards consacrés par des usages séculaires.

Mais, désireux de faire une fleur à M. Mulroney, le président mit à contribution les subtilités du protocole français pour marquer la visite d'un lustre particulier. On nous accorda ainsi un tête-à-tête avec le président, un déjeuner officiel à l'Élysée, un dîner d'État sous les auspices du premier ministre Fabius et un dîner organisé par le président du Sénat, M. Alain Poher. Nous appréciâmes les efforts de nos hôtes, non sans leur signaler que la réalité du pouvoir, au Canada, échappe au chef d'État, qu'il s'agisse du gouverneur général ou de la reine. Le Premier ministre, tant qu'il a la confiance de la chambre, exerce, dans les faits, des pouvoirs quasi monarchiques.

Nos hôtes plongèrent à nouveau la main dans leur sac à gentillesses et firent savoir que M. Mulroney serait logé à l'hôtel Marigny, résidence officielle des chefs d'État en visite en France.

Notre dernier gain diplomatique fut aussitôt rapporté à l'équipe responsable des déplacements du Premier ministre, à Ottawa. Il en résulterait pour lui qu'il devrait quitter, après le sommet, l'hôtel Plaza-Athénée, pour s'installer à Marigny. Mais l'adjoint du Premier ministre qui reçut la dépêche téléphona immédiatement à l'un de mes collaborateurs pour donner libre cours à sa colère. Il abreuva le pauvre diplomate de grossièretés et conclut péremptoirement: «Ce ne sont pas les Français qui vont choisir nos hôtels. Nous resterons au Plaza-Athénée, un point, c'est tout. D'ailleurs, je ne connais même pas l'autre hôtel où ils veulent nous caser.» Je dus appeler Fred Doucet, au bureau du Premier ministre, pour lui demander d'expliquer à son bouillant subordonné qu'il ne trouverait pas Marigny dans le Michelin au nombre des hôtels commerciaux comme le Plaza-Athénée, que c'était l'ancien hôtel particulier de la noble famille des de Marigny, maintenant utilisé par la France pour recevoir les chefs d'État étrangers en visite officielle.

En plein milieu de ces préparatifs, Gilles Duguay, ministre responsable des Affaires publiques, à l'ambassade, vint m'exposer l'une de ses dernières idées. Des idées, l'ancien ambassadeur au Cameroun et au Maroc en avait plein la tête et mettait à les réaliser un allant et une vitalité presque irrésistibles. Ce père de sept enfants avait été un disciple du père Lévesque au Rwanda et était resté, discrètement, un admirateur de Pierre Elliott Trudeau et de Jeanne Sauvé. Je l'aimai tout de suite et pris plaisir à voir les «flammèches» que ses enthousiasmes faisaient voler au contact des rouages de l'appareil gouvernemental. C'était surtout une question de différence de vitesse. Il m'arrivait même d'avoir pitié de la machine, qui avait toutes les peines du monde à jouer son rôle habituel de frein.

Gilles Duguay n'eut pas cette fois l'audace de parler lui-même au Ministère de sa plus récente trouvaille et me l'exposa directement. Il s'agissait d'attacher le nom du Canada à un nouveau prix que décernerait l'Académie française. Sa création serait annoncée dans le sillage du sommet, à l'occasion de la visite du Premier ministre. Le hic était la facture de 400 000 $, contribution canadienne au fonds qui alimenterait le versement d'une somme de 100 000 $ au lauréat annuel. Mon ministre des Affaires publiques avait discuté le coup avec Maurice Druon, de la vénérable Académie. Je devais vite apprendre que tout ce qui touche à cet auguste corps trahit l'obsession de la durée: ses membres sont «les Immortels», son gestionnaire principal, en l'occurrence Maurice Druon lui-même, porte le titre de «secrétaire perpétuel» et le fonds du nouveau prix serait «permanent».

Nous voici, Gilles Duguay et moi, partis en coup de vent rencontrer l'auteur des *Grandes Familles* et des *Rois maudits*.

Pour le moins, le personnage n'est pas banal: du panache, le verbe généreux, un appétit insatiable pour toutes les choses de la vie, hardi cavalier, introduit dans tous les milieux, à commencer par les meilleurs, ancien ministre, familier du roi du Maroc et ami de Paul Desmarais. Le décor était à l'avenant: nous déjeunâmes chez Drouant, ce restaurant où les jurés du prix Goncourt se réunissent pour faire bombance et, au dessert, décerner leur prix.

Impossible de résister aux enthousiasmes réunis de Maurice Druon et de Gilles Duguay. Quand je rentrai à l'ambassade, tout était décidé, emballé et consommé: le nom du prix (le Grand Prix de la francophonie), le moment de son annonce et les critères de son attribution (une œuvre scientifique ou littéraire publiée par un auteur francophone, donc pas forcément français). L'idée était brillante, il ne restait plus qu'à la concrétiser en faisant suivre l'intendance. L'intendance, c'était moi, chargé de trouver la bagatelle de 400 000 $, part du Canada à la constitution du fonds.

J'ose à peine imaginer les cris d'orfraie qu'auraient jetés les fonctionnaires d'Ottawa si je m'étais avisé de les aborder les premiers avec une telle demande. Mais un coup de fil au Premier ministre suffit à sceller le projet. J'en avisai aussitôt Maurice Druon: tout confiant qu'il ait été de recevoir une réponse favorable, il ne l'avait pas attendue aussi vite et se dit impressionné par la «remarquable diligence des services canadiens». Ne voulant pas être en reste, le gouvernement français y alla ensuite d'une importante contribution, enrichie des 200 000 $ conjointement versés par Paul Desmarais et Bernard Lamarre lorsqu'ils furent priés de passer, eux aussi, à la caisse. Pendant tout ce temps, je ne pouvais m'empêcher de penser, non sans quelque sympathie, au pauvre ministère qui se ferait refiler la note de 400 000 $, à Ottawa. Si je ne me trompe pas, c'est Benoît Bouchard, alors secrétaire d'État, qui écopa.

Mais la jeune francophonie ajouterait un nouveau fleuron à ses réalisations. J'aimais assez qu'elle fasse l'un de ses premiers pas en compagnie de la vieille dame du quai de Conti, qui a lié son sort à celui de la langue française. Je n'étais pas loin d'y voir un gage de pérennité. Belle façon, de plus, pour le Canada de donner un avant-goût de sa détermination dans la promotion du projet francophone. Enfin, nous y gagnâmes, comme on le verra, un ajout de choix au menu de la visite du Premier ministre.

Le président et Mme Mitterrand avaient tenu à accueillir eux-mêmes les Mulroney au salon d'honneur du Bourget. À la minute prévue et au pouce près, le Boeing 707 s'immobilisa avec majesté à l'extrémité du tapis où j'avais pris place. Conformément à l'usage, je montai à bord de l'avion pour saluer le Premier ministre et son épouse. Ils firent ensuite leur sortie officielle et serrèrent les mains de leurs hôtes au bas de l'escalier. Pendant que, dans l'air vif du matin, une fanfare militaire scandait le *Ô Canada* et faisait ensuite éclater *La Marseillaise*, un détachement d'honneur rendait les armes. C'était le début d'une semaine bien remplie.

Au sommet lui-même, tout se passa sans anicroche. La quasi-totalité des textes importants avaient été rédigés d'avance, le scénario et les rôles de chacun mis au point par de minutieuses négociations entre les sherpas.

Le seul moment d'émoi survint quand le premier ministre Bourassa déclara, au sortir d'une séance de travail, qu'il avait fait une proposition sur l'écoulement de nos surplus agricoles au Tiers monde, question considérée comme étant d'ordre économique. C'était un coup à la Robert Bourassa qui cherchait, devant les journalistes, à se donner des airs de franc-tireur, par rapport au Premier ministre fédéral. Il avait, en réalité, fabriqué l'incident de toutes pièces puisque, à l'intérieur de la salle de réunion, où la presse n'était pas admise, il s'était concerté (d'une façon informelle, il est vrai) avec M. Mulroney, dans le respect intégral de l'esprit et de la lettre de l'entente du 7 novembre 1985. Il doit se rappeler encore la colère que sa manœuvre fit «piquer» à Brian Mulroney. Ce dernier marchait sur des œufs, car l'opinion canadienne-anglaise n'était pas particulièrement ravie de voir le Premier ministre du Québec assis au beau milieu d'un aréopage de chefs d'États souverains. On pouvait craindre que les propos de M. Bourassa ne soient perçus comme une provocation et un retour à la guerre des drapeaux. Finalement, tout rentra dans l'ordre, à telle enseigne que nous pûmes, sur les lieux mêmes du sommet, nous entendre avec M. Bourassa sur la répartition, entre nos deux paliers de gouvernement, des responsabilités relatives à l'organisation et au déroulement du prochain sommet. Car nous eûmes gain de cause auprès des quarante pays représentés qui décidèrent de tenir la conférence suivante à Québec, à l'automne 1987, sous la présidence du premier ministre Mulroney.

Le lendemain, changement de pièce, de scène et de décor. Pleins feux sur l'acteur principal, Brian Mulroney. Paris lui appartient pour deux jours. Sa limousine part de Marigny (ni étoile ni fourchette dans le Michelin, mais vaut quand même le détour) et remonte toute seule, jusqu'à l'Arc de triomphe, les Champs-Élysées rendus déserts au prix d'une congestion monstre de la circulation dans les rues avoisinantes.

Quelques minutes plus tard, nous sommes tous au garde-à-vous, figés par le froid, l'étiquette et l'émotion, pendant que le Premier ministre fleurit la tombe du Soldat inconnu.

Je me sens soulagé en songeant à la déconvenue de Jean Lesage, au moment de poser le même geste symbolique, lors de sa célèbre visite de 1961. Voulant déposer son offrande, il se tourna vers son délégué général pour constater, horrifié, que ce dernier avait oublié de se pourvoir d'une couronne. Voyant l'embarras du visiteur, l'officier français qui commandait le détachement d'honneur voulut excuser la négligence: «Ce sera un bouquet spirituel, monsieur le Premier ministre.» Le mot «spirituel» dut déclencher un réflexe religieux chez Jean Lesage, qui exhiba prestement un chapelet et le plaça sur la dalle du tombeau.

Mais tout se passe pour nous comme prévu dans le programme officiel de la visite, chronométré à la minute. J'entends l'un de mes voisins, un vétéran français de la Grande Guerre, qui doit approcher des quatre-vingt-dix ans, s'étonner de la jeunesse de notre Premier ministre. C'est vrai qu'il fait jeune, avec l'air de porter allègrement une part de notre avenir, debout, dans son costume sombre, sous les voûtes gravées des noms de batailles napoléoniennes qui répercutent les derniers accords de nos hymnes nationaux.

Étape suivane: l'Élysée. Nous entrons, côté jardin, par la porte de l'Horloge. M. Mitterrand, en veston et tête nue, nous attend au bout du parc, sur les marches de la terrasse. Il accueille le Premier ministre avec chaleur. Les trois jours du sommet les ont rapprochés. On nous introduit dans le bureau du président où plane l'ombre du général de Gaulle. Sur la droite, les grandes fenêtres laissent entrer la lumière du parc, encore vert malgré la saison et le froid plus glacial qu'à l'ordinaire. Sur l'autre mur, une maquette du futur opéra de la Bastille. Le président nous la montrera tout à l'heure, en signalant qu'il a choisi lui-même, au dernier tour éliminatoire, les esquisses de Carlos Ott, un architecte de Toronto.

Nous ne sommes que six, trois d'un côté, trois de l'autre. Mais personne ne s'ingère dans le dialogue de l'hôte et du visiteur qui font assaut de séduction.

On en vient aux choses sérieuses: tour d'horizon sur l'état des relations entre les deux pays, rappel de l'insuffisance des échanges commerciaux, évocation du différend de Saint-Pierre-et-Miquelon, que tout le monde déplore mais que personne n'a encore le courage (ou la témérité?) de résoudre. On se félicite et on réitère la nécessité de progresser avec constance dans la voie qui s'ouvre. Visiblement, le président se réjouit de la contribution du Canada, faisant mentir tous les ragots sur les appréhensions des Français prétendument suscitées par la place trop grande que prendrait le Canada au sein de la francophonie. M. Mulroney souligne que son engagement francophone est le reflet de sa politique de réconciliation nationale et de renouveau constitutionnel.

M. Mitterrand dit suivre avec intérêt et sympathie les efforts de son visiteur. Faisant état de son amitié pour le Québec, le président français déclare que le cadre fédéral lui a toujours paru le plus apte à assurer la survie de la culture et de la langue françaises sur le continent américain. Profession de foi fédéraliste qui a l'heur de plaire à son interlocuteur.

Assez rapidement, la discussion s'élargit, tout en prenant un ton plus spontané. M. Mulroney a le don de mettre le président en verve et le tact de le laisser parler. Mine de rien, il trouve le moyen de l'interroger sur sa décision d'inviter des communistes au sein du gouvernement qu'il a formé tout de suite après son élection. Le président fait remarquer qu'à sa première visite à Washington les autorités américaines ont en effet exprimé des inquiétudes sur l'octroi de quatre portefeuilles ministériels à des députés communistes. Le président Reagan et son entourage ne prenaient pas ce genre de choses à la légère. «Mais je leur ai dit que, ce faisant, je rendais service à la démocratie et à la France.» Et il rappelle que cette alliance de circonstance avait fait chuter de 30 à 10 pour 100 le taux d'appui populaire au Parti communiste.

Et le président de s'étendre sur ce sujet qu'il maîtrise parfaitement, au point de peindre, sans effort, pendant une dizaine de minutes, une fresque fascinante de l'évolution parallèle du socialisme et du communisme dans les démocraties d'Europe et d'Amérique latine. Devant un Premier ministre intéressé et admiratif, il s'anime en parlant maintenant de Gorbatchev et des forces de changement qu'il a libérées. Il rapporte qu'ils échangent une correspondance personnelle et raconte un fait vécu pour illustrer la liberté d'esprit du personnage, avant même son accession au pouvoir. Mitterrand est au Kremlin, assis en face de Brejnev, à qui il est venu rendre visite. C'est le soir et la rencontre a lieu dans l'intimité, avec quelques collaborateurs. La conversation roule sur l'économie soviétique. Brejnev se tourne vers son ministre de l'Agriculture et lui demande: «Comment va notre plan quinquennal agricole?» La réponse fuse: «Mal.» «Comment, mal, mais pourquoi?» «Trop de contraintes structurelles.» Sans doute indisposé par un franc-parler aussi brutal, surtout devant des étrangers, le secrétaire général revient à la charge: «Mais depuis quand, alors?» L'homme, dont le nom n'est pas encore familier et qui arbore sur son crâne une étrange tache de vin, laisse tomber, impavide: «Depuis 1917.»

L'anecdote, qui montre que Gorbatchev n'a pas attendu de prendre le pouvoir pour assumer sa liberté de penser et de parole, fait rire — et réfléchir — tout le monde. Mais quelqu'un vient rompre le charme en signalant au président que le Premier ministre et lui sont en retard pour le déjeuner.

Le repas est servi dans la pièce où siège le Conseil des ministres. Une trentaine de convives prennent place autour d'une longue table. Le président, flanqué de Mila Mulroney, à sa droite, fait face à son épouse, assise à la gauche du Premier ministre. Parmi les invités, on peut voir Paul et Jackie Desmarais, Bernard Lamarre, Jacques Attali et Jean-Louis Bianco. La discussion se poursuit, sur un ton plus décontracté. Le président s'entend à mener la conversation, avec un mélange d'enjouement et de gravité. Il a de quoi la meubler. Avant de faire l'Histoire, il l'a souvent rencontrée sur son chemin. Il se plaît à évoquer son entrevue avec de Gaulle, à Alger, et les péripéties de son retour en France occupée au début de 1944, pour rejoindre la Résistance. À Marrakech, un ami le fait monter à bord d'un avion militaire britannique en partance pour Londres. Il découvre, en vol, que le passager principal, traité avec respect par tous, est le général Montgomery, le futur maréchal, encore tout resplendissant de sa victoire sur Rommel, à El Alamein.

Autour de la table, quelqu'un salue la longévité du président. Je risque une remarque sur l'habileté que lui prêtent alliés et adversaires. Il s'en défend avec vigueur: «Justement, cette réputation qu'on m'a faite, elle me vient d'une erreur que j'ai commise dans ma jeunesse.» Je lui demande laquelle. «J'ai eu l'imprudence d'écrire un livre sur Machiavel!» Tout au plus concédera-t-il que, pour faire de la politique, «il ne faut pas être trop balourd».

Au cours d'un échange sur Ronald Reagan, le Premier ministre mentionne que le président américain prend régulièrement des notes sur son mandat à la Maison-Blanche, pour être en mesure d'écrire ses mémoires. M. Mitterrand réplique qu'il ne s'adonne à rien d'aussi systématique. J'interviens pour lui demander: «Mais qui vous dit que M. Attali, comme l'a fait Saint-Simon pour Louis XIV, n'est pas en train de vous observer, à votre insu, pour transmettre à la postérité le portrait qu'elle retiendra de vous?» Le président fronce les sourcils, penche la tête en se tournant vers Jacques Attali, et jette: «Il n'oserait.»

Cette première matinée augurait bien du reste de la visite. Les événements prévus défilèrent sans encombre, dans une atmosphère détendue. Ce fut notamment le cas du dîner d'État au quai d'Orsay, offert par le premier ministre Laurent Fabius, qui mit un terme à la partie politique du séjour. Le passage de M. Mulroney à la Maison des étudiants canadiens fut particulièrement sympathique, de même que sa rencontre avec la communauté artistique au Centre culturel canadien.

Le programme avait été conçu de manière à assurer un équilibre entre les différents aspects des rapports franco-canadiens.

Ainsi, M. Mulroney prit la parole à un déjeuner organisé par la prestigieuse chambre de commerce de Paris. Cette institution, en plus de regrouper les gens d'affaires pour la défense de leurs intérêts, possède et gère aéroports, universités et écoles de formation professionnelle. Devant le Tout-Paris du monde de la finance, de l'industrie et du commerce, le Premier ministre prononça un discours auquel j'avais travaillé avec quelques collaborateurs. C'était l'occasion pour notre chef de gouvernement d'énoncer, à l'intérieur de balises à la fois réalistes et imaginatives, quelques lignes de forces de la politique du Canada par rapport à l'Europe de 1992. Je me rappelle avoir apporté, durant la nuit de jeudi à vendredi, les dernières modifications au texte de l'allocution, après d'ultimes échanges avec Cy Taylor, alors sous-secrétaire d'État.

Pour moi, le réalisme incite à fonder notre politique sur le point d'ancrage que constituent pour nous nos relations avec les États-Unis. Au triple point de vue de l'économie, de la sécurité et de la géographie, ces derniers sont pour nous incontournables. On peut même se demander s'il ne faut pas ajouter l'aspect culturel, tant notre mode de vie se calque, à de nombreux égards, sur celui de nos voisins. Il suffit, entre autres, de se rappeler que les exportations vers les États-Unis de la seule province de l'Ontario dépassent celles de tout le Japon vers le même pays. Cela en dit long, quand on pense à l'émoi que fait naître, aux États-Unis, l'invasion des produits japonais. C'est d'autant plus vrai aussi que seuls les Américains peuvent assurer la défense d'un continent dont la démesure excède de loin nos moyens.

Cependant, nos intérêts bien sentis exigent que, sans nier cette réalité, et tout en l'assumant pleinement, nous y superposions une vision plus large des choses.

Le discours de M. Mulroney évoquait l'idée d'un contrepoids que seule l'Europe est en mesure, dans un avenir prévisible, de constituer, sur le plan politique aussi bien que commercial, par rapport aux États-Unis et au bassin du Pacifique. La fascination qu'éprouve le ministère des Affaires extérieures pour l'Asie n'est pas dénuée d'un certain fondement. Mais on est loin du compte si on s'imagine pouvoir y conquérir, à moyen ou même à long terme, des marchés aussi rentables que dans une Europe sans frontières, consommatrice industrialisée, démocratique, située à nos portes et tellement plus proche de nous par la culture. Pierre Trudeau avait essayé d'amener les mandarins de l'édifice Pearson à plus d'ouverture européenne en prônant une politique extérieure de diversification. C'était ce qu'on appelait «la troisième voie», les deux premières étant celles des États-Unis et du bassin du Pacifique. Les réfractaires du ministère des Affaires extérieures eurent gain de cause et firent mourir l'initiative à petit feu.

La question reste posée: comment expliquer l'attentisme avec lequel les décideurs d'Ottawa, à tout le moins, ont vu venir l'Europe de 1992? Y ont-ils perçu une menace pour l'allié américain? Se sentent-ils incapables de gérer en même temps la relation américaine, l'extension du libre-échange au Mexique, l'exotisme asiatique et l'ouverture sur le projet européen? Craignent-ils de devoir donner trop d'importance à nos rapports avec la France, compte tenu du rôle politique de premier plan qu'elle joue en Europe?

L'énigme s'épaissit encore si l'on songe que la diplomatie canadienne a vécu ses plus beaux jours lorsqu'elle s'est affirmée en Europe.

Bref, j'étais loin, ce midi-là, dans la spendide salle de réception de la chambre de commerce, de désespérer des perspectives de notre politique européenne. Au contraire même, puisque le discours de M. Mulroney avait été bien reçu. Aux yeux de certains, il confirmait le sérieux de nos intentions quant à l'intensification du commerce et de l'investissement franco-canadiens.

La matinée m'avait donné un autre motif de satisfaction. Le Premier ministre s'était rendu à l'Académie française où il avait signé l'acte constitutif du Grand Prix de la francophonie. Maurice Druon lui réservait ensuite un honneur rarissime, celui de participer à une séance de travail des académiciens. Depuis plus de trois cent cinquante ans, ceux-ci travaillent à la rédaction d'un dictionnaire où ils prononcent des arrêts péremptoires sur l'admissibilité des mots. En l'occurrence, la séance était consacrée à la définition de «foresterie». Ce jour-là, le mot a fait son entrée dans la langue française, avec le concours du Premier ministre d'un pays où il aura l'occasion de servir.

Le soir, le Premier ministre m'apprenait que le président Mitterrand, au cours d'un aparté, avait accepté en principe une visite d'État du gouverneur général. Le lendemain matin, je regardai s'envoler le Boeing en pensant que je me trouvais maintenant à pied d'œuvre pour m'attaquer à la substance du programme bilatéral.

*L'arrière-grand-père paternel, qui a donné son
prénom à la branche des Bouchard Sixte*

Les grands-parents maternels et paternels:
ci-haut, Évangéline et Xavier Simard;
ci-dessous, Lydia et Joseph Bouchard

*Noces de Philippe Bouchard et d'Alice Simard dans la grande
maison du rang de la Décharge, le 29 mars 1937*

*Philippe Bouchard fait le plein
de son camion (on ne sait
pas s'il est de marque Ford
ou International...).*

Cinq ans, Jonquière, 1944

Lucien Bouchard avec ses frères et sa sœur: Gérard,
Claude, Claudette et Roch en pique-nique
chez l'oncle Adélard, au lac Kénogami

La «parenté» de Jonquière, entourant l'oncle François
Bouchard, rédemptoriste, en visite à la maison familiale.

Le grand-oncle Henri Bouchard (au centre) prenant sa retraite à la menuiserie de Potvin et Bouchard inc., à Jonquière, fait ses adieux à son petit-neveu, Laurent Bouchard (à g.), en présence de Philippe Bouchard (à dr.), père de l'auteur. C'est ce grand-oncle qui prenait plaisir à faire «sécher» ses petits-neveux sur les dimensions exactes des portes de la Basilique Saint-Pierre de Rome, qu'il avait mesurées lui-même avec son pied-de-roi.

Séance de rédaction au journal étudiant Le Cran, *du collège de Jonquière, en 1955. De g. à dr., Pierre Tremblay, Yves Villeneuve, Yvon Desbiens, Sauveur Laberge, Normand Simard, Lucien Bouchard; en av.-plan à dr., Henri Côté et Jean-Pierre Gagnon*

Salle de rédaction de La Presse *à Jonquière (été 1960); à l'œuvre, Gaston Ouellet, Réal Huot, Lucien Bouchard*

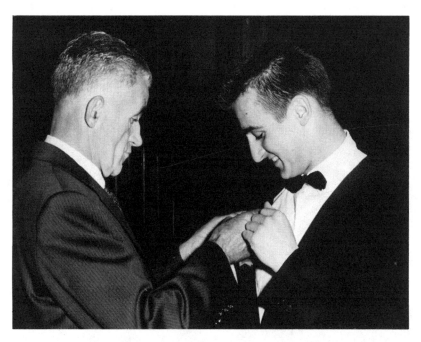

Prise de ruban en juin 1959, à Jonquière;
Lucien Bouchard et son père

L'oncle Adélard Bouchard

L'avocat Roland Fradette,
de Chicoutimi

Avec Robert Cliche, en 1971

Soir d'élections à Baie-Comeau, le 4 septembre 1984; Brian Mulroney vient tout juste d'être élu Premier ministre du Canada.

L'auteur avec sa mère à Paris, en 1986

*Au Sommet de Québec, Brian Mulroney remet à Robert
Bourassa la reproduction d'un portrait d'Hector Fabre,
qui fut à la fois agent du Québec et du Canada à Paris
dans les années 1880; à l'ex.-g., Lucien Bouchard, à l'ex-dr.,
Jean-Louis Roy, alors délégué du Québec à Paris.*

*Janvier 1988. À l'occasion de la visite officielle du
gouverneur général à Paris, une rencontre amicale à la
résidence de l'ambassadeur du Canada. Dans l'ordre habituel:
Simone Veil, ex-présidente du Parlement européen,
Lucien Bouchard, François Mitterrand et Jeanne Sauvé.*
(photo: Jean-Bernard Porée)

Victoire électorale dans Lac-Saint-Jean, le 20 juin 1988

*Avec le président Bush à la Maison-Blanche
en avril 1990, à l'occasion d'une rencontre
internationale sur l'environnement*

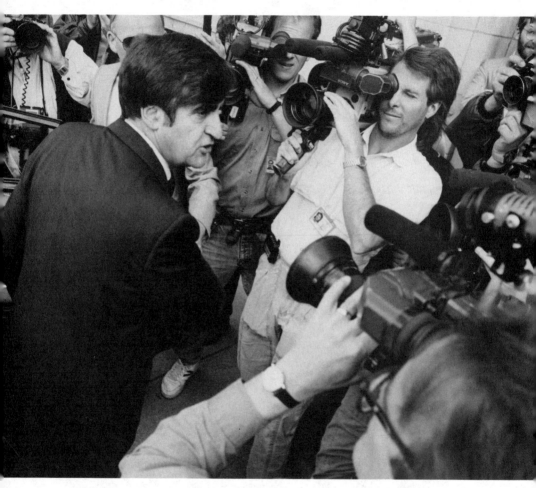

Le ministre démissionnaire se fait apostropher dans la rue à Ottawa,
au sortir d'une conférence de presse tenue le jour de son départ.

(Laserphoto)

Durant une pause à la commission Bélanger-Campeau,
avec Jacques Parizeau
(Laserphoto)

Le premier caucus du Bloc québécois. De g. à dr.,
François Gérin, Gilles Rocheleau, Louis Plamondon, Jean
Lapierre, Lucien Bouchard, Nic Leblanc, Gilbert
Chartrand (qui a démissionné depuis), Gilles Duceppe,
Benoît Tremblay. Pierrette Venne, députée de Saint-Hubert,
s'est jointe au groupe en août 1991.
(photo: Patrick Daigneault)

À Alma, cinq jours après la démission de son père,
Alexandre Bouchard (six mois), dans les bras de sa mère,
s'apprête à serrer la main d'un électeur.

(Laserphoto)

Le 9 mai 1992, baptême de Simon Bouchard.
L'abbé Alfred Simard (oncle maternel de l'auteur)
avait aussi baptisé Lucien Bouchard et Alexandre (à dr.),
frère de Simon; à g., Audrey Best-Bouchard.

Vingt ans après

L e mois de mars 1986 était en vue, et avec lui les signes avant-coureurs d'un printemps comme Paris sait les faire. Le sommet et la visite du Premier ministre s'étaient soldés par d'éclatantes réussites.

Ce n'était pas le cas dans ma vie personnelle. Mon mariage se brisa définitivement et celle qui avait été ma femme pendant près de vingt ans rentra au pays, pour des raisons et des circonstances dont je m'estimais responsable.

Il était dit aussi que certains médias, surtout anglophones, trouveraient le moyen de jeter de l'ombre sur le succès diplomatique du Premier ministre. Se prévalant de la Loi sur l'accès à l'information, cadeau de départ du premier ministre Trudeau qui n'avait jamais eu à dévoiler ainsi le coût de ses innombrables voyages, quelqu'un dépouilla les notes d'hôtel et de restaurant reliées au séjour parisien du Premier ministre. On s'indigna, entre autres, d'un compte de 228 $, prix d'un déjeuner à quatre dans un restaurant voisin de la chancellerie où nous traitâmes d'affaires avec le responsable de la francophonie au quai d'Orsay. D'autres montèrent en épingle un repas pris par le Premier ministre à la Tour d'argent en compagnie de sa femme et de deux gardes du corps. Mais c'est surtout la note d'hôtel, au Plaza-Athénée, du Premier ministre et de sa suite, qui défraya les manchettes. L'opposition souleva l'affaire en Chambre. Le bureau du Premier ministre s'énerva et la température du Ministère fut portée au point d'ébullition. Je vis alors s'ouvrir la chasse aux boucs émissaires, un sport que l'on pratique à Ottawa en tirant vers le bas. La direction du Ministère adressa un blâme écrit à l'ambassade. Je répliquai par une dépêche où je me chargeais personnellement de tous les torts, s'il y en avait. Quant à la note du Plaza-Athénée, elle avait été payée en partie par le gouvernement français, qui avait pris à sa charge le coût de la suite du Premier ministre et celui de cinq autres chambres occupées par ses collaborateurs. Ottawa nous reprocha alors de ne pas l'en avoir informé. Nous priâmes qui de droit de se référer à une dépêche vieille de plusieurs mois, bien antérieure à la visite, par laquelle nous avisions les intéressés que les Français assumeraient une partie des frais. Au moment où la tempête semblait s'apaiser, l'un de mes plus proches collaborateurs à Paris, un diplomate de carrière qui avait des enfants à l'école, reçut l'ordre de rentrer immédiatement à Ottawa, avec armes et bagages. C'était un rappel disciplinaire, séquelle du «scandale» des comptes de la visite. Je rappliquai au Ministère dans les vingt-quatre heures pour identifier la source de la dépêche. La piste remontait à un adjoint du Premier ministre. Je lui fis savoir que je rentrerais par le même avion que le bouc émissaire. Le rappel fut annulé dans les heures qui suivirent.

Bref, ce fut une foire d'empoigne dont je sortis avec quelques meurtrissures de plus et quelque naïveté de moins.

Je veillai surtout à ce que le moral du personnel n'en souffre pas. Il restait trop à faire pour se laisser décourager.

L'élaboration d'un plan d'action économique et l'allocation de ressources additionnelles pour le réaliser retinrent d'abord notre attention.

J'obtins un budget additionnel qui nous permit de lancer une opération d'envergure pour activer les échanges économiques avec la France. Nous fûmes également associés aux discussions qui s'instaurèrent pour que le Canada se dote d'une flotte de sous-marins français à propulsion nucléaire.

Mais, dans ces domaines comme dans les autres, nous dûmes faire chaque pas avec une épine dans le pied. À vrai dire, plutôt une arête qu'une épine, puisqu'il s'agissait du conflit des pêches de Saint-Pierre-et-Miquelon. Ces épisodes et leur entrecroisement ne peuvent être rapportés ici, notamment à cause de leur technicité et de la longueur du développement qu'ils requérraient. Il suffira de dire que le contentieux des pêches nous fit passer par tous les états d'âme.

Je traînai l'affaire comme un boulet jusqu'à la fin de mon mandat à Paris. J'avais l'impression qu'elle se réactivait chaque fois qu'un événement allait favoriser nos rapports avec la France.

C'est seulement après mon entrée au cabinet que le litige finit par s'orienter vers une solution arbitrale. J'obtins de me faire nommer au sein d'un comité ministériel mis sur pied par le Premier ministre pour gérer le dossier. Conjuguant nos forces, Joe Clark, Derek Burney et moi réussîmes à convaincre le Gouvernement de signer un accord d'arbitrage avec la France.

Michel Rocard, qui était alors Premier ministre, connaissait bien le dossier pour l'avoir analysé longtemps avant son entrée en fonction. À sa demande, je l'avais rencontré un jour dans les locaux qu'il occupait boulevard Saint-Germain. Lui, ancien ministre de l'Agriculture, que sa démission avait éloigné de la scène publique, m'avait estomaqué par sa connaissance des tenants et aboutissants du dossier de Saint-Pierre-et-Miquelon. Je me rappelle encore la stupéfaction de mes organisateurs, dans mon quartier général d'élection, à Alma, en mai 1988, quand il m'y rejoignit pour débloquer le dossier.

On dira tout ce qu'on voudra des politiciens français (ils n'ont pas meilleure presse chez eux que les nôtres chez nous), ils prennent leur métier au sérieux. Ils font souvent montre d'une maîtrise des dossiers qui est ici l'apanage des sous-ministres. Ils ont sur nos politiciens un avantage marqué, celui de la pérennité. Ce sont des professionnels de la politique, souvent formés à l'École nationale d'administration. La politique est, pour eux, à la fois une carrière, un service public, un choix de vie. Ils y entrent comme d'autres en religion, pour la vie. D'un ministre ou d'un gouvernement à l'autre, ils ont tout vu et tout appris. Dès lors, ils dépendent beaucoup moins de leurs fonctionnaires que nos ministres, hier et demain avocats, psychiatres, comptables, enseignants, entrepreneurs et journalistes.

Je fréquentai beaucoup de politiciens, estimant devoir jeter des ponts de tous les côtés. Là comme ailleurs, il importe d'investir dans l'avenir. Les socialistes ont succédé aux gaullistes, d'autres finiront par déloger les maîtres du jour. La permanence des intérêts des États fait obligation aux diplomates de cultiver les successeurs.

Je mis toutefois plus d'application encore dans la gestion de mes relations avec le délégué général du Québec.

Les relations entre l'ambassade canadienne et la délégation gnérale du Québec ont donné lieu à toutes sortes de péripéties. La délégation n'était pas encore ouverte que Pierre Dupuy, alors ambassadeur, déclarait à Charles Lussier, futur délégué général: «Vous êtes sous ma coupe.» Plutôt craintifs au début, les délégués généraux devaient acquérir de l'assurance avec la montée du nationalisme québécois. Avec Yves Michaud et Louise Beaudoin, la présence diplomatique du Québec à Paris prit même du muscle. Bénéficiant d'un accès facile auprès des plus hauts dirigeants français, ils occupaient à peu près toute la place quand il s'agissait des affaires du Québec.

Pour ma part, je voulus entretenir les meilleurs rapports avec mon collègue québécois de la rue Pergolèse. Je ne le perçus jamais comme un concurrent, mais comme un allié nécessaire dans la réalisation de nos objectifs communs. Québec n'avait que des avantages à tirer de sa participation à un sommet francophone, de la visite du président Mitterrand et de la revitalisation des échanges économiques et touristiques entre le Canada et la France. Dès mon arrivée à Paris, j'entrai en contact avec Mme Beaudoin et ensuite avec son successeur. Contrairement à ce qu'on pouvait lire dans les journaux, Jean-Louis Roy et moi n'avons jamais laissé aucun conflit perturber nos rapports d'étroite coopération. Je le rencontrais régulièrement, le plus souvent chez lui, pour prévoir et éliminer les points de friction mais surtout pour définir des positions conjointes au sujet des questions à résoudre dans la préparation des sommets.

Nous avons alors pris conscience de la force que nous donnait la jonction de nos efforts. Je ne me souviens pas que l'ambassade et la délégation générale du Québec, ainsi liguées, aient perdu une seule bataille aux mains de nos amis francophones, français et autres.

Certains ont perçu, dans mon action, une menace pour la place du Québec à Paris. Ils y voyaient pour preuve les nombreuses visites dont m'honoraient des gens qui évitaient autrefois l'ambassade et la résidence canadiennes. Nombre de ces visiteurs sont venus pour des raisons personnelles, voire par amitié. C'est le cas de personnalités nationalistes, d'artistes et d'écrivains québécois. Pour les ex-ministres et ex-députés péquistes, l'exemple venait de haut. René Lévesque et Corinne Côté ont assisté, à deux reprises, à des dîners que j'ai donnés pour eux.

Au reste, la situation n'était pas toujours facile pour un délégué général qui, représentant un gouvernement fédéraliste, devait tenir un discours diamétralement opposé à celui de ses deux derniers prédécesseurs. On me dira, avec raison, que je représentais, moi aussi, un gouvernement fédéraliste. Il n'empêche que le discours politique que je répercutais à Paris contrastait étrangement avec celui du gouvernement du Québec, retransmis par son envoyé. Je pense à la défense des modifications annoncées par le gouvernement Bourassa, au début de décembre 1986, à la loi 101, à laquelle dut se livrer le délégué général. Les milieux français, qui s'étaient généralement réjouis de l'adoption de la loi ou qui, à tout le moins, avaient toujours entendu les délégués généraux du Québec en exalter les mérites, ne manquèrent pas de s'interroger. Plusieurs s'ouvrirent auprès de moi de leurs inquiétudes. Je pus les rassurer en exhibant des coupures du *Devoir* et de *La Presse* qui rapportaient les déclarations du premier ministre Mulroney et du ministre Marcel Masse surmontées des titres suivants: «Mulroney enfourche le cheval de la loi 101» et «Le gouvernement Mulroney s'oppose à tout recul du français au Québec».

Qui faut-il blâmer si, après cela, les Français avaient plutôt tendance à se tourner vers l'ambassadeur et à resserrer leur collaboration francophone avec Ottawa?

Ce printemps 1987, je rencontrai celle avec laquelle je devais refaire ma vie. Elle entra dans l'avion qui, tôt le matin, m'amenait à Londres et prit place, à côté de moi, sur l'unique siège libre. Le temps de lier conversation au-dessus de la Manche, et nous nous quittions à Londres, elle partant pour Los Angeles, moi pour Calgary. Je savais seulement qu'elle s'appelait Audrey et vivait en Californie. Nous ne devions nous revoir que plusieurs mois plus tard. Mais le destin avait déjà fait son œuvre.

Vint le mois de mai et la visite officielle du président de la France au Canada, étape charnière du cheminement vers la normalisation.

Le «Vive le Québec libre» du général de Gaulle n'avait pas seulement galvanisé les ardeurs nationalistes. Il avait aussi sensibilisé, par traitement de choc, l'opinion internationale aux aspirations québécoises. Il y avait eu dans ce cri un tel défi à la «bienséance» internationale que sa réverbération dans les milieux politiques et diplomatiques continuait d'y créer un malaise paralysant. Vingt ans s'étaient écoulés sans qu'on eût osé, à Ottawa et à Paris, envisager une autre visite d'un président français. Tous savaient qu'il en fallait une pour mener à terme le déblocage amorcé par la tenue du premier Sommet francophone et la levée de l'interdit fédéral sur les rapports directs entre le Québec et la France.

Le sort voulut que cette tâche échût à François Mitterrand, celui-là même qui, à l'époque, avait le plus vertement critiqué le geste «provocateur» du général de Gaulle.

La préparation du voyage donna lieu à de méticuleuses négociations. Tout le monde avait ses exigences et ses préventions. Québec voulait garder le président le plus longtemps possible, même chose pour Ottawa, qui avait en tête un programme chargé: dîner d'État et soirée de gala à Rideau Hall, discours à la Chambre des communes, séances de travail avec le Premier ministre. Pour ma part, je tentais d'empêcher l'appareil fédéral d'accaparer tout le temps alloué à la partie canadienne du séjour présidentiel. Il me semblait nécessaire de sortir notre visiteur de la vitrine de la capitale pour lui faire un peu découvrir le Canada anglais réel.

Finalement, il y en eut pour tout le monde, les Français ayant cédé à nos instances et porté la durée du voyage à cinq jours. Pour la première fois, un président français se rendit en Saskatchewan, visita une ferme, fit couler entre ses doigts des grains de blé et assista à un dîner d'État offert, à Regina, par le premier ministre Grant Devine. Accueilli avec chaleur à Toronto, il eut, en français, un tête-à-tête avec le premier ministre David Peterson qui félicita la Justice française d'avoir ouvert le procès de Klaus Barbie à Lyon. Les choses se passèrent aussi bien à Montréal, à Québec et à Gaspé.

Aucun incident diplomatique ne vint perturber nos plans. Nous fîmes le tour du Canada et du Québec avec, pour ainsi dire, un chronomètre à la main et l'œil fixé sur le livre du protocole. Personne ne prononça de paroles inconvenantes et ordre fut donné aux entourages des premiers ministres (d'où partent 99 pour 100 des fuites désobligeantes) de parler en bien de la visite.

Ainsi que l'ont sûrement écrit dans leurs rapports les fonctionnaires des Affaires extérieures, le voyage atteignit ses objectifs, dont l'un était de ne pas faire de vagues.

Il ne s'agissait pas d'oblitérer le geste historique du général de Gaulle — qui le pourrait? Notre propos était de tourner la page, non de l'arracher. La vie devait continuer, en l'occurrence celle des États et de la promotion de leurs intérêts. D'autant que tout le voyage se profilait sur l'arrière-plan des ultimes négociations qui devaient mener à l'accord du lac Meech.

Nul n'était plus conscient de cette nécessité que François Mitterrand. Il choisit d'emprunter le corridor étroit de la politique de non-indifférence et de non-ingérence définie en 1979 par le premier ministre Raymond Barre. Dans le ton comme dans la substance, il prit tout le recul possible par rapport aux aspirations souverainistes du Québec. À Ottawa, il ne prononça pas une fois le mot «Québec». L'omission fut remarquée. Cette neutralité activement affichée causa des déceptions. Il s'en trouva plusieurs, au Québec, pour penser que le président n'avait pas utilisé toute sa marge de manœuvre et qu'il avait rasé d'un peu trop près la paroi de la non-ingérence. Ils l'auraient voulu davantage porté sur la non-indifférence.

Le président détecta dans ces réactions, et peut-être aussi dans celles des foules, plutôt réservées, qu'il rencontra, une certaine froideur des Québécois à son endroit. Il me le dit, en autant de mots, quelques mois plus tard, à l'occasion d'un entretien impromptu à bord du *John A. Macdonald*, brise-glace canadien sur lequel la quarantaine de chefs d'État et de gouvernement participant au Sommet de Québec firent le tour de l'île d'Orléans. «Les Québécois ne m'aiment pas vraiment, déplora-t-il. En tout cas, pas comme ils ont aimé de Gaulle. Même les envolées de Chirac leur plaisent davantage. Ils ont tort d'attendre de moi des discours enflammés. Je n'ai pas le droit de me mêler de leurs affaires. De toute façon, c'est à eux de prendre leur décision.» Ce qu'il n'ajouta pas et que je pensai, c'est qu'avec leur instinct très sûr les Québécois avaient perçu sa prédilection pour les ensembles fédéraux. Il eut certainement du mérite à rester partout sur son quant-à-soi. À Gaspé, notamment, il a dû faire appel à toutes les ressources de la raison d'État pour ne pas se laisser aller à ses états d'âme.

Par une de ces matinées ensoleillées dont le mois de mai a le secret, le président s'adressa aux centaines de dignitaires et de curieux massés autour du tertre qui fait face à la baie, si vaste qu'elle ressemble à un commencement d'océan. «Le mot Québec, dit-il, je le prononce avec amour, avec respect, avec espoir.»

Robert Bourassa avait eu la courtoisie d'inviter à la cérémonie le citoyen René Lévesque. Lui et moi étions en contrebas de l'élévation sur laquelle se tenaient le président et le Premier ministre. Son éternelle cigarette à la main, le fondateur du Parti québécois écouta sans mot dire le discours de l'homme d'État français. Le groupe des invités déambula ensuite vers une école où les attendaient des rafraîchissements. Les gens postés le long du parcours applaudirent poliment le président Mitterrand et le premier ministre Bourassa, tandis qu'ils manifestaient bruyamment leur sympathie pour René Lévesque, l'entouraient et lui serraient la main. Il semblait gêné de ces effusions. Peut-être se demandait-il pourquoi ses concitoyens, qui l'aimaient autant, avaient refusé leur appui à son projet souverainiste?

Si François Mitterrand se posait des questions, il le dissimulait bien derrière son impassibilité coutumière. À n'en pas douter, pour moi qui l'ai un peu observé, cet homme pratique le *self-control* comme d'autres cultivent la vertu. Il sait depuis toujours que le pouvoir sur les autres commence par la maîtrise de soi. S'il a baissé sa garde, c'est à Moncton, devant les cinq cents Acadiens qui s'étaient entassés dans un hangar d'avions pour l'entendre.

L'escale «acadienne», comme nous l'appelions, fut un coup de chance. Nous étions en train de terminer, avec nos interlocuteurs français, dans ma résidence, la révision de l'itinéraire du président. La cérémonie d'adieu avait lieu à Toronto où le président prenait congé du gouverneur général. La réunion allait se terminer quand les Français nous informèrent, en passant, que le Concorde devrait faire une escale technique à Saint John's, Terre-Neuve, avant de franchir l'Atlantique. L'appareil n'avait pas, en effet, l'autonomie de vol suffisante pour assurer la liaison directe Toronto-Paris. Je sautai sur l'occasion et suggérai de ravitailler l'avion à Moncton plutôt qu'à Saint John's, ce qui permettrait au président de saluer les francophones du Nouveau-Brunswick et des environs. L'affaire s'arrangea.

J'étais à bord du Concorde quand il s'approcha de l'aéroport de Moncton. Au lieu d'atterrir tout de suite, le pilote décida de faire admirer le supersonique, qui décrivit un long virage au-dessus de la foule attroupée près de la tour de contrôle. Le grand oiseau, bec et train baissés, toucha terre et s'arrêta près des curieux.

Pendant que les préposés au sol faisaient le plein d'essence, le président entra dans le hangar où une partie de la foule avait pu s'engouffrer. Plus de trois cent quatre-vingts ans après la fondation de Port-Royal, c'était la première visite d'un chef d'État français en terre acadienne. Je n'avais jamais vu autant de gens avec les larmes aux yeux. On présenta au visiteur, manifestement ému et incapable de le cacher, les quatre envoyés acadiens (Gilbert Finn, Léon Richard, Adélard Savoie et Euclide Daigle) qui, en janvier 1968, reçus par le général de Gaulle, l'avaient convaincu d'ouvrir, au bénéfice de leurs compatriotes, les vannes de la coopération française. Prenant la parole après le premier ministre Hatfield, le président transmit à ses auditeurs le salut de la France, souligna leur long combat et promit de revenir.

François Mitterrand s'était certainement découvert des atomes crochus avec ses hôtes. Enthousiasmé par le spectacle donné en son honneur, à Rideau Hall, par Édith Butler, une Acadienne «pure laine», il la convia quelques mois plus tard à dîner à l'Élysée, en famille. De plus, il se dépêcha de remplir sa promesse de retourner en Acadie: pendant le Sommet de Québec, il se permit, entre Québec et Moncton, un aller-retour de quelques heures.

Tout compte fait, malgré un saut de puce un peu belliqueux à Saint-Pierre-et-Miquelon (toujours le conflit des pêches), la visite présidentielle remporta le succès escompté. La normalisation était chose faite. On pouvait maintenant aller plus loin.

Le Sommet de Québec se profilait à l'horizon. On y mettait la dernière main dans tous les pays de la francophonie. Mais le gros du travail s'effectuait à Paris, où siégeaient la plupart des comités et des groupes de travail. Une conférence, qui réunit à Bujumbura, au Burundi, les ministres attitrés d'une quarantaine de pays, fit la révision ultime des textes et projets qui seraient soumis, à Québec, pour délibération et décision, aux chefs d'État et de gouvernement.

Puis, je vins m'installer à Québec. Je consacrai tout le mois d'août à la préparation finale d'une rencontre qui allait faire de la ville de Champlain, pendant trois jours, le centre politique du monde francophone.

Le sommet
du cap Diamant

L a partie n'était pas gagnée d'avance, quoique bien engagée. Le comité international de préparation avait sérieusement travaillé: la plupart des textes de substance étaient prêts.

Je présidais également le comité canado-québécois chargé de l'organisation matérielle de l'opération. Ce comité ne m'inspirait pas la même confiance que l'autre. Le partage des rôles respectifs des deux gouvernements avait fait l'objet d'une délicate négociation qui, comme d'habitude, déboucha sur des arrangements byzantins. Dans chaque secteur (finances, administration, transport, communications, protocole, coordination), des fonctionnaires et représentants fédéraux et québécois travaillaient côte à côte, comme des jumeaux. On pouvait s'interroger sur la performance dans l'action d'une organisation aussi hybride.

Déjà, le choix des dates de l'événement avait soulevé des difficultés. En cette année 1987, le Canada était aussi l'hôte du sommet du Commonwealth, qui devait se tenir à Vancouver. Grâce à l'appui de Bernard Roy, il fut convenu de le placer après le sommet francophone: ce ne fut pas sans mal, il se trouvait des gens, aux Affaires extérieures, pour croire, probablement avec raison, que la réunion du Commonwealth perdrait ainsi de son éclat. De même, l'idée de situer à l'Assemblée nationale les délibérations plénières fit craindre, à Ottawa, la marginalisation de la délégation fédérale.

La composition des équipes de travail donna encore lieu, tout au long du mois d'août, à des parties de bras de fer. Cinq semaines de banc d'essai n'étaient pas de trop pour rafistoler cette machine siamoise. Elle était également quelque peu bicéphale. Car si je la présidais, Jean-Louis Roy, délégué général du Québec à Paris, en était le vice-président. J'aurais eu bien tort de prétendre diriger l'organisation par l'exercice d'une autorité hiérarchique. Quoique représentant, en droit, de la «puissance invitante», je me savais condamné à m'entendre sur tout avec mon homologue québécois.

Pendant que les touristes flânaient sur les terrasses de la Grande-Allée et déambulaient sur les Plaines d'Abraham, les séances de discussion et d'arbitrage se succédaient derrière les murs de béton du «bunker». L'harmonie entre les deux partenaires naquit d'un chassé-croisé de petits gains et concessions symboliques: attribution au Premier ministre du Canada des appartements du président de l'Assemblée nationale; autorisation donnée à l'Ontario de hisser son drapeau au sommet d'une tente montée sur un terrain adjacent; renonciation au projet fédéral de faire flotter le drapeau canadien sur l'esplanade du manège militaire où aurait lieu l'accueil officiel des chefs d'État et de gouvernement; passage d'un escadron de CF-18 à la cérémonie inaugurale; utilisation d'un navire fédéral pour l'excursion prévue sur le Saint-Laurent.

Nous dûmes faire intervenir les bureaux des Premiers ministres pour débloquer quelques impasses. Seul Jean-Claude Rivest put «convaincre» des fonctionnaires des Affaires intergouvernementales de mettre au rancart leur projet de faire défiler un contingent de la Sûreté du Québec aux côtés d'un détachement d'honneur du 22ᵉ régiment canadien.

La mise en place du dispositif de sécurité nous donna encore plus de fil à retordre. Les deux solliciteurs généraux durent entrer dans la danse et conclure une entente formelle pour définir les lignes d'autorité et arrêter les conditions d'intégration de la Gendarmerie royale et de la Sûreté du Québec.

J'éprouvai rapidement une grande lassitude à trancher par le menu la moindre difficulté imaginable. Je devais pourtant me rendre compte qu'une seule brindille pouvait enrayer l'engrenage de la coopération canado-québécoise. J'ai à l'esprit l'exemple des jeux francophones de Marrakech, l'un des projets adoptés au Sommet de Québec. J'étais ministre fédéral, deux ans plus tard, quand le premier ministre Mulroney me demanda d'intervenir pour résoudre le conflit qui avait éclaté, entre les ministres Jean Charest (Ottawa) et Yvon Picotte (Québec), à propos de la participation à ces jeux des athlètes du Québec. À la fin, je fus contraint de négocier avec M. Bourassa lui-même où et à quelle hauteur (au pouce près) flotteraient respectivement les drapeaux du Québec et du Canada.

Pour ridicules qu'ils puissent paraître, ces marchandages pointilleux mettent en cause plus qu'une simple question de visibilité. Ils ont été précédés par vingt ans de luttes inégales, le plus souvent livrées entre Québécois francophones, les uns recrutés par Ottawa, les autres mobilisés par Québec. Ces antagonismes ont laissé leur lot d'amertume et de méfiance.

Fort de son autorité internationale, nanti de moyens puissants (notamment les fonds de l'ACDI) et servi par des diplomates éprouvés, l'État fédéral avait longtemps voulu un sommet francophone qui aurait consacré son statut prééminent et réduit le rôle du Québec à des dimensions strictement «provinciales». C'est justement au sein de la communauté des pays francophones que le Québec avait récolté ses rares gains diplomatiques. D'où le dessein fédéral d'y encadrer son activisme par une structure le plus possible calquée sur celle des conférences du Commonwealth. Ces dernières ne réunissent que les chefs de gouvernements fédéraux, à l'exclusion de tout Premier ministre provincial. Pierre Elliott Trudeau a déjà dit à Yves Michaud qu'il ne voyait pas plus de justification dans la participation à un sommet du Premier ministre du Québec que dans celle d'un chef de tribu du Cameroun.

À l'évidence, les intentions du fédéral n'ont pas toujours été pures. Dès l'époque Trudeau, les analystes du Conseil privé ont certainement vu, dans les sommets francophones, la possibilité d'une double victoire stratégique sur la France.

Celle-ci entretient avec ses anciennes colonies africaines des relations d'hégémonie. Elle en paie d'ailleurs le prix fort: maintien, au Gabon et ailleurs, d'effectifs militaires et interventions de «police»; aménagement d'une zone franche dans laquelle la Banque de France soutient le système monétaire d'une dizaine de pays; et mise en œuvre de coûteux programmes de coopération. Elle s'active aussi au sein d'une organisation appelée «Sommet franco-africain». On devait caresser, à Ottawa, le projet d'entrer dans cette famille et d'y faire contrepoids à la prépondérance française.

Qui croira que le grand frère fédéral n'a pas salué le moyen de s'introduire en tiers dans les rapports franco-québécois, à la faveur de l'étroite collaboration que les travaux du sommet exigeraient des pays dits «riches»?

Pas étonnant, dès lors, que le premier ministre Trudeau ait systématiquement tenté de faire convoquer un sommet, même sans l'accord du Québec. Seule la résistance opposée par la France évita à ce dernier de faire tapisserie. À certains moments, le danger fut réel. Trudeau réussit à mettre de son côté un allié de poids, en la personne du président Senghor, du Sénégal, qui passe pour l'un des pères des sommets francophones. En 1983, à l'issue d'un entretien, à Williamsburg, avec le président Mitterrand, le Premier ministre du Canada alla jusqu'à annoncer unilatéralement la convocation du premier sommet, sans en avoir parlé avec René Lévesque. La seule concession qu'il envisageait était une conférence «à deux volets». Le premier aurait lieu en l'absence du Québec. Le deuxième suivrait, mais séparé du précédent par une fin de semaine. Avec raison, on ne vit là, à Québec, qu'un sommet «à deux étages».

Encore une fois, c'est le gouvernement français qui sauva la mise, en se dissociant de l'annonce de Trudeau.

À la veille de l'arrivée des quelque quarante chefs d'État et Premiers ministres, en cette fin du mois d'août 1987, toutes ces difficultés avaient trouvé une solution, grâce à la souplesse montrée par le premier ministre Mulroney dans l'accord du 7 novembre 1985. Mais peu de mes vis-à-vis québécois croyaient que les fédéraux avaient renoncé à leurs objectifs initiaux.

Au-delà même de toute velléité de marginaliser le Québec, l'État canadien avait beaucoup à retirer de son entrée dans une communauté francophone institutionnalisée. Il accédait à un réseau nouveau qui se déploierait sur les cinq continents, au sein duquel il pourrait exercer une influence déterminante. Il avait toutes les raisons de croire que son poids relatif y serait infiniment supérieur à celui qui lui est reconnu, par exemple, dans le groupe des sept pays les plus industrialisés, où notre Premier ministre fait office d'homme lige du président américain. Il en irait différemment dans la francophonie des sommets. Seul joueur véritablement significatif, face à la France, au milieu d'un rassemblement de pays sans grande influence individuelle, dont certains comptent parmi les plus pauvres de la planète, le Canada pourrait, à coup sûr, prendre les allures d'une figure de proue.

L'engagement du Canada dans le projet francophone découlait de plus d'une obligation de nature. La logique du fédéralisme exige de l'État central qu'il projette sa dualité linguistique à l'étranger de la même façon qu'il doit en rendre compte dans sa politique interne. Les intérêts de la composante anglophone sont bien servis par l'intense activité des Canadiens au sein du Commonwealth. Mais le Canada n'avait pas encore trouvé le moyen institutionnel d'exprimer, en parallèle, sa réalité francophone. C'était, sur le plan international, à l'envers et avant la lettre, le fédéralisme asymétrique. La participation fédérale aux sommets francophones a redressé ce déséquilibre.

Pour le Québec plus que pour quiconque, l'appartenance à une francophonie vivante et tournée vers l'avenir est une question de survie. Soumise aux impératifs de la mondialisation des échanges, sa réussite économique reposera de plus en plus sur la compétitivité internationale et sur la conquête de nouveaux marchés. Force sera à nos entrepreneurs de recourir à d'autres langues, principalement à l'anglais. L'effet uniformisateur des envahissements américain et anglophone ne pourra que s'en accroître. L'horloge marque l'heure du mode de vie américain et du triomphe de sa culture, que ce soit dans le cinéma, la télévision, l'urbanisme, la chanson ou les beaux-arts. L'anglais conquiert le monde et s'est imposé comme langue des affaires, de la science et d'à peu près tous les échanges internationaux.

Le repli n'est ni possible ni souhaitable. Si nous voulons vivre en français, nous devrons le faire aussi sur la scène du monde.

La question se pose: comment survivre et nous épanouir dans notre langue? Comment y arriver quand, justement, cette langue est ici menacée, que sa protection — au prix d'une loi qui fait parfois méjuger de notre démocratie — est une préoccupation constante et que nous la parlons plutôt mal que bien?

Sans doute la problématique proprement québécoise renvoie-t-elle à l'urgence d'une réforme de l'enseignement et à une revalorisation collective du français écrit et parlé. Mais les forces à l'œuvre sur le plan international posent l'exigence d'une solution plus large. Il ne peut s'agir que de la mise en place d'une solidarité qui s'affirme à l'échelle de l'espace francophone.

La langue est plus qu'un instrument de communication. C'est aussi une façon de penser et de sentir. Elle crée donc une communauté naturelle entre les peuples qui la parlent. D'autant plus que son utilisation commune suppose des liens historiques. Le Québec a longtemps été coupé de ses sources par l'absence de moyen de communication, l'indifférence et les barrières politiques. En ce sens, sa participation institutionnelle à la francophonie internationale lui permet de pratiquer une fenêtre dans la cloison qui l'a séparé du monde.

On dira que des francophones ont fait partie de la diplomatie fédérale et que, par eux, les Québécois ont eu accès à la vie internationale. S'il est vrai que certains des nôtres ont mené de belles carrières au ministère fédéral des Affaires extérieures, il ne s'ensuit pas que le Québec, comme tel, a pris sa place dans les forums internationaux. Les politiques extérieures du Canada ne sont pas celles du Québec. Elles sont définies par le gouvernement central en fonction des intérêts pancanadiens. Elles n'expriment en rien la personnalité du Québec; au contraire, elles s'acharnent à la nier. C'est ainsi qu'on a privé l'État du Québec d'une véritable expérience diplomatique, se plaisant à n'y voir qu'une autorité chargée de construire des écoles, des routes et des hôpitaux. On a eu beau jeu ensuite de déplorer le «provincialisme» des Québécois. Ottawa n'a jamais relâché son opposition aux timides efforts du Québec chaque fois que celui-ci a voulu prendre un peu de place à l'étranger. Ainsi, le combat qu'il a livré contre le Québec a, pendant dix ans, paralysé la création des sommets francophones.

Le bon sens devait toutefois triompher. Les six millions de francophones québécois, entourés de deux cent soixante-quinze millions d'anglophones, purent se joindre à une communauté de cent cinquante millions de francophones vivant dans plus de quarante pays, répartis sur les quatre autres continents.

Une distinction s'impose entre francophonie et sommet francophone. L'une est la pâte, l'autre le ferment. La francophonie préexiste au sommet, mais à l'état de matière première ou de potentialité. La diversité enrichit, dit-on. Mais lorsqu'il s'agit des peuples francophones, elle risque de les condamner à l'impuissance et à l'éparpillement des efforts. Comment réaliser l'unité d'action au sein d'une communauté dispersée aux quatre coins du monde, traversée de part en part par la faille Nord-Sud (les nantis d'un côté, les démunis de l'autre), juxtaposant l'islamisme, le christianisme et le bouddhisme et regroupant métropole et anciennes colonies? Il n'est pas jusqu'à la perception de l'outil commun qui ne diffère d'un endroit à l'autre. Pour les Africains, c'est la langue des anciens colonisés et de la nouvelle classe dominante, en même temps que leur seul moyen de communication entre eux et avec le monde. Pour des pays comme l'Égypte, le français est le privilège des élites; au Viêt-nam et en Algérie (qui refuse de participer aux sommets), il est le reliquat abhorré d'un joug secoué par une révolution; au Canada, il est vu comme l'obsession d'une minorité récalcitrante et un obstacle à l'osmose canadienne. La France y exprime son âme et sa fierté mais fait parfois craindre à ses partenaires de l'utiliser comme un instrument d'hégémonie culturelle.

Pourtant, cette communauté ne peut s'articuler qu'autour de sa langue, fil conducteur de son histoire et fondement de son unité. Il en résulte que la langue française symbolise, à la fois, la force et la faiblesse de la francophonie. Elle la cimente mais seulement dans la mesure de sa vitalité. Construire la communauté francophone, c'est donc, avant tout, consolider et revitaliser la langue française. Le sort de l'une est lié à celui de l'autre.

Ici, deux dangers à conjurer: la fièvre obsidionale et le lyrisme.

Lutter pour le français ne consiste pas à repousser une attaque. L'anglais n'est pas un adversaire mais une langue dont le rayonnement témoigne du dynamisme des gens qui la parlent. Les attitudes défensives ne nous mèneront nulle part.

Les incantations non plus. Le scepticisme que rencontrent, en certains milieux, les débuts de la francophonie institutionnelle a beaucoup à voir avec les discours nostalgiques et éthérés qui se complaisent à exalter les gloires d'une langue du passé. Tout en rendant compte de l'Histoire, une langue vivante doit porter les réalités présentes et interpeller l'avenir. Par conséquent, la francophonie nouvelle doit agir. Pour cela, elle doit d'abord se mettre en situation de prendre des décisions cohérentes.

Qui dit sommet dit réunion de décideurs. Il peut même y en avoir trop. C'est peut-être le cas des organisations francophones qui, depuis vingt-cinq ans, ont proliféré, partout et dans tous les secteurs. Leur efficacité a beaucoup souffert de l'enchevêtrement des orientations.

Avec la création de l'Agence de coopération culturelle et technique (ACCT), la francophonie a fait ses premiers pas vers la convergence des efforts. Bien que salué comme premier véritable succès diplomatique de la communauté francophone, l'organisme s'empêtra, après un certain temps, dans des problèmes de gestion. En 1986, il affectait 70 pour 100 de ses ressources à son coût de fonctionnement et 30 pour 100 seulement à la réalisation de programmes. Si bien que les États membres durent lui imposer une réforme administrative et l'assujettir à un étroit contrôle de l'assemblée générale. Ces incidents de parcours reflétaient d'ailleurs des tensions internes. Je pense, entre autres, au «patronage géographique» auquel le secrétaire général de l'agence devait subordonner sa politique d'embauche: entre les pays membres, ce fut longtemps la foire d'empoigne pour caser leurs ressortissants respectifs dans l'immeuble du quai André-Citroën, à Paris, où siège l'agence.

Pour faire bonne mesure, on doit ajouter que l'insuffisance des moyens entrava, dès le début, l'action de l'organisme. À la veille du Sommet de Paris, son budget ne dépassait pas vingt millions de dollars. Les États riches ne se précipitaient pas pour inscrire leurs programmes de coopération dans un cadre multilatéral. La France et le Canada préféraient de beaucoup traiter en direct avec chacun des pays qui bénéficiaient de leur aide. Ils répugnaient à soumettre la définition de leur politique, voire la hauteur de leurs engagements, aux délibérations d'une quarantaine de petits pays.

Pourtant, on ne pouvait attendre de l'ACCT ce qu'elle ne pouvait donner. Les ministres qui y siègent n'assument que la responsabilité des affaires francophones de leurs pays ou gèrent tout au plus le portefeuille de la coopération. Ils ne peuvent engager les États membres au-delà des limites étroites assignées à leur compétence sectorielle. En fait, la francophonie avait désespérément besoin d'un forum de véritables décideurs, capables de mobiliser leurs gouvernements de haut en bas et d'un ministère à l'autre. Il fallait un cadre politique coiffant une structure de concertation: c'est-à-dire un sommet réunissant périodiquement les chefs d'État et Premiers ministres.

Là on pourrait, d'une seule traite et en quelques jours, arrêter les priorités, allouer les ressources et donner les impulsions. Rentrés chez eux, les fonctionnaires avaient leurs ordres de marche. Gare à la machine qui ferait obstacle à un projet: c'était la volonté du président et du Premier ministre. Pas d'enlisement bureaucratique, pas ou peu de frais d'exploitation: du rendement net. Décision, action, résultat.

Une idée porteuse, donc: mettre la science et la technique au service de l'actualisation et du rayonnement de la langue et de la culture françaises. Il s'agissait de faire, et non plus de traduire. Le combat pour le français devait prendre la forme d'une occupation de l'espace francophone par l'établissement de réseaux ramifiés sur toute son étendue. D'où l'importance névralgique des communications.

Comme on pouvait s'y attendre, les pays du Sud insistèrent sur l'addition d'un axe de développement et de formation. Rien n'était plus justifié, compte tenu des pénibles conditions de vie de leurs populations et de l'état désastreux de leurs infrastructures. De sorte que le premier sommet créa quatre groupes de travail: le premier, sur les industries de la langue, dirigé par un Français, M. Claude Hagège; le deuxième, sur la recherche et l'information scientifiques, placé sous la responsabilité d'un Belge, M. Hervé Hasquin; le troisième, sur les communications et la culture, dont le chef fut le Québécois Pierre Desroches, assisté de M. Jean-Marc Léger, pour l'aspect culturel proprement dit; et le dernier, sur le développement (énergie et agriculture), coprésidé par le Sénégalais M. Djibrid Séné et le Québécois Christian Latortue.

Toutefois, les premières discussions firent apparaître des divergences assez profondes sur le contenu politico-économique et l'identification de la structure consacrée au suivi des sommets.

L'aspect économique ne soulevait pas tellement de problèmes. Un grand nombre de pays africains se félicitaient même de pouvoir traiter de questions comme l'endettement des États et le bas niveau des prix auxquels ils écoulaient leurs matières premières et leurs produits agricoles sur le marché international. Cet intérêt marquait une très nette évolution par rapport au point de vue de Léopold Senghor, qui plaçait la dimension culturelle au centre des préoccupations de la francophonie.

Mais le volet politique, lui, rebutait franchement la majorité de nos partenaires. Peu d'entre eux se souciaient d'ouvrir des débats sur des questions litigieuses comme le désarmement et le conflit israélo-arabe. La France y était même hostile. Elle nous incitait à ménager la solidarité naissante du groupe et rappelait qu'il existait d'autres endroits pour débattre des affaires aussi controversées.

Pourtant, fort de son expérience dans le Commonwealth, le Canada voyait plutôt là le moyen de former un véritable club politique, de conférer du poids à ses délibérations et de lui faire prendre toute sa place parmi les organisations et forums internationaux. Nous nous appuyions aussi sur l'entente intervenue avec Québec qui prévoyait un équilibre entre les sujets relatifs à la culture et à la coopération et ceux qui avaient trait à la vie internationale proprement dite. Autrement, ce n'était pas vraiment la peine de réunir les chefs d'État et les Premiers ministres. Notre persévérance aidant, nous eûmes gain de cause.

Le Sommet de Paris adopta une première résolution, plutôt timorée, sur l'endettement et la libéralisation des échanges et une deuxième, beaucoup plus ferme, pour condamner l'apartheid en Afrique australe. La conférence eut même droit à un échange tendu entre le premier ministre du Vanuatu et le président Mitterrand sur les essais nucléaires français dans la région du Pacifique Sud.

À Québec, le sommet prit position sur le conflit Iran-Irak et sur la question du Liban. Une discussion s'engagea même sur la situation de la Palestine. Ironie du sort, le Canada, instigateur de ce genre de débats, se trouva isolé dans son coin puisque, seul, il refusa de reconnaître le droit de la Palestine à l'autodétermination. À Dakar, le sommet aborda même le dossier des droits de la personne, que le premier ministre Mulroney avait entrouvert, à Québec.

Quant à savoir qui allait prendre charge du suivi des sommets, il fallut en discuter longtemps et avec vivacité. D'emblée, de nombreux pays souhaitaient élargir le rôle de l'Agence de coopération culturelle et technique et lui confier le mandat de gérer les fonds et d'exécuter les décisions des sommets. Le Canada, la France et la Belgique y firent obstacle. L'affaire prit beaucoup de temps et mobilisa de nombreuses énergies. Elle suscita même un certain émoi. Sans que j'aie jamais compris pourquoi, il suffisait, au cours de la préparation des sommets (que ce soit celui de Paris, de Québec ou de Dakar), d'évoquer ce qu'on appelait pudiquement l'«encadrement institutionnel» pour mettre le feu aux poudres et déclencher d'interminables palabres.

Les «gros» bailleurs de fonds se méfiaient des appétits de l'agence; ils attendaient plutôt d'elle qu'elle se mette au régime. Le rapport Outers (du nom de son auteur principal, Lucien Outers, délégué général à Paris de la Communauté francophone de Belgique) devait dresser, en octobre 1986, un constat sévère de ses déficiences administratives.

La dernière chose que voulait le Canada était un enlisement des initiatives du sommet dans les méandres de la bureaucratie multilatérale. Nous tenions au maintien, durant les intervalles des sommets, d'un lien direct entre les décideurs nationaux et la réalisation des projets. Notre idée était d'en confier la gestion à un comité de sherpas représentant personnellement les chefs d'État et Premiers ministres d'une dizaine de pays.

Notre solution l'emporta à Paris, subit de vigoureux assauts à Québec et résista de peine et de misère à Dakar. De sommet en sommet, l'agence gagna du terrain. À Québec, la France lui «renouvela» officiellement sa confiance et exprima le souhait qu'elle devienne le «secrétariat» des sommets. Certains pays, dont le Canada, acceptèrent, en outre, de constituer auprès d'elle des fonds multilatéraux. À Dakar, les participants convinrent d'intégrer aux structures de l'agence les quatre groupes de travail mis sur pied au Sommet de Paris. Il est vrai que l'ACCT posa un geste très positif en dégageant 30 pour 100 de ses ressources statutaires à la réalisation des projets du sommet. Le plus récent sommet, celui de novembre 1991, dit de Chaillot, à Paris, lui transféra, à toutes fins utiles, les responsabilités du comité du suivi. En conséquence, l'agence recevra plus d'argent et engagera plus de fonctionnaires. Les sommets ont-ils atteint l'âge adulte au point de se bureaucratiser? Ce serait dommage et tellement contraire aux intentions de départ.

Mais le grand public n'a que faire de ces querelles d'initiés. Les médias les ont ignorées au Sommet de Québec. La substance des programmes n'a rien de très accrocheur non plus. De nature, les réalisations des sommets sont trop arides pour faire les manchettes. Seuls certains aspects du volet politique arrivent à susciter l'intérêt comme, par exemple, la condamnation des violations du droit des personnes au Zaïre ou ailleurs. En général, les reportages restent en marge de l'essentiel. Voilà sans doute pourquoi les images télévisuelles — celles qui restent — diffusent surtout l'aspect spectacle à grand déploiement: la séance inaugurale du premier sommet dans une salle du somptueux palais de Versailles, la cavalcade des limousines présidentielles devant le manège militaire de Québec, l'entrée de l'Élysée rutilant de lumière, où s'engouffre le citoyen-président-fondateur Mobutu, arborant son chapeau de léopard, en compagnie de ses collègues en smoking.

Le rôle imparti au sommet de Québec était ingrat. Il lui incombait de remplir les promesses faites à Paris. C'est lui qui, après ce premier sommet auquel on n'avait demandé que d'avoir lieu, devait «livrer la marchandise». En ce sens, le sort de la francophonie des sommets se jouait à Québec. Qu'on y échoue et le verdict tomberait comme un couperet: les sommets francophones, une fête sans lendemain.

En toute justice, Paris avait néanmoins dépassé les dimensions d'une opération médiatique. On pourrait, à Québec, se fonder sur des acquis. Les voies à suivre étaient tracées dans leurs grandes lignes. On disposait d'une méthode, celle des réseaux constitués pour la réalisation des objectifs assignés à chaque secteur d'activité. L'idée consistait à mettre sur pied, au-dessus des tiraillements intergouvernementaux, un groupe purement fonctionnel, formé de personnes choisies, à travers l'espace francophone, pour leurs seules compétences dans le domaine en question. Ce mode d'action avait porté des fruits: on avait abattu beaucoup de travail dont le Sommet de Québec pourrait rendre compte.

Sur chacun des engagements de Paris, Québec put répondre: mission accomplie. Les quatre réseaux? À l'œuvre. Le programme de bourses de la francophonie? Déjà en marche. La maîtrise en gestion des entreprises pétrolières? Instaurée à l'Université de Montréal. Les centres de formation d'agronomes en milieu rural? En voie d'installation. L'Institut d'énergie? Fondé, avec siège à Québec. La collection de poche francophone? Sept titres publiés, des dizaines à venir.

La liste des réalisations de la jeune francophonie décisionnelle était déjà imposante. Il serait fastidieux de la reproduire ici. Un peu à la manière d'un bon élève, elle faisait ses devoirs avec application, mais sans ostentation.

Le Sommet de Québec fut en mesure de lancer des projets riches d'avenir, tels l'Université des réseaux d'expression française (UREF), le Centre de formation à distance (CIFFAD), la Banque d'informations sur les États du Sommet (BIEF) (une mine de renseignements de première valeur dispensés par deux cent mille notices), un programme de diffusion de cent dix revues scientifiques, un plan d'uniformisation des accès aux banques terminologiques canadiennes, françaises, européennes et québécoises. Dans chaque cas, les modes de réalisation étaient prévus et le financement assuré. Partout s'affirmait le parti pris du concret et de la technique moderne: programme de formation à l'informatique, mise au point de logiciels francophones, préparation d'un guide de l'énergie, etc.

La contribution du Canada fut considérable dans tous les domaines. Une coopération particulièrement efficace s'institua au sein du réseau des communications, que dirigeait Pierre Desroches. J'obtins de Pierre Juneau, président de Radio-Canada, qu'il nous prête cet extraordinaire opérateur, négociateur hors pair, expert authentique, habile diplomate et travailleur acharné. Ce Québécois-Canadien fut le principal artisan de la réalisation de TV-5 et de la plupart des projets de communication.

La réalisation la plus «visible» du Sommet de Québec fut, sans contredit, l'extension de TV-5 en Amérique du Nord. Depuis l'été 1989, cette nouvelle chaîne diffuse ici une programmation francophone, incluant les actualités du jour en provenance d'Europe. Les préparatifs sont en marche pour que le réseau s'étende à l'Afrique. On annonça aussi à Québec la constitution d'une banque d'émissions de télévision et la mise en train d'un réseau international de radio.

Il faut le dire, le gros de l'argent vient d'Ottawa qui assume, avec la France, l'essentiel du financement de toutes les initiatives. Avant le Sommet de Paris, le soutien fédéral aux différentes activités de la francophonie se situait aux environs de vingt millions de dollars. Deux ans et deux sommets plus tard, c'est-à-dire à la clôture de celui de Québec, il était passé à près de cinquante millions de dollars, en parité, en chiffres absolus, avec les engagements canadiens envers le Commonwealth.

On avait écrit le scénario de façon à minimiser, dans la perception publique, l'écart entre les contributions des deux gouvernements hôtes. Les deux Premiers ministres prirent la parole à la séance inaugurale, Brian Mulroney présida les séances du premier volet et Robert Bourassa celles du deuxième. Aucune tension ne vint troubler la coopération entre Québécois et fédéraux. Les interlocuteurs principaux se tenaient, de chaque côté et à tous les niveaux, en état d'alerte, prêts à résoudre toute difficulté. La bonne entente prévalut, de même qu'une atmosphère studieuse et conviviale. Le caractère historique de la rencontre et le sentiment de vivre un moment de grâce n'échappaient à personne. Le discours d'ouverture du Premier ministre du Canada avait donné le ton:

> Ici [...] 60 000 parlants français, rameau détaché du tronc, ont dû, il y a plus de deux siècles, affronter seuls leur destin nord-américain. Quel sort était réservé à cette poignée de colons, brusquement exposés à l'incertitude collective, à la remise en cause de leur identité? Les grands espaces, qui convenaient si bien à la démesure de leurs rêves, n'allaient-ils pas les enfermer dans l'isolement et les couper du monde? [...] La réponse, silencieuse et

obstinée, ne pouvait que s'étaler dans le temps et dans l'espace [...]
Elle se fait entendre aujourd'hui avec force: la langue française, les
valeurs qu'elle exprime ont survécu et vivront toujours en terre
d'Amérique [...] Car les 60 000 sont maintenant six millions.

Sauf quelques pépins inévitables, l'organisation et la logistique furent impeccables et d'une efficacité qui faisait honneur
à la tradition nord-américaine. Alors que les pires appréhensions
avaient été initialement exprimées au Conseil du Trésor, à
Ottawa, sur les dépassements budgétaires de l'opération, nous
pûmes remettre aux deux gouvernements un des sept millions de
dollars dégagés à notre intention.

Quant aux anicroches, elles ne furent pas nombreuses. Je
pense à l'excès de zèle des services de sécurité qui prirent sur eux
de droguer, pour la durée du sommet, les pigeons de la Colline
parlementaire. Il y eut aussi la malencontreuse décision de faire
sauter, à l'aéroport, une valise suspecte qui se révéla appartenir
à un diplomate africain. Le mécontentement de ce dernier fut
extrême quand il vit voler dans toutes les directions ses vêtements multicolores.

Les gardes du corps de certains visiteurs montrèrent encore
plus de mauvaise humeur lorsqu'ils se virent fouiller et désarmer
par les agents de la Gendarmerie royale. J'eus sous les yeux une
photographie des revolvers, fusils et armes diverses consignés à
l'Ancienne-Lorette: on aurait dit une cache d'armes de conspirateurs fomentant un coup d'État. D'ailleurs, il en survint un.
Pas chez nous, mais au Burundi, qui obligea son président, le
colonel Jean-Baptiste Bagaza, à quitter Québec avant la fin de la
conférence. Mais cela, on ne pouvait nous l'imputer.

Nous fûmes toutefois incapables de plaider l'innocence
quand nos amis français nous reprochèrent de les avoir pris par
surprise en annonçant, sans prévenir, l'effacement de 325
millions de dollars de dettes africaines envers le Canada. Les
dirigeants du gouvernement français crurent que nous avions
voulu les éclipser par un geste de générosité facile et — en privé
— s'en montrèrent blessés. En réalité, j'avais tenté, tout au long
de la préparation du sommet, de convaincre le ministère des

Affaires étrangères de poser le geste à Québec. On m'avait opposé une fin de non-recevoir. On souhaitait garder la primeur pour le Sommet du Commonwealth, prévu pour le mois de décembre suivant à Vancouver.

Alors que le Sommet de Québec battait son plein, je touchai un mot de mon projet raté au premier ministre Mulroney. Il prit sur-le-champ la décision d'annoncer, le jour même, la remise de la dette, au déplaisir commun des Français et des dirigeants de notre ministère. Il va sans dire que mes interlocuteurs français, bien qu'ils fussent trop polis pour le dire, ne voulurent pas ajouter foi à l'explication — pourtant véridique — que je leur donnai de l'incident.

Il n'y a pas de joie sans mélange. Celle des dizaines de membres de l'équipe du sommet fut ternie par l'absence de Lucien Outers, frappé d'apoplexie au moment où il quittait Bruxelles pour se joindre à nous à Québec. Cet homme de cœur, à l'esprit fin et cultivé, batailleur de la francophonie, auteur du *Divorce belge*, avait puissamment contribué à la préparation du sommet.

Dans l'ensemble, les commentaires de la presse furent positifs, sauf dans les médias anglophones qui, ne trouvant rien à redire du sommet, sautèrent comme des vautours sur Mila Mulroney pour une obscure et banale histoire d'immigration. On lui reprochait d'avoir apppuyé la démarche d'un professeur du lycée Claudel pour entrer au Canada. Un autre journaliste, francophone celui-là, sous contrat spécial avec la chaîne TVA, se plaignit devant tous ses confrères du retard d'une conférence de presse que je tenais sur les délibérations du sommet. La nature du grief, conjuguée à l'identité de son auteur, fit éclater de rire les centaines de journalistes présents. Le plaignant s'appelait René Lévesque et s'était rendu célèbre, durant sa carrière politique, par son manque de ponctualité auprès de la presse.

La dernière décision des quarante gouvernements représentés fut d'adopter, comme drapeau de la francophonie, le symbole visuel choisi par notre comité d'organisation. C'était une façon de nous dire qu'ils tenaient le Sommet de Québec pour une réussite.

À Paris, la francophonie des sommets était née. À Québec, on sut qu'elle vivrait.

Il restait et reste encore beaucoup à faire. Bien qu'ayant dépassé, à Québec, les cent millions de dollars, les ressources consacrées à chaque sommet sont dramatiquement insuffisantes. La crédibilité francophone se heurtera rapidement à une embarrassante disparité entre le niveau de ses besoins et celui de ses moyens. Si cela devait continuer, les sommets risqueraient de verser dans la rhétorique des vœux pieux et la représentation mondaine.

Nous, Québécois, avons peut-être le plus à gagner de notre appartenance à une communauté dense et créatrice. C'est, d'une seule façon, pour le moment, de faire un apprentissage systématique de la vie internationale. D'autre part, notre dépendance de la survie du français, comme langue internationale et comme mode d'expression de notre temps, est, à elle seule, un motif d'adhésion à ce regroupement. Car notre sort collectif est lié au sort de cette langue, elle-même enjeu de la francophonie.

La réussite de la francophonie internationale est pour nous indispensable. Le Québec doit donc cesser de s'en remettre au gouvernement fédéral et faire toute sa part dans la prise en charge financière des activités du sommet. Fini le temps où l'on se frottait les mains de satisfaction — et de soulagement —, à Québec, de voir le fédéral s'approprier le financement de la culture, de l'ONF, de Radio-Canada, du Conseil des arts. En francophonie comme ailleurs, surtout lorsqu'il s'agit de notre âme et de ce qui la façonne, il importe de prendre nos affaires en main. Voilà qui devrait s'imposer comme un minimum, même aux fédéralistes.

D'un bout à l'autre de l'espace francophone, les pays membres — notamment ceux du Nord — sont conviés à un effort radicalement accru. Pour éviter le saupoudrage et la dispersion des énergies, il faut aussi résister à la tentation de multiplier les projets nouveaux et poursuivre avec vigueur ce qui a été entrepris. Le succès est au bout de la persévérance, vertu qui ne vient pas naturellement aux gouvernements, dont la vue porte difficilement au-delà des échéances électorales. D'où la nécessité d'un large soutien de l'opinion publique. Nous en serons là, au Québec, quand nous aurons vraiment compris que la promotion du français est aussi celle de notre vitalité collective et que, dans cette démarche spécifique, nous n'avons pas d'autre allié externe que la solidarité des pays francophones.

En tout cas, je me dis que nous avions fait, à Québec, un autre bout de chemin dans la bonne direction.

L'automne arrivait au moment où les touristes abandonnaient la vieille capitale, dans la foulée des chefs d'État et des Premiers ministres qui venaient de repartir. Quant à moi, j'avais peine à quitter Québec. Cette fois-là, ce fut avec un serrement de cœur que je regagnai Paris pour y coiffer à nouveau mon chapeau d'ambassadeur.

Le saut
en politique

M on affectation à Paris entrait dans sa troisième année. Le moment était venu de faire le point et de me rappeler la résolution que j'avais prise, au départ, de limiter à trois ans la durée de mon incursion en diplomatie. Contrairement à la plupart de mes collègues ambassadeurs en poste à Paris, je n'étais pas en fin de carrière (du moins, l'espérais-je) et devais retourner gagner ma vie dans le rude métier d'avocat.

Une autre année suffirait, comme président du Comité du suivi, pour mettre sur les rails les projets retenus par le Sommet de Québec et, comme ambassadeur, pour compléter le programme que je m'étais fixé.

Mais il manquait une chose à mon bilan diplomatique pour couronner la normalisation des rapports franco-canadiens. Il fallait que, pour la première fois, la France reçoive le gouverneur général du Canada en visite officielle. Tout bien pesé, ma décision fut arrêtée: je quitterais Paris à l'été 1988.

Une fois cette échéance fixée, j'éprouvai une impression qui ne fit que s'accroître: celle de m'être engagé sur l'autre versant de mon séjour à Paris. Deux mauvaises nouvelles, presque simultanées, accréditèrent ce sentiment. En arrivant à l'ambassade, un matin de novembre, j'appris la mort de René Lévesque. Je fis mettre en berne le drapeau canadien fiché dans la façade de la chancellerie. Un Canadien anglais qui passait entra pour protester. Il jugeait inconvenant le deuil symbolique d'un homme «qui avait voulu détruire le Canada». L'affaire n'eut pas de suite, car le bureau du Premier ministre décida de faire de même au Canada. La journée se passa dans une atmosphère de veillée funèbre: rappel des hauts et des bas de la carrière du disparu, échange d'anecdotes, entrevues avec des journalistes. Je dînais, le soir, à la résidence, quand on me passa un appel désespéré de Nicky, la conjointe de Yoland Guérard: celui-ci venait de s'effondrer devant son téléviseur, frappé d'une embolie, pendant le bulletin de nouvelles qui annonçait le décès de René Lévesque. J'accourus à Rueil-Malmaison pour trouver mon collaborateur sans vie et la pauvre Nicky inconsolable.

Tous les membres de la petite communauté de l'ambassade, qui avaient été séduits par le bon cœur et l'irrépressible vitalité de Yoland Guérard, furent sincèrement affligés par sa mort. Il avait pleinement vécu et rendu au centuple ce qu'il avait reçu. Sa nomination à la tête du Centre culturel canadien avait déplu aux dirigeants du ministère des Affaires extérieures. Il apportait pourtant avec lui une longue et riche expérience du milieu du spectacle, une carrière bien remplie de chanteur lyrique et un dévouement sans limite. Incapable d'intrigue, convaincu de pouvoir tout régler par la générosité et l'allant personnel, il était destiné à se casser le nez aux portes de la bureaucratie. Rien ne l'avait préparé à ces querelles de pouvoir livrées à coups de dépêches sèches et pointilleuses.

Au-delà de son directeur, c'est le centre lui-même que les fonctionnaires avaient dans le collimateur. Le Gouvernement ne savait plus que faire de l'établissement et n'en finissait plus de réfléchir à sa vocation. On parlait de vendre l'immeuble de l'esplanade des Invalides et de relocaliser le centre à proximité de Beaubourg ou du nouvel opéra de la Bastille. Fallait-il en faire une maison du Canada, sur le modèle de celle de Londres, ou une galerie d'art moderne, comme à New York? Ou encore une salle polyvalente pour concerts et théâtre d'essai? D'autres étaient plutôt partisans de sa fermeture. Cette dernière éventualité était plus que vraisemblable. On l'avait évoquée devant moi, au Ministère, durant l'été 1985. Déjà, les consulats de Bordeaux, Strasbourg et Marseille avaient fermé leurs portes, victimes des compressions budgétaires.

Malgré tous mes efforts et ceux de Yoland Guérard, il fut impossible de relancer le centre: l'argent, la motivation, les idées nettes, tout manquait. Quand je quittai Paris, quatre mois plus tard, le poste de directeur était toujours vacant et le demeura pendant près de trois ans. Aux dernières nouvelles, le Ministère a choisi d'éteindre cette vitrine de la culture canadienne en France.

Je pris l'avion pour Québec où j'assistai aux funérailles de René Lévesque. Sans doute comme la plupart de ceux qui l'avaient connu, je me remémorai notre dernière rencontre avant son décès. C'était un peu après le Sommet de Paris, dans le *lounge* du Quatre-Saisons, à Montréal. Nous prenions un verre quand deux dames d'expression anglaise, d'un certain âge, s'approchèrent de lui pour solliciter un autographe. Pendant qu'il s'exécutait avec gentillesse, l'une d'elles lui dit: «Nous avons beaucoup d'admiration pour vous, M. Lévesque.» Il rendit la feuille et répondit, avec son inimitable sourire-grimace: «Oui, vous m'admirez maintenant que je ne vous fais plus peur.»

La réplique déclencha entre nous une conversation sur les effets démobilisateurs du référendum de 1980. Je lui demandai si, d'après lui, les Québécois avaient d'une façon définitive rejeté l'option souverainiste. Je l'entends encore me déclarer: «En ce genre de choses, il n'y a rien de définitif. On ne sait jamais. Tout est encore possible.»

C'est à cela que je pensais quand, en compagnie du premier ministre Mulroney, j'allai me recueillir sur sa tombe, au salon rouge de l'édifice du Parlement. Malgré les vicissitudes et les déceptions politiques, cet homme n'avait jamais perdu confiance en ses concitoyens. La réciproque était vraie et les témoignages ne manquèrent pas ces jours-là. Je n'en citerai qu'un: Marc-André Bédard, prenant un taxi pour se rendre au salon rouge, vit son conducteur refuser de se faire payer: «Vous allez voir M. Lévesque! c'est gratuit», se fit-il dire.

Je vis porter le cercueil de René Lévesque à l'intérieur de la basilique de Québec, vingt-huit ans après celui de Maurice Duplessis. À la sortie, aux dernières mesures du *Requiem* de Mozart, je remarquai que le premier ministre Mulroney se raidissait et jetait un coup d'œil choqué sur la foule où l'on s'était mis à scander «Le Québec aux Québécois». Cet intuitif eut-il une prémonition de ce qui allait éclore de l'héritage laissé par le défunt?

Revenu une fois de plus à Paris, je m'attaquai au dossier de la visite du gouverneur général. Les Français mettaient peu d'empressement à donner suite à l'accord de principe dont ils avaient gratifié le Premier ministre. Les circonstances avaient changé. Le président devait composer avec un Premier ministre et un gouvernement qui venaient de défaire son parti aux récentes élections législatives. La cohabitation, comme on l'appelait, était difficile. Et, comble de malchance pour nous, c'étaient des députés de la formation du premier ministre Jacques Chirac qui représentaient les circonscriptions des pêcheurs français affectés par nos suppressions de quotas de morue sur les bancs de Terre-Neuve. Le conflit faisait alors rage dans toute sa virulence.

Avec sa fougue habituelle, activée par l'imminence des élections présidentielles, Jacques Chirac enfourcha la cause des pêcheurs et durcit sa politique envers nous. Je le trouvais très nord-américain dans ses attitudes. C'était un homme attachant, aux manières directes et aux propos nets. Au moment même où je tentais de ressusciter le dossier de la visite du gouverneur général, il me convoqua pour se plaindre des traitements que nous faisions subir à ses ressortissants. Je pus constater que sa colère n'était pas feinte. Il s'estimait trompé dans les attentes qu'avaient fait naître les assurances de Brian Mulroney. Au reste, il ne s'en tint pas à des épanchements de bile. Plusieurs dossiers souffrirent des effets secondaires de la querelle des pêches. Ce fut le cas de l'acquisition par Seagram's des cognacs Martell. Après que le ministre des Finances eut bloqué la transaction, nous ne fûmes pas longs à découvrir qu'il avait agi sur les instructions du Premier ministre. Il fallut beaucoup de représentations en haut lieu pour faire lever le veto gouvernemental.

Pas étonnant, donc, qu'on m'ait plusieurs fois donné à entendre que le voyage du gouverneur général ne comptait pas parmi les priorités du gouvernement français. Mes interlocuteurs saisissaient toutes les occasions de m'interroger sur la fonction de Mme Sauvé, son statut constitutionnel, ses relations avec la reine d'Angleterre. «Le gouverneur général est-il vraiment le chef de l'État canadien?» me demandait-on. Je me réfugiais dans de fines distinctions juridiques pour éviter de confesser crûment que notre chef d'État est la reine d'Angleterre quand elle coiffe sa couronne canadienne. Ce qui fait du gouverneur général un vice-roi ou une vice-reine. Dès lors, il peut difficilement, en droit strict, revendiquer les privilèges protocolaires dus à un chef d'État.

Je ne pouvais non plus me plaindre du sort réservé au Canada, un pays qui ne saurait, par inconvenance, se faire représenter à l'étranger par Élisabeth II, même avec le titre de reine du Canada. D'où les efforts déployés par Ottawa, sous Jeanne Sauvé, pour canadianiser la fonction.

À vrai dire, seule une décision politique nous tirerait d'embarras, et elle ne pouvait venir que de l'Élysée. Nous ne pouvions espérer d'autre appui. Après tout, l'ouverture avait été faite par le président qui, d'ailleurs, s'était astreint à une certaine retenue dans ses déclarations sur l'affaire de Saint-Pierre-et-Miquelon. À force de harceler les excellentes relations que nous nous étions faites dans l'entourage du président, nous arrachâmes des dates pour le voyage: il aurait lieu du 25 au 29 janvier 1988. Le programme fut établi, les arrangements pris et l'organisation ficelée dans les détails.

La visite ne pouvait pas avoir la portée politique et la visibilité de celle du premier ministre Mulroney. Mais les Français l'entourèrent de tout le déploiement voulu: accueil à Orly par le président, salve de vingt et un coups de canon, installation à Marigny, dîner de gala à l'Élysée, escorte des gardes républicains à cheval, cérémonies au Sénat, à la Sorbonne et au monument de Vimy. Le drapeau canadien flotta pour la première fois sur l'esplanade des Invalides et en bordure des Champs-Élysées, du Rond-Point à la place Charles-de-Gaulle.

Tout faillit se gâter au dîner offert par Jacques Chirac au palais d'Orsay. Le toast du Premier ministre prit l'allure d'une remontrance servie au Canada sur son comportement dans le conflit des pêches. La présence, autour de la table, du vice-premier ministre Don Mazankowski et du président du Conseil du Trésor Robert de Cotret, obligés de subir l'assaut en silence, porta la tension à l'extrême. Je vis beaucoup de convives mal à l'aise, même chez nos amis français. Le sang-froid et la classe de Jeanne Sauvé furent à la hauteur. Sans se départir de sa grâce habituelle, elle réaffirma les positions canadiennes en alliant fermeté et civilité.

Le président Mitterrand voulut peut-être rétablir les choses par une attention qu'il eut pour Mme Sauvé. Rompant avec son habitude, il vint, malgré une mauvaise grippe, la saluer à ma résidence, à une réception d'adieu que j'avais organisée pour elle.

La visite terminée, je considérai qu'un autre cycle se refermait. L'essentiel de ma tâche était rempli.

Le Québec devait comprendre que la France et le Canada (le cas échéant, le Canada anglais) avaient trop d'intérêts communs pour ne pas entretenir entre eux une étroite coopération. Le gouvernement fédéral s'était par ailleurs rendu à l'inévitable établissement de rapports d'exception entre le Québec et la France. Quant à celle-ci, elle se sentirait dorénavant libre de traiter avec chacun de ses deux partenaires en parfaite cohérence avec ses intérêts et ses propres objectifs.

Il me restait à conclure les affaires courantes et à me préparer à rentrer. J'étais déjà en discussion avec quelques cabinets d'avocats et je planifiais mon retour à la pratique pour l'automne.

Mais la politique allait frapper à ma porte. Les signes avant-coureurs se multipliaient. Plus d'un visiteur m'avait rapporté les bruits qui couraient sur mon rappel à Ottawa. Certains, parmi les proches de Brian Mulroney, m'incitaient à me préparer à une candidature. Le Gouvernement, qui terminerait son premier mandat à l'automne, devait normalement retourner devant l'électorat avant la fin de l'année.

Tout se précisa en février 1988: le Premier ministre souhaitait me faire entrer au cabinet sans que je passe par les Communes. La situation politique n'était pas rose pour le Gouvernement, encore sous le choc des démissions ministérielles et des accusations de corruption. Le Premier ministre jugeait nécessaire de faire la démonstration qu'il pouvait encore reconstituer, au Québec, la coalition de péquistes, «vieux bleus» et libéraux nationalistes qui l'avaient porté au pouvoir en 1984. Son plan consistait à me nommer ministre et à jouer le tout pour le tout dans une élection complémentaire.

Les enjeux dépassaient les intérêts de parti. Il y allait du sort de l'accord du lac Meech et du traité de libre-échange canado-américain. Une défaite conservatrice condamnerait les deux à une mort assurée.

Dès le discours de Sept-Îles, j'avais appuyé la politique de réconciliation nationale pour ensuite épouser le beau risque. L'objectif ultime était de refaire, en profondeur, au bénéfice du Québec, la distribution des pouvoirs. Avant de retourner à la table de négociations d'où on nous avait chassés, j'estimais impérieux de faire payer, par un certain nombre de concessions, le prix du bris de confiance et de l'humiliation de 1981-1982. C'était aussi une façon de «sauver l'honneur». Je trouvai d'abord que Meech faisait plutôt bon marché de l'apposition de notre signature au bas de l'acte unilatéral qui nous tenait lieu de constitution. C'était néanmoins tout ce que nous pouvions obtenir à l'époque. Comme l'avait dit René Lévesque, «ce n'est pas le Pérou, mais c'est mieux que rien». Dans l'immédiat, le recouvrement du droit du veto (enfin, de celui que l'on croyait avoir) aurait colmaté la brèche laissée béante, après 1982, dans notre protection contre des modifications aux institutions fédérales. De plus, l'accord du 3 juin 1987 faisait de la reconnaissance du Québec comme «société distincte» une règle d'interprétation régissant l'ensemble de la constitution et de la charte. Mais j'avais gardé l'impression d'un strict minimum.

Je m'imaginais aussi que la ratification de Meech créerait un climat d'ouverture aux revendications historiques du Québec. On pouvait espérer que, dans l'enthousiasme de la réconciliation, le Québec pourrait mettre sur la table un projet de réaménagement constitutionnel d'une envergure semblable à celle que le parti de Robert Bourassa devait plus tard proposer dans le rapport Allaire.

Mais rien ne pouvait être acquis avant le 23 juin 1990, fin du délai accordé aux législatures provinciales pour ratifier l'accord. Sans la reconduction du mandat du gouvernement Mulroney, la survie de l'accord dépendait des libéraux. L'appui que ces derniers lui avaient donné était trop ambigu et trop précaire pour laisser le moindre doute sur ce qui arriverait. Une fois portés au pouvoir, les libéraux n'auraient rien eu de plus pressé que de sacrifier Meech à l'intransigeance des Trudeau, Wells et Carstairs.

Même chose pour le traité de libre-échange qui avait recueilli, au Québec, un appui très large. Les Québécois, chez qui ne sévit pas l'antiaméricanisme latent des Canadiens anglais, envisageaient favorablement le rétablissement des flux naturels d'échanges avec leurs voisins du sud. Bernard Landry avait déjà publié *Commerce sans frontières,* où il faisait une démonstration convaincante de la nécessité pour le Québec d'entrer dans une zone libre-échangiste nord-américaine. Ses opinions étaient généralement partagées par les milieux québécois des affaires et de la politique. Mais l'acrimonieuse controverse soulevée au Canada anglais empêchait le Gouvernement de conclure le traité avant d'avoir obtenu le mandat électoral qui l'habiliterait à le signer.

On me fit valoir qu'en augmentant les chances d'une réélection du Gouvernement, mon entrée en politique favoriserait l'aboutissement de ces deux dossiers, également importants pour le Québec. À tout le moins dus-je convenir qu'il y avait là des motifs de nature à justifier un engagement qui s'incrivait dans le prolongement de l'itinéraire du «beau risque».

En moi, la même question refaisait surface: oui ou non à la politique? En disant non, jusque-là, je n'avais pas pour autant dissipé l'ambivalence de mes rapports avec elle. Il y a des non qui sont tout simplement des refus de décider. Fasciné et rebuté par la politique, je n'arrivais pas plus à m'en éloigner qu'à l'embrasser. J'égrenais depuis longtemps la litanie des paradoxes. Univers du pire et du meilleur, refuge des ego en mal de gonflement, révélateur des vrais chefs, illusion du pouvoir, levier de tous les progrès sociaux: la politique était tout cela pour moi.

Chacun résiste à sa manière aux chants des sirènes. Tout le monde ne peut pas, comme Ulysse, se faire ligoter au mât de son navire. Plus prosaïque, ma solution consista d'abord à m'immerger dans la pratique du droit, puis à m'abriter dans la haute fonction publique. J'avais opté, en 1985, pour ce confortable compromis qui permet aux sous-ministres et aux ambassadeurs de se rabattre sur l'influence, faute de vouloir payer le prix du pouvoir. Je me sentais un peu comme un papillon de nuit qui, après avoir longtemps folâtré autour d'un cierge allumé et s'être souvent brûlé les ailes, finirait par s'abîmer dans la flamme.

Ma réflexion tenait aussi compte de mes rapports personnels avec Brian Mulroney. Entre nous, les échanges de services avaient été nombreux. J'aimais à penser toutefois qu'ils échappaient à une comptabilité tatillonne, motivés qu'ils étaient par des sentiments désintéressés. Par exemple, je n'avais jamais considéré ma nomination à Paris comme une récompense pour services rendus. Beaucoup de commentateurs l'écrivirent à l'époque, probablement sur la foi de ma contribution à la campagne de 1984. Bien qu'il ait pu y voir son intérêt politique (n'étais-je pas un des avocats de la réconciliation?), mon affectation diplomatique a certainement été, dans son esprit, un geste de confiance. Je lui étais reconnaissant de m'avoir donné ma chance à Paris. Je me voyais donc difficilement lui refuser mon aide au moment où il en avait besoin.

Je conclus que le moment était venu de régler mes vieux comptes avec la politique et de payer ma dette envers la société québécoise, de qui j'avais beaucoup reçu, et, le cas échéant, envers Brian Mulroney. Ainsi fut prise ma décision de répondre à l'appel.

En mars 1988, le Premier ministre vint à Bruxelles assister à une réunion de l'OTAN. Nous nous y rencontrâmes pour mettre au point les détails de l'opération qu'il avait en vue. Il fut convenu que ma nomination au cabinet serait annoncée à la faveur d'un remaniement prévu pour la fin du mois. Quant au ministère, ma préférence allait vers celui de la Justice, avec lequel je me sentais des affinités professionnelles. J'exprimai aussi le désir qu'on me confie la responsabilité ministérielle de la ratification de Meech.

Finalement, on me proposa le secrétariat d'État, dont je ne savais rien mais que j'acceptai quand même, tant était grande mon inexpérience. Je conclus, en y repensant plus tard, que, pour un ancien négociateur professionnel, j'avais bien mal joué mes cartes. Je pensai aussi que ma candeur était plus pardonnable que la légèreté de mes mentors, qui choisirent de confier à un nationaliste de ma sensibilité la responsabilité des langues officielles, de la remise des décorations de l'Ordre du Canada, des visites de la famille royale et de l'organisation de la Fête du 1er juillet. Quel départ pour un néophyte entré dans la mêlée pour sauver Meech et qui devait se faire pardonner par sa famille politique d'avoir embrassé le beau risque!

Le déclenchement des élections complémentaires devait suivre de quelques semaines mon entrée au cabinet. On ne m'avait vraiment promis aucune circonscription, mais celle de Chicoutimi fut mentionnée. Je n'avais pas à m'en faire, mes amis se chargeaient de ces vétilles.

Arrivé secrètement à Ottawa, en fin d'après-midi, le 28 mars, je dormis chez Bernard et Madeleine Roy et me rendis le lendemain matin à Rideau Hall pour prêter serment d'office et d'allégeance. À la sortie, je dus répondre aux questions de la presse anglophone sur le thème prévu: qu'allait faire un ancien péquiste dans le cabinet fédéral?

Je retournai ensuite à Paris pour boucler mes valises et faire mes adieux. Au sortir d'un tourbillon de réceptions, le président voulut me voir en tête-à-tête, même s'il était à quatre jours du premier tour de scrutin des élections présidentielles. Traversant une dernière fois le bureau où le cerbère Jacques Attali veillait derrière son pupitre (lequel, me signala-t-il un jour, avait été utilisé par Napoléon), j'entrai chez le président. Comme il terminait une longue et dure campagne électorale, je m'attendais à le trouver épuisé et tendu. Il avait plutôt l'air de rentrer de vacances. Regard vif et teint frais, à l'aise dans un élégant costume clair, il m'attendait, tranquille.

Me souhaitant toutes sortes de bonnes choses, il se mit à parler de la vie qui m'attendait, la comparant à celle d'un ambassadeur: «Les élus existent par eux-mêmes, les ambassadeurs représentent quelqu'un d'autre.» Il ajouta que la politique «fait parfois entrer dans l'Histoire». Je répondis que cela correspondait à sa carrière à lui mais qu'on ne pouvait en dire autant de tous les politiciens. «Vous savez, je ne suis qu'un provincial monté à Paris», répliqua-t-il. Il me raconta que, à son départ pour Paris, sa mère lui avait remis quatre lettres d'introduction auprès de personnalités parisiennes, dont François Mauriac. «Les deux familles se connaissaient et se respectaient», ajouta-t-il. En le regardant assis devant moi sur le siège du président de la République française, je me surpris à imaginer ce jeune homme sonnant timidement, vers la fin des années 30, à la porte de l'auteur du *Nœud de vipères*.

Rien ne paraissait troubler la sérénité de mon hôte, qui prenait tout son temps. Il semblait avoir oublié qu'il saurait dans quelques jours si ses concitoyens lui confieraient, pour sept autres années, les responsabilités de chef de l'État français. Je me permis de le lui rappeler. «Ah! fit-il, les élections! On me dit que l'un de mes adversaires s'active (référence à Jacques Chirac qui sillonnait la France en tous sens et prononçait discours sur discours). Il est possible qu'il soit élu», poursuivit-il. Puis, esquissant un sourire, il laissa tomber: «Mais ce n'est pas probable.»

Je me rappelai qu'en début de campagne, alors que ses opposants se démenaient déjà comme des diables, il s'était enfermé à l'Élysée avec quelques dizaines de prix Nobel venus des quatre coins du monde. Là, pendant deux ou trois jours, devant une batterie de caméras et de microphones, il avait discuté avec ses distingués visiteurs du sort de l'humanité.

Bien entendu, je ne conseillerais pas d'appliquer cette recette hors de la France. La politique se fait là-bas à coup de petites phrases sibyllines (seul Robert Bourassa utilise le procédé, et je ne suis pas sûr que cela le serve toujours si bien). L'électorat français manifeste pour les dirigeants politiques une indulgence surprenante. Ces derniers ne se gênent d'ailleurs pas pour en abuser. Certains députés ont-ils été pris en flagrant délit de violation de la loi électorale? Qu'à cela ne tienne, on changera la loi en lui donnant un effet rétroactif qui, sans les inconvénients d'un procès, les lavera de toute tache. Les interviewers n'interrogent les ministres qu'avec déférence. Les questions leur sont même parfois soumises à l'avance, par écrit. De Gaulle choisissait d'ailleurs celles qui, trouvant grâce à ses yeux, méritaient une réponse.

Je n'ai pas vu ciller un seul journaliste quand François Mitterrand, lors de l'inauguration des Fêtes du millénaire de la France, prit place sur un majestueux fauteuil dans le chœur de l'église d'Amiens, le dos tourné à un parterre de notables et de sommités, face à face avec Dieu. Seul le comte de Paris, chef de la maison d'Orléans et prétendant en titre au trône de France, avait eu l'autorisation de s'asseoir près du président, mais en retrait et dans un fauteuil moins imposant. De mon siège dans la nef, au milieu du corps diplomatique, j'essayais de me représenter les quolibets que Brian Mulroney s'attirerait dans les journaux du lendemain s'il osait faire la même chose dans le chœur de l'église Notre-Dame, à Montréal.

Mon aventure parisienne se terminait comme elle avait commencé, par une entrevue avec le président. De l'Élysée, je rentrai à pied à la résidence du 135, rue du Faubourg-Saint-Honoré, qui n'était déjà plus la mienne, avant de m'envoler pour Ottawa, où m'attendait une autre aventure, dont la fin ne ressemblerait pas au commencement.

Le pouvoir
et l'amitié

La progression est classique: on est élu député, on devient ministre, on est nommé ambassadeur. Pour moi, ce fut l'ordre inverse. Après mon affectation diplomatique, j'entrai au Conseil des ministres, puis à la Chambre des communes.

Mes nouveaux collègues du cabinet me reçurent avec courtoisie. J'étais toutefois conscient de la vulnérabilité de ma situation. La crédibilité d'un ministre non élu ne pèse pas lourd. Il ne répond pas de ses décisions à la Chambre et ne peut prétendre discuter d'égal à égal avec les «vrais» ministres. Je me sentais comme un joueur de hockey qui réchauffe le bout du banc, un avocat admis au barreau sans avoir passé l'examen, un pilote interdit de vol. Je demandai tout de suite, à cor et à cri, le déclenchement d'une élection complémentaire. Là m'attendait mon premier désenchantement: il n'y avait pas de circonscription disponible. Contrairement à ce qui avait été évoqué, celle de Chicoutimi n'était pas ouverte. On avait omis d'en parler à l'intéressé, le député André Harvey, qui, fort légitimement, ne voulut pas se départir de son siège. Je ne pouvais m'en prendre qu'à la naïveté dont j'avais fait preuve. Ministre errant, il ne me restait plus qu'à quémander, de-ci de-là, le siège d'un député bienveillant.

Au même moment, un geste brutal posé par la législature de la Saskatchewan me plongea dans ma première crise linguistique. Cette savante assemblée abrogea dans la précipitation la seule loi provinciale qui conférait des garanties linguistiques à ses francophones. C'était la riposte à un jugement récent par laquelle la Cour suprême avait affirmé l'effet contraignant de cette loi. Le gouvernement de Grant Devine ne trouva rien de mieux que de l'annuler pour s'éviter de traduire ses lois en français. La communauté francophone réagit avec l'indignation que l'on peut imaginer et demanda l'intervention du fédéral. D'interminables et pénibles pourparlers s'engagèrent entre les deux gouvernements. Ils aboutirent, en juin, à une entente dans laquelle le secrétariat d'État s'engageait à débourser, en cinq ans, une somme totale de cinquante millions de dollars, essentiellement pour aider la province récalcitrante à donner des services en français aux Fransaskois.

Au plus fort de la tension, le premier ministre Mulroney fit parvenir à son homologue provincial une lettre qui condamnait l'atteinte aux droits des francophones. Sans qu'il y paraisse, l'expédition de cette missive enclenchait le premier affrontement qui allait nous opposer, Brian Mulroney et moi, quelques mois plus tard, à propos du jugement de la Cour suprême sur la loi 101.

À la mi-avril, j'étais toujours en quête d'une circonscription électorale et commençais à m'impatienter. Les enchères montaient chez les députés désireux de «m'accommoder». L'un se contenterait d'un siège au Sénat, l'autre d'une nomination à la Cour supérieure.

Ces marchandages s'accompagnaient de sondages commandés par le parti dans différentes circonscriptions. Il y avait des possibilités dans la région de Montréal et dans celle du Lac-

Saint-Jean. Mais la marge était plutôt mince. Pour sa part, le Premier ministre penchait pour la circonscription du Lac-Saint-Jean. Avec Chicoutimi, où j'avais exercé le droit pendant vingt et un ans, et Jonquière, où j'avais passé dix-huit ans de ma vie, Lac-Saint-Jean était un choix naturel. J'y étais né et des membres de ma famille continuaient d'y cultiver la ferme ancestrale. Clément Côté, le député en place, me céda son siège sans exiger de garantie. Plus tard, grâce aux bons rapports qu'entretenaient Ottawa et Québec, il fut nommé vice-président de la Régie de la construction du Québec.

J'arrivai ainsi à l'aéroport d'Alma dans la pluie froide d'un soir d'avril et annonçai ma candidature aux élections complémentaires du 20 juin 1988.

Une campagne électorale est, avant tout, un exercice de modestie. On évalue le politicien comme une bête de trait. Son allure physique, son élocution, sa résistance nerveuse, son aisance avec les foules, son passé, les ambitions qu'on lui prête, sa famille, ses amis: rien n'échappe à l'œil scrutateur du public. Le candidat doit aller au-devant des gens dans la rue, les restaurants, les magasins et les garages, leur tendre la main et solliciter leur vote. À mon grand désarroi, je découvris que la plupart des personnes que j'abordais ne me connaissaient pas et ignoraient même la tenue d'une élection complémentaire. Certains profitaient de l'occasion pour m'abreuver de tout le mal qu'ils pensaient des conservateurs. Il y avait aussi les autres, plus rares, qui refusaient de me serrer la main.

Si je m'attendais à ces leçons d'humilité, je n'étais aucunement préparé à encaisser la mauvaise surprise que me réservait l'état de l'organisation conservatrice dans la circonscription. On me l'avait vantée à Ottawa. Je ne trouvai sur place que chaos et dissensions. Je ne savais pas à quelle faction me vouer. Il fallut du temps pour construire, autour de personnes dévouées et compétentes, devenues depuis des amis très proches, une organisation de grande efficacité.

Les débuts furent difficiles. Mon chef de cabinet, Luc Lavoie, se prévalut de ses vacances accumulées pour s'installer à Alma durant la plus grande partie de la campagne. D'autres, dépêchés par le parti, se joignirent à lui, ce qui créa quelques frictions avec les bénévoles de l'endroit.

Trois semaines avant le vote, les sondages révélaient que j'étais encore en difficulté, tirant de l'arrière par rapport à mon opposant libéral. Un spectre commença à me hanter: celui de Pierre Juneau catapulté au cabinet, comme moi, et ignominieusement défait par un inconnu quand il voulut se faire élire député.

Brian Mulroney fit un premier séjour, en compagnie de sa fille Caroline, à Grande-Baie, où il assista à une messe en plein air pour la commémoration du cent cinquantième anniversaire de l'ouverture de la région du Saguenay—Lac-Saint-Jean. Il jouait encore plus gros jeu que moi dans cette élection qu'il avait voulue. Il vint, quelques jours plus tard, dans ma circonscription, accompagné cette fois de Mila.

Ma circonscription électorale s'étire sur cent soixante kilomètres de long, du côté nord du Saguenay et du lac Saint-Jean. Elle s'étend de Falardeau à Saint-Ludger-de-Milot, pour revenir vers l'ouest, englobant ainsi la ville d'Alma et toutes les municipalités jusqu'à Desbiens. Elle comprenait même, à l'époque, la ville de Chicoutimi-Nord.

Parti de Saint-Fulgence, le Premier ministre roula jusqu'à Alma, s'arrêtant dans tous les villages pour haranguer les attroupements de curieux. Partout, ses discours se terminaient par: «J'ai besoin de Lucien à Ottawa, envoyez-le-moi.»

Le lendemain, la tournée atteignit son point culminant. Mes adversaires m'accusaient d'être un «étranger» dans la circonscription. Je rageais en pensant que mon père, mes deux grands-pères, mes deux grands-mères, mon arrière-grand-mère paternelle et mon arrière-grand-père Sixte y étaient enterrés. On me traitait aussi de «suppôt de la haute finance de Chicoutimi». Le retour hautement médiatisé à la ferme natale fut probablement le tournant de la campagne.

L'omniprésence des médias ne me rendit pas, cependant, la tâche toujours facile. Les caméras et les micros me suivaient partout. Durant les dernières semaines, l'affluence des journalistes, caméramen et ingénieurs du son était telle que les hôtels d'Alma affichaient «complet». Les caméramen s'introduisaient parfois derrière moi dans les maisons quand je faisais du porte à porte. L'un d'eux filma la cliente d'un salon de coiffure, la tête recouverte de bigoudis. Des centaines de milliers de téléspectateurs purent la voir, le soir même, tentant en vain de se dissimuler derrière moi. Au début, je consentis, assez stupidement, à des expériences suicidaires. Il m'arriva de faire le tour d'un centre commercial, un micro attaché à ma ceinture et précédé d'un caméraman. Ainsi transformé en studio de télé et de radio ambulant, je permettais l'enregistrement de la moindre réaction, visuelle ou sonore, des inconnus que j'assaillais de mes poignées de main. Je me rappelle avoir circulé pendant des heures, dans la hantise de me faire ridiculiser ou insulter «en direct».

C'est dans le traitement de mes engagements électoraux que les médias me déconcertèrent le plus. On rapporta, principalement au Canada anglais, que j'avais inondé d'argent la circonscription. Certains avancèrent le chiffre du milliard de dollars et au-delà. Or, j'avais simplement annoncé une contribution de 1 400 000 $ à la mise en activité d'un incubateur d'entreprises, et différentes études, notamment en vue de la dépollution de la rivière Petite-Décharge, pour un total approximatif de 80 000 $. Je rendis publique la décision de reconstruire, au coût de 400 000 $, le quai de Sainte-Rose. L'annonce en avait été faite tant de fois dans le passé que la population du village ne voulut pas le croire et vota contre moi.

Je m'étais aussi engagé à accélérer d'un an la réfection, déjà prévue, de la piste de l'aéroport d'Alma. Enfin, je joignis ma voix à toutes celles qui, depuis deux décennies, revendiquaient l'établissement d'un lien routier direct entre la baie James et son débouché naturel, la région du Lac-Saint-Jean.

J'avais beau me creuser la tête, le compte n'y était pas, tant s'en faut, avec le milliard de dollars. Finalement, je compris qu'on ajoutait au coût de mes «promesses électorales» le montant de 970 000 000 $ du renouvellement de l'entente quinquennale décidé entre les deux paliers de gouvernement pour financer, à frais partagés, les programmes de développement régional concernant l'ensemble du Québec. J'avoue que je trouvais cela un peu fort de café. Près de quatre ans plus tard, je peux encore lire, de temps à autre, dans des reportages, que mon élection complémentaire a été achetée au prix d'un milliard de dollars.

J'avais également ouvert un autre front du côté du financement de la campagne. Le jour de ma nomination au cabinet, le Premier ministre avait annoncé que je lui soumettrais un rapport sur l'éthique dans le parti et les mesures à prendre pour épurer les mœurs politiques au niveau fédéral. Je n'avais pas encore présenté mes recommandations mais j'estimai que je devais acquitter les frais de ma campagne électorale grâce aux deniers recueillis selon la méthode dite du financement populaire. À l'image des exigences de la loi électorale du Québec, je refusai les contributions de sociétés et de personnes morales et n'acceptai que celles d'individus, en les limitant à trois mille dollars chacune. Cela ne s'était jamais fait dans une élection fédérale. Mes partisans, déjà débordés par l'organisation proprement dite, se montrèrent réticents à l'idée de mettre autant d'efforts sur la campagne de financement. Je persistai, grâce à l'aide que je reçus, notamment de François Gérin, député de Mégantic-Compton-Stanstead, qui se faisait l'avocat de ce mode de financement au sein du caucus conservateur. En plus de payer de sa personne, il m'envoya son homme de confiance, Jacques Bouchard, qui fut l'artisan principal de la réussite de l'opération. À la fin, nous avions récolté 1 542 contributions personnelles, pour un total de 86 900 $.

Nous eûmes besoin de chacun des cinquante jours de cette campagne pour remonter la côte. À raison de seize à dix-huit heures par jour, je patrouillai les vingt-sept municipalités de la circonscription et une grande partie des rangs. Pierre Blais, ministre d'État à l'Agriculture, renonçant à un voyage officiel en Afrique du Nord, ne ménagea aucun effort pour rassurer les producteurs agricoles, inquiets des effets du libre-échange avec les États-Unis.

Je faisais face à deux opposants redoutables, bien connus et expérimentés. Le libéral Pierre Gimaël avait représenté la criconscription aux Communes de 1979 à 1984; quant au porte-drapeau néo-démocrate, Jean Paradis, il enseignait l'informatique au cégep d'Alma et faisait partie d'une famille qui avait laissé sa marque en politique. John Turner, Ed Broadbent et une flopée de vedettes de leurs partis vinrent leur prêter main-forte. La campagne était vue comme une répétition des élections générales qui s'annonçaient. Jean-Claude Malépart lui-même passa me donner une petite leçon électorale. «Bouchard vous parle toujours du lac Meech, s'écria-t-il à une assemblée. Eh bien! il ferait mieux de s'occuper du Lac-Saint-Jean.»

Mes deux adversaires se démenèrent comme des diables dans l'eau bénite. Je les rencontrais à toutes les cérémonies publiques, pique-niques, concerts de chorales, devant tous les parvis d'églises. La veille du scrutin, par un chaud dimanche de juin, nous nous croisions sur les plages du lac Saint-Jean, serrant des mains ointes de crème solaire et enjambant en souliers de ville les baigneuses langoureusement étendues sur le sable.

Ce fut une victoire à l'arraché. Lentement, rien qu'à l'attitude des gens que je rencontrais, je sentis, dans les derniers jours, le vent tourner. Les télégrammes et déclarations d'appui commencèrent à s'accumuler: Corinne Côté-Lévesque, Guy Chevrette, Jacques Brassard, le président du Parti libéral du Québec, le libéral Michel Pagé et même Robert Bourassa.

Le soir du 20 juin, j'étais élu avec une majorité de 6 200 voix. Le Gallup publié au début de juillet situa à 42 pour 100 les intentions de vote conservatrices au Québec, un bond de 20 points par rapport à celles du début de juin. Brian Mulroney avait remporté son pari.

J'étais vraiment en politique. Quand je rentrai à Ottawa, le lendemain, c'étaient mes concitoyens de Lac-Saint-Jean qui m'y envoyaient.

Mon premier contact avec le secrétariat d'État n'avait guère stimulé mon enthousiasme. L'éventail des affaires traitées par le gouvernement fédéral est considérable, mais sauf pour les Affaires extérieures, hors de portée, je n'éprouvais pas de goût particulier pour un dossier sectoriel. La grande affaire pour moi, c'était la question nationale, dont le règlement passait par la ratification de Meech. À cette fin, le Québec avait voté à deux reprises pour Brian Mulroney et c'est cela qui animait toute la dynamique politique. Mon expédition à Ottawa n'avait de sens qu'en fonction d'une étroite participation personnelle à la conduite de ce dossier. Aussi me trouvai-je un peu dérouté en arrivant à la tête d'un ministère identifié aux symboles du fédéralisme le plus orthodoxe. Je n'avais pas dit non à René Lévesque pour aller jouer à Ottawa le rôle de gardien des joyaux de la Couronne.

J'acceptai toutefois de considérer mon passage au secrétariat d'État comme une période de rodage, une transition pour faire mes classes de ministre et de politicien.

Il n'entre pas dans mon propos de m'étendre ici sur les dossiers discutés au cabinet ou dans les ministères que j'ai dirigés. Mais trois affaires, portées à mon attention lorsque j'arrivai au secrétariat d'État, eurent le mérite de m'apprendre les rudiments de la mécanique décisionnelle avec laquelle il me faudrait composer. Il s'agissait de l'enrichissement des enveloppes budgétaires de mon nouveau ministère, de l'indemnisation des Canadiens japonais victimes de discrimination durant la Deuxième Guerre mondiale et de la mise en place de programmes de lutte contre l'analphabétisme.

Le dossier qui me donna le plus de mal est celui des Canadiens japonais. Lorsqu'il était chef de l'opposition, Brian Mulroney avait reproché au premier ministre Trudeau ses tergiversations dans cette affaire particulièrement scandaleuse.

Après l'attaque de Pearl Harbor, un vent de panique avait soufflé sur les régions du Pacifique, au Canada comme aux États-Unis. Dans leur affolement, les populations craignirent que les immigrants d'origine japonaise installés sur la côte agissent à la façon d'une cinquième colonne en se livrant à des actes de sabotage ou en transmettant des informations à l'ennemi.

Sans autre forme de procès, le gouvernement Mackenzie King ordonna, en 1942, l'internement de vingt-deux mille personnes, en grande partie établies au Canada depuis une génération. Plus de dix-sept mille d'entre elles possédaient la citoyenneté canadienne. Hommes, femmes et enfants furent arrachés à leur domicile, dépossédés de leurs biens immobiliers et séquestrés dans des camps. Libérés, après la guerre, ils ne purent réintégrer leurs maisons ou reprendre la culture de leurs fermes, car elles étaient tombées en la possession de tiers qui les avaient acquises du Gouvernement. Ce dernier en utilisa le produit pour rembourser le coût des camps. Un simple décret du cabinet fédéral déporta près de quatre mille personnes au Japon. La moitié d'entre elles étaient nées au Canada. J'y vis la preuve qu'il n'y a malheureusement pas de structure politique, fédérale ou autre, qui soit à l'abri de l'arbitraire et des manquements aux libertés civiles. Ces choses-là se passent plus dans les cœurs et les esprits que dans les façons d'organiser le fonctionnement de la démocratie.

L'impuissance ou le refus opposé, pendant plus de quarante ans, à la reconnaissance et à la réparation adéquate de l'injustice aggravait encore les choses. Les survivants s'étaient regroupés en association et n'avaient jamais cessé de revendiquer des excuses et le redressement du tort qu'ils avaient subi.

Les opposants, à Ottawa, invoquaient un argument principal: la terreur du précédent. Ils pouvaient d'ailleurs s'autoriser de quelque justification. Pour paraphraser l'expression anglaise, la vilenie canado-japonaise n'était pas le seul squelette dans le placard fédéral. On citait la taxe imposée aux travailleurs chinois attirés au Canada, à la fin du XIXe et au début du XXe siècle, pour servir aux travaux de construction des chemins de fer transcontinentaux. Comme un pénitent qui chuchote dans le confessionnal, on exhumait aussi avec gêne l'incarcération «préventive» des Canadiens d'origine ukrainienne, durant la Première Guerre. Si on fournissait à ces victimes et à leurs descendants le précédent d'un règlement honorable de la question canado-japonaise, jusqu'où ne serait-on pas entraîné? Fouillant dans les replis les plus secrets de la mémoire — sinon de la conscience — fédérale, on signalait les arrestations, sans preuve ni acte d'accusation ni procès, des quatre cent cinquante-trois Québécois auxquels une loi fédérale avait permis de procéder, durant la crise d'Octobre. N'allait-on pas réveiller ces gens-là?

Le Premier ministre souhaitait remplir l'engagement qu'il avait contracté. Il ne pourrait pas, durant la campagne électorale, qui était imminente, s'abriter derrière les réticences de son cabinet pour expliquer son inaction. Après quelques réunions, comme je piétinais, je lui demandai de venir à ma rescousse. Il affirma clairement sa volonté de laver de ce stigmate la réputation du Canada. Personne n'osa plus contester ensuite le principe de la réparation. C'est Gerry Weiner, ministre d'État au Multiculturalisme, qui se chargea des négociations avec les représentants des victimes. Il s'en acquitta avec beaucoup de diligence et de doigté. Ces discussions furent laborieuses: l'honneur coûte cher. Le trésor public dut constituer un fonds de deux cent quatre-vingt-onze millions de dollars pour dédommager les victimes selon des critères définis dans une entente. Le règlement de l'affaire reçut un coup de pouce de l'exemple américain. En août fut annoncée la décision de nos voisins de verser vingt mille dollars à chacun des cent vingt mille Américains Japonais qui subirent le même genre de sévices. Le Premier ministre signa, le 22 septembre, l'accord avec les Canado-Japonais, quelques minutes après leur avoir adressé, au nom du Canada, des excuses formelles.

L'instauration d'un train de mesures pour contrer l'analphabétisme s'effectua de la même façon. Un rapport commandité par Southam News avait révélé l'ampleur du désastre: 25 pour 100 des Canadiens souffraient d'analphabétisme fonctionnel. C'est-à-dire qu'ils ne pouvaient, par exemple, ni lire les indications routières ni remplir un formulaire d'embauche. D'intenses pressions s'exerçaient sur le secrétariat d'État pour qu'il réagisse par le financement d'interventions bénévoles locales, le soutien de programmes conjoints avec les provinces et le maintien d'un secrétariat national pour l'alphabétisation. Il y en avait pour cent quarante millions de dollars en cinq ans, que nous n'avions pas et que les Finances refusaient de dégager.

Le discours du Trône de 1986 comportait des engagements dans le même sens. Une fois de plus, je mis dans le coup le Premier ministre, qui prit l'affaire à cœur.

Dans un régime parlementaire, le fonctionnement de l'exécutif tient beaucoup de la monarchie. Aussi longtemps qu'il a la confiance de son parti, le Premier ministre jouit d'une très grande latitude. Dès lors que l'entourage de Brian Mulroney fit circuler le bon message, les obstacles tombèrent comme par enchantement. Le programme fut créé et l'argent mis à la disposition de mon ministère. Le Premier ministre et Mila Mulroney l'annoncèrent eux-mêmes à Toronto à l'occasion d'une manifestation très réussie, à laquelle participaient des enfants, sur la nécessité et les bienfaits de la lecture.

Ce fut ma première découverte: peu de choses se décident réellement au cabinet. Le prestigieux Comité des priorités, qui siège tous les mardis, n'est pas non plus le noyau dur de l'appareil décisionnel. Son ordre du jour et ses décisions opérationnelles sont en pratique déterminés par un autre comité, plus sélect mais beaucoup moins connu, qui tient ses réunions le lundi, dans la discrétion de l'édifice Langevin. Nulle caméra ne peut filmer les entrées et les sorties de ses sept ou huit membres qui, entourés d'une batterie de hauts fonctionnaires des Finances et du Conseil privé, délibèrent et statuent sur les «vraies affaires»: les subventions importantes, les projets de loi, les tests obligatoires de dépistage de la drogue dans l'armée canadienne, le port du turban par les sikhs membres de la GRC, le fonds de dépollution des sites industriels abandonnés. On l'appelle le Comité des opérations, «Ops» pour les initiés. De mon temps, c'est Don Mazankowski qui présidait ce fer de lance du Conseil privé. C'est encore lui qui rapportait au Comité des priorités les «recommandations» d'Ops. On ne pouvait pas échapper à ce politicien accompli qui, avec le verbe moins haut, un profil plus effacé et la manière plus onctueuse, était à Brian Mulroney ce qu'étaient, ensemble, Jacques Parizeau et Jean-Roch Boivin à René Lévesque: le maire du palais, le directeur du service des solutions, chargé de sécher les pleurs des députés, de mettre un baume sur les ego meurtris des ministres et de garder un œil sur les mandarins. Au demeurant, un homme de parole et de bon sens. Ops, c'était l'instrument principal du pouvoir de «Maz», comme on appelle communément cet homme-orchestre. Là doivent comparaître les ministres désireux de lancer un projet, de créer un programme ou de définir une politique. Encore n'ont-ils accès à cet auguste aréopage que sur invitation et après s'être épuisés à franchir les obstacles dressés sur leur chemin par le Conseil privé.

Ce dernier se méfie des «bonnes idées» des ministres, surtout de celles qui coûtent de l'argent. Aussi les soumet-il aux travaux d'Hercule avant de leur ouvrir les portes du Comité des opérations. Le parcours est truffé de ces chausse-trappes noblement baptisées «Comités du cabinet», dont les secrétaires se rapportent directement au Conseil privé. Les ministres découvrent, tôt ou tard, que ce système est un oignon qu'on ne finit jamais de peler, une poupée russe qui en emboîte une infinité d'autres.

Au reste, le Comité des opérations n'est ni la dernière pelure, ni la dernière *matriochka*. Je soupçonne que Don Mazankowski et Michael Wilson formaient le dernier cercle autour du Premier ministre. Si le premier avait plus de pouvoirs, je redoutais davantage le deuxième. On pouvait toujours espérer convaincre Maz, en misant sur sa raison et sur son jugement politique. Mais quand Michael Wilson s'était prononcé contre quelque chose, rien ne pouvait ébranler cet homme dont la vision politique n'a que deux lentilles: le déficit et l'inflation.

Au-delà du fatras des comités et des structures de toutes sortes mis en place par le Conseil privé, les choses reposent entièrement entre les mains du Premier ministre, qui fait tout pour laisser croire le contraire.

Là résidaient ma force et ma faiblesse. Car si j'avais facilement accès à lui, il ne pouvait que rarement jouer le *deus ex machina* dans mes dossiers. Sa latitude était inversement proportionnelle à la fréquence de son utilisation. Je le vis bien après mes premiers succès: mon sous-secrétaire d'État et certains collègues me mirent en garde contre une mobilisation trop systématique de son autorité. Au reste, je me rendis très vite compte qu'il détestait arbitrer entre deux camps et paraître ainsi favoriser quelqu'un.

En même temps, ces premières expériences me firent voir de près la puissance de l'appareil, plus discrète mais plus tentaculaire que celle des ministres. La crédibilité d'un dirigeant politique ressemble à un compte en banque: à force de l'utiliser, on finit par l'épuiser. L'influence de la fonction publique ne connaît pas ces avatars. Elle s'exerce de façon diffuse, confondue avec le système, durable et anonyme comme lui.

Pourtant, la machine fédérale n'est pas quelque chose de mythique. Elle existe même en chair et en os puisqu'elle s'incarne dans un groupe d'individus très capables et animés d'un esprit de corps tributaire d'une longue et riche tradition. Ce n'est pas assez de les décrire comme fédéralistes. Le fédéralisme, ils ne le conçoivent que centralisateur. Le centre, c'est eux. Et au cœur du centre, on trouve le greffier du Conseil privé, qui n'a de greffier que le nom. Ce vocable inoffensif dissimule une extraordinaire concentration bureaucratique d'influence en durée et en étendue. Paul Tellier en est le titulaire actuel. Depuis bientôt sept ans, cet homme passe plusieurs heures par semaine, et même par jour, avec le Premier ministre. Courroie de transmission entre le maître politique et la machine, mais aussi produit et protecteur de cette dernière, il la tient en respect, la mobilise, la freine, l'aiguillonne et la met au service du grand patron. En arrière-plan du gouvernement, il y a l'État, envers lequel il assume une responsabilité non écrite, tout en nuances, à l'endroit des impératifs de rationalité et de continuité. Les gouvernements passent, l'État doit durer. La mémoire institutionnelle, le respect des usages et de la déontologie, la transition entre deux gouvernements: autant de domaines qui lui imposent des devoirs implicites.

Par lui passe l'essentiel des informations qui alimentent la réflexion du Premier ministre sur l'orientation des dossiers. Il entre aussi dans ses fonctions de soumettre, sur la plupart des sujets, les possibilités entre lesquelles doit s'effectuer le choix. Il peut faire et défaire les carrières des hauts fonctionnaires. Le Conseil privé fait d'ailleurs office de pépinière de talents qui, une fois éprouvés sous l'œil du maître, sont détachés de la maison mère et placés à la tête de ministères, d'ambassades ou de sociétés d'État.

On aurait tort de se représenter les Paul Tellier de ce monde sous les traits d'insipides et froids commis à lunettes, absorbés dans la rédaction de procès-verbaux promis à la poussière. Il faut davantage les voir comme des séducteurs auxquels résistent peu de politiciens, pourtant orfèvres en la matière. Ils n'ont besoin que de quelques jours pour apprivoiser les nouveaux élus, faire tomber leurs préventions et se rendre indispensables par leurs connaissances des dossiers et de la machine.

Dans cette histoire de séducteurs séduits, on se perd facilement sur l'identité de la proie et du prédateur, tant se ressemblent ces amateurs de pouvoir. Une fois admis dans la confiance de ceux qui ont choisi la puissance visible, les satrapes de l'ombre peuvent ramasser en toute quiétude les miettes du pouvoir. Celles qui tombent sous la table d'un Premier ministre peuvent satisfaire de grands appétits. Combien de décisions sont emportées par les derniers mots soufflés à l'oreille du Prince? Souvent, le confident n'a même pas un son à proférer pour faire piétiner un projet. Il lui suffira de donner à entendre qu'il en dirait du mal si la délicatesse ne l'obligeait pas à se taire.

Je découvris que le cheminement d'un dossier ressemble beaucoup à l'évolution des pions sur un jeu de «Parchesi». Il est du ressort du Conseil privé de les faire dégringoler à la case «Départ» ou grimper dans des échelles menant directement au «Paradis».

J'ai entendu beaucoup de gens reprocher au Premier ministre de ne pas avoir limogé les hauts fonctionnaires que les libéraux avaient laissés derrière eux. En réalité, Brian Mulroney ne le pouvait pas. Ce groupe sélect était le seul à pouvoir actionner les rouages gouvernementaux. Les longues années de pouvoir libéral avaient interdit l'éclosion d'une haute fonction publique globalement neutre. Privée des apports diversifiés qu'aurait produits une saine alternance, la machine devint libérale. Elle le resta, en osmose, non pas partisane, mais idéologique, avec le Parti libéral. En ce sens, à quelques exceptions près comme Derek Burney, les grands commis de l'État fédéral sont les véritables héritiers de Trudeau, dont ils professent les idées maîtresses: bilinguisme officiel, multiculturalisme, fédéralisme modulaire, gouvernement central envahissant, protection et promotion des minorités linguistiques officielles, affirmation de l'État-providence. Lui-même plus libéral que conservateur, Brian Mulroney ne pouvait que s'entendre avec eux. C'est avec son parti que Brian Mulroney tombe en porte-à-faux. Le déracinement des conservateurs de l'Ouest et la montée du Reform Party ne s'expliquent pas autrement.

Témoin le dossier des langues officielles, où il s'est justement inscrit dans la continuité libérale, au point de s'aliéner une partie de son caucus. Quelques jours après mon élection, j'enregistrai mon premier vote à la Chambre des communes. J'appuyai le projet de loi C-72 visant à améliorer la Loi sur les langues officielles que le gouvernement Trudeau avait fait adopter en 1969. Je n'eus connaissance que des dernières péripéties d'un long combat mené par les députés francophones pour raffermir le bilinguisme au niveau fédéral. Les discussions passionnées entre députés, l'opposition farouche de plusieurs parlementaires anglophones hors Québec, l'activisme dont avaient fait preuve les milieux réactionnaires du Canada anglais pour diluer la loi, tout donnait l'impression d'un gain important pour le français.

Ce fut ma première révélation des distorsions que subit la réalité lorsqu'on la regarde de l'intérieur de la bulle de verre posée sur la Colline parlementaire. Il y avait là des progrès certains pour le bilinguisme officiel; sans doute leur effet, dans l'univers de la fonction publique fédérale, était-il de favoriser les francophones. Mais c'était sans compter avec le point de vue de la majorité québécoise. Le réveil fut brutal quand le ministre Gil Rémillard, le chef de l'opposition Jacques Parizeau, les syndicalistes Gérald Larose et Fernand Daoust, pour ne nommer que ceux-là, exprimèrent des appréhensions sur la portée de la loi au

Québec. Une étude menée par l'Office de la langue française avait signalé la menace que constituait l'article 43. Cette disposition conférait au secrétariat d'État le pouvoir d'instaurer des programmes afin de promouvoir le bilinguisme «dans les entreprises, les organismes patronaux et syndicaux et les organismes bénévoles». L'Office voyait le danger d'une utilisation de ces pouvoirs pour favoriser l'anglais et banaliser le français.

Tous au Québec ne partageaient donc pas les congratulations du petit monde d'Ottawa. Après Jacques Parizeau, mes amis et alliés Guy Chevrette et Jacques Brassard s'en prirent à moi. Gil Rémillard lui-même exprima ses inquiétudes par écrit. Au milieu de l'indifférence de mes nouveaux collègues, je passai une partie de l'été à me tirer de ce guêpier. Chaque assurance donnée aux francophones du Québec me valait des semonces de la presse anglophone, qui réagit très mal au compromis dont nous convînmes, le ministre Rémillard et moi: harmoniser les actions des deux gouvernements dans le domaine des langues officielles. Un échange de lettres en ce sens souleva l'ire de William Johnson dans la *Gazette*.

Personne ne pouvait sortir gagnant de cette affaire qu'on me colla sur les bras, sitôt après que j'embarquai dans la politique. À tout le moins pris-je la résolution de ne livrer dorénavant que les combats de mon choix et dans le camp de mes convictions.

Les élections générales approchaient et les conservateurs craignaient qu'elles ne portent sur les démissions des ministres Côté, La Salle et Bissonnette ou encore sur l'affaire Gravel. On m'invita à déposer mon rapport sur l'éthique publique au caucus du mois d'août, tenu à Saint-Hyacinthe. Je proposai un certain nombre de mesures, dont l'adoption d'une loi sur les conflits d'intérêts et le recours au financement populaire des dépenses électorales. Les députés du Québec prirent l'engagement de refuser les contributions de sociétés et de personnes morales et de limiter à cinq mille dollars celles des individus. Toutefois, le parti se réserva le droit de poursuivre ses campagnes de financement auprès des sociétés pour faire face aux dépenses de l'organisation centrale. Mais les dispositions prises par les circonscriptions électorales donnèrent au parti une nouvelle virginité qui évacua du débat électoral les accusations de corruption.

La Chambre siégea sans désemparer jusqu'au déclenchement des élections le 1er octobre 1988. J'entamai ma deuxième campagne électorale en moins de six mois.

Cherchant à accroître ma majorité, j'entrepris un autre ratissage de la criconscription, interrompu par de fréquents voyages à Montréal, où je portai les couleurs du parti dans cinq débats, notamment sur le libre-échange, les politiques extérieures et l'environnement. À deux reprises, le libéral Jean Lapierre fut mon adversaire. Je n'imaginais pas que j'allais fonder un parti avec lui moins de deux ans plus tard.

Quelques semaines avant le scrutin et au lendemain du deuxième débat des chefs, remporté par John Turner, Gallup publia un sondage qui nous plaçait à douze points derrière les libéraux. Plusieurs de nos organisateurs chancelèrent sous le coup. Sans minimiser pour autant les réactions au débat, je pensai que le libre-échange était en train de nous coûter l'élection. Interrogé par la télévision régionale, je fustigeai l'égoïsme de l'Ontario, l'accusai de rejeter l'accord de libre-échange pour s'approprier à elle seule le gros des échanges canado-américains. Sans que nous nous soyons concertés, Harvie Andre, ministre conservateur de l'Alberta, lança une attaque similaire dans l'Ouest. Le lendemain, le *Globe and Mail* publiait nos sorties côte à côte, en première page. Pendant ce temps, les «stratèges» du parti, confortablement installés dans leurs bureaux de Montréal, Ottawa et Toronto, pris de court et de panique, tenaient conciliabule sur conciliabule pour s'inquiéter de nos déclarations et bougonner contre les décisions de «l'avion». C'est ainsi qu'ils désignaient le Premier ministre et son entourage immédiat qui parcouraient le pays dans un réacté de location.

Brian Mulroney fut le seul à ne pas s'énerver. Il n'éleva aucune objection à ce que je récidive, ce dont je ne me privai point. En fait, un coup stratégique avait germé dans son esprit pour faire basculer le vote ontarien du côté des conservateurs. Il s'agissait de tabler sur une constante de la politique ontarienne:

ne pas abandonner le pouvoir fédéral à d'autres, surtout pas au Québec.

Le Premier ministre concentra donc ses efforts sur le Québec en capitalisant sur son adhésion au libre-échange. L'appui québécois gagnait même en ferveur au fur et à mesure que s'accréditait l'égocentrisme de l'opposition ontarienne au traité canado-américain. Au patro Roc Amadour, à Québec, Brian Mulroney fit monter un spectacle à grand déploiement. Il entonna à nouveau des couplets nationalistes. Il s'en fit même composer d'autres. Je passai la nuit précédente à tremper ma plume dans l'encre de la rhétorique péquiste. En faisant montre de sa force au Québec, il voulait envoyer au Canada anglais, mais d'abord à l'Ontario, le message que l'appui massif du Québec allait faire la différence. Ne voulant pas d'un gouvernement dominé par le Québec, les Ontariens sauteraient à bord du train.

C'est ce qui arriva. Pour une deuxième fois consécutive, les conservateurs formèrent un gouvernement majoritaire. Quant à ma majorité à moi, elle passa de six mille deux cents à seize mille sept cents voix; je l'emportais même dans chacun des deux cent dix-huit bureaux de scrutin.

La Cour suprême ne laissa pas le Gouvernement triompher longtemps. Moins de deux semaines après notre victoire, elle rendait trois jugements qui invalidaient les dispositions de la loi 101 sur l'affichage unilingue.

J'eus, dès le premier jour, le pressentiment d'une crise qui mettrait dangereusement à l'épreuve ma solidarité avec le cabinet et mes rapports avec Brian Mulroney. Ottawa attendait de Robert Bourassa qu'il modifie la loi 101 dans le sens indiqué par la Cour suprême, de façon à permettre l'affichage bilingue. Selon des informations censément sûres, Québec était paré à toute éventualité.

Les choses se gâtèrent quand cinquante mille personnes descendirent dans la rue à Montréal pour sommer Robert Bourassa de ne pas toucher à la loi 101. Tous ces gens, je le savais, étaient de ma famille politique. Et même de ma famille tout court: ma mère m'apprit au téléphone, tout admirative, que ma nièce et filleule Catherine, que je n'avais jamais entendue parler de politique, avait marché, à Jonquière, par un froid sibérien, pour la défense de la loi 101. À Québec, Claude Ryan chancela dans son rejet du «nonobstant». La suite est connue: Robert Bourassa mit de côté le scénario suggéré par la Cour suprême et décida de maintenir une partie des dispositions qu'elle avait déclarées inconstitutionnelles. Mais, cherchant encore à ménager la chèvre et le chou, il concocta le compromis des deux régimes d'affichage (l'un pour l'intérieur, l'autre pour l'extérieur), qui ne réussit qu'à mécontenter tout le monde.

Dans la capitale fédérale, ce fut la consternation. La solution retenue par le cabinet Bourassa mettait sur la sellette le gouvernement fédéral, protecteur des minorités et champion du bilinguisme officiel. Pour tous les membres de son entourage, le premier ministre Mulroney devait intervenir. On se rappelait la semonce qu'il avait servie, quelques mois auparavant, à Grant Devine, dans l'affaire des Fransaskois. De sorte que la décision d'admonester Bourassa découlait de cette lettre envoyée à son homologue de la Saskatchewan. La logique et l'équité fédérales n'admettaient pas deux poids deux mesures.

Quelqu'un du Conseil privé avait préparé, pour la signature du Premier ministre, un projet de lettre dont j'eus connaissance. C'était un blâme adressé au Premier ministre du Québec.

Le régime boiteux de l'affichage interne-externe ne me disait rien qui vaille, mais je ne pouvais accepter la condamnation du «nonobstant». Je fis valoir l'incongruité d'une comparaison entre l'abrogation des garanties législatives linguistiques en Saskatchewan et l'utilisation du «nonobstant» dans une loi du Québec. On oubliait que le recours à la clause dérogatoire faisait partie des mécanismes mis à la disposition du législateur par la constitution de 1982. Il ne me paraissait pas non plus inutile de rappeler que cette constitution avait été imposée au Québec par ceux-là mêmes qui lui reprochaient de s'en prévaloir.

Rien n'y fit. La loi 178 avait soulevé l'ire du Canada anglais et de la minorité anglo-québécoise.

Les projets de lettre se succédèrent. Le ton s'adoucissait d'une fois à l'autre. Je vis bien qu'on faisait des efforts pour gagner mon accord. Finalement, malgré les modifications, c'était du pareil au même. La question était de savoir si le Premier ministre du Québec serait rappelé à l'ordre ou pas. Aucune contorsion de phrase ne pouvait résoudre l'affaire. Pour moi, il ne devait pas y avoir de lettre. Tous étaient excédés de ma résistance. Le Gouvernement ne pouvait plus attendre, la tension devenait intolérable. On m'informa finalement que le Premier ministre n'accepterait plus d'atermoiements ni de changements au texte. Comme je maintenais mon opposition, je fus convoqué chez le Premier ministre.

Les politiciens détestent les minutes de vérité, où tout se découpe en noir et blanc. Celle-là, que je voyais venir depuis un certain temps, avait fondu sur moi plus vite que je ne l'aurais cru.

J'entrai chez le Premier ministre, dans la pièce aux murs lambrissés qu'il occupe dans l'angle sud-ouest de l'édifice du Centre. Il était seul, assis derrière son bureau. Je pris place en face de lui en me prémunissant contre son pouvoir de persuasion. J'avais subi plusieurs assauts (courtois, mais d'autant plus efficaces) au cours des derniers jours. J'avais trop négocié cependant dans ma vie pour ne pas savoir que toute résistance psychologique a ses limites.

La conversation s'engagea sur le mode de la gravité. Je voyais nos chemins personnels, si longtemps convergents, s'écarter brutalement l'un de l'autre, sous l'action de forces qui échappaient à nos volontés.

À un moment donné, il lut à haute voix des passages de la lettre, cherchant à me démontrer que la condamnation était aussi feutrée que possible. Il conclut toutefois qu'il se devait de l'envoyer. Je ne contestai pas, reconnaissant que je n'avais pas à m'immiscer dans ce qu'il estimait être son devoir de Premier ministre. Mais je lui dis que, diluée ou pas, une lettre formelle de blâme était à mes yeux inacceptable et que, par conséquent, je ne pouvais la cautionner en restant dans son gouvernement.

J'ajoutai que mon départ le soulagerait d'un ministre impopulaire au Canada anglais et encombrant pour lui.

La sérénité de l'entretien contrastait étrangement avec la fébrilité environnante. Dans quelques minutes, quelqu'un aurait à faire face à l'agressivité d'une opposition qui, comme toujours quand éclate une controverse linguistique, avait flairé le sang. De toute évidence, mon interlocuteur voulait désamorcer la crise en rendant sa lettre publique.

Il se leva, marcha jusqu'à une armoire et revint vers moi, tenant à la main une photographie qu'il me montra. Elle représentait un monsieur à tête blanche, de belle allure, à la carrure solide, debout au milieu d'un groupe. «Cette photo, m'indiqua-t-il, a été prise au cours de ma tournée dans ton comté, durant ton élection complémentaire. J'ignore qui est le personnage, mais sa ressemblance avec mon père est incroyable.» Il était très ému, probablement autant que moi. Je compris l'allusion. C'était le plus loin que pouvait aller cet homme qui ne se confie jamais et cache sa tendresse sous les grosses farces ou les colères, feintes ou réelles. Il était en train de me dire que nos divergences plongeaient leurs racines dans le plus profond de nos fidélités. Il alla se rasseoir et reprit la parole: «Je te demande de ne pas venir à la période des questions. Rentre chez toi et réfléchis encore.»

Je quittai son bureau pour monter au mien, situé deux étages plus haut. La référence à son père m'avait ébranlé. Étais-je emporté par l'émotion ou par la vanité? Manquais-je de «robustesse» politique à l'endroit des susceptibilités québécoises?

Mais à l'image de son père se superposa celle du mien. Si Brian Mulroney était proche du sien, il n'ignorait pas ce que mon père représentait pour moi. Avec Robert Cliche il était venu, à sa mort en 1975, se recueillir sur sa tombe. Je pensai que son attachement aux convictions de son père ne me libérait pas de mes devoirs envers le mien.

J'entrepris sur-le-champ la rédaction d'une lettre de démission. On frappa à la porte, Paul Tellier entra. Il venait en émissaire, réitérant les mêmes arguments. Je m'entendais bien avec lui et respectais son intelligence et son jugement. Je l'arrêtai pour lui dire que j'étais en train de rédiger ma lettre de démission. Après son départ, je continuai à écrire jusqu'à l'arrivée d'un autre visiteur. C'était Luc Lavoie, mon chef de cabinet. «Arrêtez, le Premier ministre vous fait dire qu'il n'enverra pas de lettre à Bourassa», m'annonça-t-il.

Passé le premier instant de soulagement, je m'avisai que mon absence en Chambre (d'ailleurs vitupérée par l'opposition) et mon silence faisaient flotter plus que de l'ambiguïté sur ma position. Convoquant un journaliste de la Presse canadienne, je déclarai qu'on ne pouvait reprocher à l'Assemblée nationale d'user d'un mécanisme prévu par la constitution. Je présentai aussi le «nonobstant» comme une garantie indispensable pour la protection de l'identité du Québec. La publication de ces propos dans les journaux du lendemain fit bondir le Premier ministre. D'autant plus qu'il avait lui-même, quoique d'une façon nuancée, dans ses commentaires oraux de la veille, attaqué le recours au «nonobstant». Comme on le sait, c'est ce qui permet à une législature et à la Chambre des communes de s'exempter de l'application de certaines dispositions de la Charte des droits et libertés.

Ma sortie fut perçue comme un manquement à la solidarité ministérielle et me fit passer un mauvais quart d'heure au Comité des priorités et au caucus «national» des conservateurs. Malgré tout, j'étais résolu à ne pas me rétracter. Le Premier ministre, qui filait un mauvais coton, me pria de rester à l'écart de la Chambre des communes durant les trois ou quatre jours qui restaient avant Noël. L'opposition fut ainsi empêchée de me mettre davantage en contradiction avec le Premier ministre. Elle déchaîna contre moi une attaque qui ne me parut pas sans fondement. En plein cœur d'une crise linguistique, l'absence du ministre chargé de la défense des minorités ne pouvait se justifier. À son tour, Jeffrey Simpson fit paraître contre moi, en janvier, dans le *Globe and Mail,* une chronique dévastatrice. La publication, sur ces entrefaites, d'un article de Michel Roy, qui louait mon courage, m'en dit long sur la schizophrénie qui guette les francophones québécois à Ottawa.

En fait, l'année 1989 et le nouveau mandat électoral débutaient bien mal pour moi. Les événements de la fin de décembre m'avaient profondément perturbé. J'avais la certitude que, fier comme je le connaissais, le Premier ministre n'oublierait pas facilement le recul auquel je l'avais forcé, au su de ses ministres et collaborateurs principaux. Je n'en tirais moi-même aucune satisfaction, maudissant plutôt les circonstances qui m'avaient contraint à l'affronter et regrettant d'avoir dû l'embarrasser. À coup sûr, mes relations avec lui avaient subi un dur coup. Il en résultait une fissure qui ne pouvait que s'élargir. Car Brian Mulroney a de la loyauté une conception qui s'arrête aux personnes et d'abord à la sienne.

Je broyais du noir et m'en voulais d'avoir eu la naïveté de croire que le pouvoir et l'amitié pouvaient faire bon ménage. Brian Mulroney me battait froid, Bernard Roy avait terminé son mandat, mes amis nationalistes se tenaient loin et ma famille s'interrogeait.

Je dois à Derek Burney d'avoir fait ce qu'il a pu pour me redonner courage dans ces moments difficiles. Je l'avais connu, de Paris, comme numéro deux du ministère des Affaires étrangères. Il m'apparut, dans les rapports professionnels que nous avons entretenus, doué de grandes capacités, sans complaisance et solide comme le roc. Son ami Fred Bild, qui était ministre plénipotentiaire à l'ambassade, m'en parlait souvent et de façon très louangeuse. J'avais établi d'excellents liens de coopération avec lui durant la période où il dirigeait le cabinet de Brian Mulroney. Il était avec Mila et moi dans la roulotte où le Premier ministre venait se reposer, de temps à autre, durant son premier affrontement télévisé de la campagne de 1988 avec John Turner et Ed Broadbent.

À la fin de décembre, il s'apprêtait à rejoindre son poste d'ambassadeur à Washington. Il s'était rendu compte du désarroi dans lequel m'avaient laissé mes démêlés avec son ancien patron et s'employa à me remonter le moral. Il exerçait une influence énorme sur le Premier ministre, à qui il avait rendu les plus grands services. En fait, son départ et celui de Bernard Roy laissèrent un vide qui n'a jamais été comblé. Ce vide devint un fossé entre le Premier ministre et moi-même. En réalité, j'ai toujours pensé que ce haut fonctionnaire, qui ne me devait pourtant rien, avait joué un rôle important dans ma nomination au ministère de l'Environnement.

Le Premier ministre décida en effet de me retirer de la poudrière qu'était pour moi le secrétariat d'État et de me confier le portefeuille de l'Environnement. À ma demande, il me fit aussi entrer au Comité des opérations: je voulais être présent là où se prendraient les véritables décisions sur le financement des initiatives environnementales.

J'allais me féliciter de notre complicité retrouvée quand un incident, qui n'aurait pas fait de vagues autrefois, révéla la fragilité qui devait dorénavant caractériser notre lien de confiance.

Nouveau ministre de l'Environnement, je tins une conférence de presse où je décrivis avec un peu trop de lyrisme la place que prendraient les préoccupations environnementales dans les décisions du Gouvernement. J'annonçai, entre autres choses, qu'aucun projet économique financé à même les fonds publics ne verrait le jour avant d'avoir reçu le feu vert du Comité ministériel de l'environnement que je présiderais. Une autre tempête se leva au bureau du Premier ministre. Je dus m'expliquer avec Paul Tellier et Don Mazankowski. Le Premier ministre me fit la tête pendant des semaines.

Je compris que nos relations ne seraient jamais plus ce qu'elles avaient été mais conclus que je n'avais qu'une chose à faire: me plonger à fond dans le dossier de l'environnement, espérant y trouver ma rédemption.

Le Plan vert

Ma mutation à l'Environnement procédait, pour une bonne part, du souci de Brian Mulroney et de Derek Burney de me refaire une virginité «canadienne». Les exigences de l'écologie parlent toutes les langues, débordent les frontières et transcendent les conflits ethniques. On me voulait dorénavant dans le combat pour la vertu, plutôt que dans le rôle d'un séparatiste mal repenti, prônant ce qui peut unir de préférence à ce qui divise.

Quoique ayant atteint les dix mille employés et près du milliard de dollars de budget annuel, mon nouveau ministère n'avait jamais compté parmi les plus importants. Mais, depuis quelque temps, les sondages plaçaient régulièrement l'environnement en tête des inquiétudes des citoyens. Les associations écologiques pullulaient et n'éprouvaient aucune difficulté à mobiliser l'opinion pour toutes les causes, de la défense des bébés phoques à la condamnation du nucléaire. Les médias faisaient largement écho à cet intérêt au service duquel se relayaient au Parlement de nombreux députés.

La flambée des préoccupations environnementales avait fait prendre l'ascenseur politique au Ministère.

Les gens n'ont pas attendu la fin des années 1980 pour découvrir leur milieu ambiant. C'est notre rapport avec lui qui a dramatiquement changé. De tout temps, l'humain a dû arracher sa subsistance d'une nature à domestiquer. Il lui fallait couper les arbres et abattre le gibier. Mais ce qu'on en prélevait ne pouvait jamais excéder les cycles de renouvellement, tant leur production était inépuisable. Et l'idée ne venait à l'esprit de personne qu'on pût détruire la nature: c'est plutôt d'elle que l'on devait se protéger.

Le développement économique déclenché par la révolution industrielle du XIXᵉ siècle s'est inspiré de la même insouciance. Mais l'explosion du progrès technologique a bouleversé le cours des choses. Grâce à de nouvelles machines et à de nouveaux procédés, on a multiplié, en quatre générations, l'activité économique par un coefficient de vingt. La consommation s'est accrue d'autant, modifiant profondément les modes de vie. Une statistique fait mesurer le bond prodigieux que vient de faire l'économie occidentale: le seul accroissement de la production mondiale annuelle égalait, en 1990, la totalité de la production industrielle de l'Europe des années 1930.

Sans nous en rendre compte, nous avons ainsi franchi le seuil de tolérance de l'écosystème.

Le choc est venu dès l'apparition des premiers signes de rupture d'équilibre: découverte d'un trou dans la couche d'ozone, mammifères marins difformes, poissons impropres à la consommation en raison de leur toxicité, cours d'eau transformés en cloaques, oxygène non régénéré par suite de la disparition des forêts. De toute-puissante et hostile qu'elle était, la nature s'est brusquement révélée vulnérable et blessée. Les progrès technologiques étaient venus à bout des vastes forêts. Les océans n'étaient plus protégés par leur immensité. Les abus pouvaient épuiser les espèces les plus prolifiques. Et la pire des révélations, au bout de la chaîne des désastres, il y avait la menace pour l'espèce humaine dont nous avons tout à coup compris la dépendance par rapport à l'équilibre naturel. L'humanité est devenue un prédateur. Riche, elle en demande toujours plus; pauvre, elle doit détruire les forêts, sans pouvoir les remplacer, et se contenter des technologies industrielles les plus désuètes, donc les plus polluantes.

Les aspects positifs de ces remises en question sautent aux yeux. On assiste peut-être, sur le plan de l'individu, à l'émergence d'un nouvel humanisme et, entre les peuples, à la naissance d'une solidarité sans précédent.

L'éthique écologique condamne en effet le gaspillage et incite au respect de l'ordre naturel. Elle appelle des comportements que l'on aurait autrefois assimilés à la frugalité et à la modération: conservation de l'énergie, recyclage, uniformisation des emballages, recours accru à la science pour mieux connaître et protéger les mécanismes de la vie.

Vue selon une perspective internationale, la révolution qui s'annonce pousse dans le sens d'un rapprochement des peuples.

Seule une action concertée peut ralentir et arrêter le réchauffement du globe, sauver les forêts, stopper les transports toxiques dans l'atmosphère, protéger la couche d'ozone, dépolluer les fleuves et lacs transfrontaliers. Au moment où prend fin, entre deux superpuissances, un affrontement qui, pendant près de cinq décennies, a dressé une moitié du monde contre l'autre, l'occasion est belle pour les peuples de forger une alliance, non pas contre quelqu'un, mais pour quelque chose: la sauvegarde de leur habitat. On devine sans peine à quels réexamens ces mutations sociales et économiques contraignent les gouvernements.

Au début, pour moi, gérer le dossier environnemental, c'était être ballotté de crise en crise: nettoyage d'une plage souillée par une nappe de pétrole, interdiction de pêche dans une rivière contaminée par les déchets d'une papeterie, annulation du permis de construction d'un barrage.

L'impuissance des pouvoirs publics s'explique d'abord par l'insuffisance des données scientifiques dont ils disposent pour identifier les causes et évaluer les effets des différents types de pollution. Ainsi se trouva posée, par exemple, la question des seuils de tolérance: à partir de quel taux peut-on accepter la présence d'une substance toxique dans un milieu ambiant? Où se situe la démarcation entre le bénin et le nocif? À quoi faut-il attribuer les maladies qui sont en train de décimer les bélugas de Tadoussac? Y a-t-il un lien entre l'incidence relativement plus élevée de tumeurs malignes (cancers du poumon, du pancréas et de la prostate) au Saguenay—Lac-Saint-Jean qu'ailleurs au Québec et les émissions des alumineries? Impossible de le dire sans entreprendre des recherches poussées.

Paradoxalement, les interrogations se multiplient, du fait même de l'avancement des technologies de détection. Les instruments de mesure les plus récents ont atteint un tel degré de perfectionnement qu'ils permettent de relever la présence infinitésimale d'une grande diversité de substances toxiques. De plus en plus consciente du danger, mais incapable d'en connaître la portée, la population s'inquiète. Les prophètes de malheur ne manquent pas.

Comment peut-on savoir avec certitude si la planète est menacée d'un réchauffement qui, selon certaines prédictions, hausserait, d'ici cinquante ans, d'un mètre le niveau de la mer sur l'ensemble de la planète? Les scientifiques eux-mêmes débattent encore la question.

Dans le doute, les gouvernements doivent-ils agir préventivement par l'imposition d'une réduction des émissions de gaz carbonique, cause présumée de l'effet de serre? Ou s'abstenir en attendant la preuve irréfutable du phénomène?

Les entraves à l'intervention gouvernementale dans le domaine de l'environnement ne sont pas toutes de nature aussi philosophique. Pour beaucoup de dirigeants politiques, l'environnement est la planche de salut d'une gauche en mal de cause. Ils se méfient de ce militantisme qui tend à limiter leurs pouvoirs, ne serait-ce qu'en assujettissant leurs décisions à des évaluations préalables d'impacts. Au surplus, l'effet net de tout cela n'est-il pas de freiner le développement économique?

Cette attitude s'observe d'abord chez les conservateurs classiques, pour qui tout changement est suspect, à plus forte raison s'il débouche sur d'autres interventions gouvernementales. Elle fleurit au ministère des Finances. Ses hauts fonctionnaires étaient terrorisés par l'ampleur des ponctions que pratiqueraient sur les ressources gouvernementales les travaux de dépollution et les réformes économiques et sociales requises pour empêcher la répétition des erreurs du passé. Il est vrai que la facture du gâchis arrivait à un bien mauvais moment. Non seulement la caisse était vide, mais le service de la dette, qui requérait trente-trois cents de chaque dollar du budget, menaçait, et menace encore, d'étouffer le Gouvernement.

Toutefois, la mainmise des Finances sur la latitude gouvernementale n'était pas moins asphyxiante. Michael Wilson avait imposé sa loi. Tout ce qui pouvait ressembler à un projet de société se heurtait à l'obsession du déficit. Le cabinet Mulroney comprend un certain nombre de ministres progressistes, tels Joe Clark, Perrin Beatty et Marcel Masse. Mais aucun d'eux n'a jamais pu percer les défenses du formidable dispositif mis en place par les Finances. Le ministre Wilson pouvait s'appuyer sur un parti animé par la foi robuste du charbonnier. Sans vouloir caricaturer, reconnaissons que le Parti conservateur est tout de même la formation politique qui a mis Felix Holtman à la tête du Comité parlementaire sur la culture. Pour les personnes qui ne s'en souviennent pas, M. Holtman est le député conservateur qui, présidant une séance de son comité, a reproché à Radio-Canada de diffuser de la musique étrangère, comme celle de Beethoven. Le credo conservateur tient en peu de mots: privatisation, déréglementation et rétrécissement du rôle du gouvernement. En se faisant le champion de la responsabilité fiscale, Michael Wilson ne pouvait que plaire au noyau dur du parti. Il tirait aussi une partie de son autorité auprès du Premier ministre, de ses liens avec l'*establishment* financier de Toronto.

La garnison de la forteresse des Finances attendait de pied ferme l'assaut du ministre de l'Environnement. Le Premier ministre lui-même réagit différemment. Il avait trop bien étudié les résultats des sondages pour adopter, vis-à-vis d'une préoccupation aussi vive et aussi largement répandue, une attitude de rejet. Mais, instruit des résistances de Wilson et de la précarité des finances publiques, il se réfugia d'abord dans la rhétorique et les lamentations sur l'état du monde et les catastrophes à venir. Il commit sur des tribunes internationales plusieurs de ces envolées lyriques qui lui firent une réputation facile d'environnementaliste. Au Canada même, le lobby écologiste, de plus en plus criard, dénonçait le vide de ses discours. Je tombai, moi aussi, dans le même travers, à moins que M. Mulroney ne soit tombé dans le mien, puisqu'il m'arriva de lui écrire des textes.

L'un des credo imposés était celui du développement durable. Le concept avait été proposé par la commission Brundtland, du nom de sa présidente, la Première ministre de la Norvège. Cette commission, formée sous les auspices de l'Organisation des Nations Unies, déposa, en 1987, un rapport intitulé «Notre avenir à tous». Refusant de condamner, en soi, le développement économique, elle conçut la solution d'une exploitation régie par le critère de l'indéfiniment renouvelable. Le développement doit s'effectuer de manière à ne pas affecter la possibilité, pour nos enfants et petits-enfants, de jouir des mêmes ressources que celles dont nous bénéficions. En d'autres mots, chaque génération, à commencer par la nôtre, peut légitimement mettre à profit le capital environnemental, à la condition toutefois de le transmettre intact à ses successeurs. De cette définition se dégage une éthique qui fait de chacun de nous le simple usufruitier du patrimoine universel. Elle comporte un commandement unique: n'entreprendre et ne poursuivre de développement que durable.

L'expression, plus que le concept même, fit immédiatement fortune chez les politiciens. Dans leur bouche, elle prit l'allure d'une profession de foi qui sonnait bien aux oreilles de la population. Mais on dut en venir au concret et répondre à la question fatidique: qu'est-ce que le Gouvernement se propose de faire pour soumettre à ce modèle de développement notre économie et le fonctionnement de nos institutions? Façon de dire que nous avions épuisé les ressources de la rhétorique et dépassé le temps des jérémiades. Il fallait passer aux actes.

Mais par où commencer? Je conclus que nous avions besoin de dresser un plan, de le doter d'un échéancier, de fixer des priorités et de pourvoir le tout d'un financement assuré.

La nécessité d'un plan découlait de la notion même du développement durable. La cohésion et la synergie des interventions en dépendaient. Puisque nos problèmes environnementaux résultent d'un enchaînement de causes, on ne peut s'y attaquer que par un agencement de solutions. J'avais vu à quel éparpillement condamne la méthode du cas par cas et de la réaction au jour le jour. D'une crise à l'autre, le Gouvernement et le ministre effeuillent leur crédibilité, sans même recueillir le mérite de ce qu'ils font de bien. Mes prédécesseurs avaient pris des mesures très valables sans rien changer, auprès des Canadiens, à la mauvaise réputation des conservateurs sur le plan environnemental. La création de cinq nouveaux parcs nationaux, la conclusion d'une entente avec Québec en vue de la dépollution du Saint-Laurent, au coût de cent dix millions de dollars, l'adoption d'une loi énergique sur la protection de l'environnement et la signature du protocole de Montréal (une grande réussite dans la lutte aux CFC, gaz destructeurs de la couche d'ozone) étaient rarement portées à l'actif du Gouvernement.

La machine gouvernementale professe, officiellement, une prédilection pour les plans. Elle invite régulièrement les ministères à en établir. Ce qu'elle n'aime pas, c'est qu'ils voient le jour. Elle fait donc en sorte de les perdre dans les labyrinthes du Conseil privé et dans les innombrables comités qui poussent comme des champignons sur la Colline parlementaire. Pendant ce temps-là, on garde les ministres occupés et on les tient en laisse. Si les choses se corsent, si un plan ou un projet ambitieux est trop près d'aboutir, le prochain remaniement expédie le ministre ailleurs. Les tablettes de tous les ministères sont copieusement garnies de ces beaux efforts inachevés ou rejetés par le successeur qui se lance, à son tour, dans un autre exercice qui connaîtra le même sort.

Rien ne déplaît plus, en réalité, à l'appareil central qu'un ensemble de mesures rigoureusement définies, étalées dans le temps, rendues publiques à l'avance et préfinancées. Car l'adoption d'un tel plan libère le ministre de ses griffes. Heureux ministre qui, après avoir obtenu les autorisations nécessaires, pourrait s'occuper de son ministère et réaliser un grand dessein, sans devoir s'épuiser à des combats à la pièce et passer chaque fois sous des rangées de fourches caudines!

Qu'on n'aille pas s'imaginer que ces gardes-chiourmes s'en tiennent aux vérifications budgétaires et à l'allocation des fonds. Au contraire, ils se mêlent du contenu des programmes, coupant ici, rognant là, modifiant ceci ou cela, altérant les orientations. Les analystes de chaque ministère sectoriel ont plus ou moins leurs doubles au ministère des Finances, au Conseil privé ou au Conseil du Trésor. Cela donne lieu à des empoignades infinies. À défaut d'intervention du Premier ministre, il ne peut pas sortir grand-chose de ces paniers de crabes. Les ministres qui ont compris le fonctionnement de cette république des comptables se contentent le plus souvent de tenir boutique.

Mais, s'agissant de l'environnement, qui occupait constamment l'avant-scène politique, le Premier ministre donna son assentiment à la mise en chantier d'un plan d'action. Il me parut sensible à un argument que je servais à tous mes interlocuteurs. Les inquiétudes environnementales de la population interpellaient le Parti conservateur et le Gouvernement. Elles fournissaient à ces derniers l'occasion de se redéfinir, de s'humaniser et de se rapprocher des préoccupations des gens ordinaires. À l'adresse des hauts fonctionnaires des Finances et de leur ministre, je faisais valoir que même la communauté d'affaires accepterait une allocation accrue de ressources publiques pour redresser la situation environnementale. On pourrait lui faire valoir que le déficit du capital environnemental en préparait d'autres et qu'il était, pour le moins, aussi néfaste que le déficit budgétaire. Il me semblait qu'un gouvernement qui déciderait de vraiment mettre les bouchées doubles, en posant des gestes concrets et audacieux, ne pouvait faire autrement que de mobiliser la population et de susciter une sorte d'enthousiasme collectif.

Néanmoins, compte tenu de l'étendue des réformes à effectuer, j'avais une bonne idée des résistances que je rencontrerais.

Aussi ne crus-je pas la partie gagnée du seul fait de l'assentiment de départ du Premier ministre.

Comme des parents impatients, mes fonctionnaires et moi baptisâmes l'enfant avant sa naissance. Il s'appellerait le «Plan vert». Il serait beau, intelligent, courageux, entraînant, et changerait quelque chose au monde. J'ignorais qu'un autre père assisterait à l'accouchement de ce qui serait d'ailleurs un autre enfant. Mais, jusqu'à ma démission, je travaillai d'arrache-pied à la gestation du mien.

Les premières ébauches furent ambitieuses. J'envisageais des réformes radicales au sein du Gouvernement pour soumettre la plupart des décisions à une sorte de veto environnemental. L'inclusion d'un bilan environnemental dans les comptes publics et la révision de toutes les lois et de tous les règlements existants sous l'angle de leurs effets écologiques faisaient aussi partie de la première cuvée d'innovations. La note était salée. Les estimations initiales planaient à la hauteur de dix milliards de dollars. Je ne calmai pas non plus les inquiétudes en parlant d'une «taxe verte» dont le produit serait étiqueté, c'est-à-dire affecté d'une façon statutaire à la réalisation du Plan vert.

J'entends encore les cris d'effroi que poussa la machine. Mais toutes les critiques n'étaient pas négatives. Je dois reconnaître que je tirai profit des interminables discussions qui s'instaurèrent. Graduellement, les travaux, en comité et ailleurs, permirent de façonner un ensemble moins indigeste. Des collègues comme Jake Epp, Perrin Beatty, Joe Clark, Monique Landry et Frank Oberle me donnèrent un solide coup de main, tout au long d'une véritable course à obstacles à travers les différentes instances du Gouvernement et du caucus. En cours de route, Don Mazankowski lui-même appuya mes efforts.

Sans écarter pour autant la voie réglementaire, la commission Bruntland avait fortement insisté sur une démarche de concertation avec les décideurs de tous les horizons. Nous avions mis sur pied, dans cette perspective, la table nationale de l'environnement, autour de laquelle se réunissaient des ministres des deux paliers de gouvernement, des industriels, des environnementalistes, des représentants de consommateurs, etc. Je pus discuter des objectifs et du contenu du Plan vert au sein de ce groupe remarquable dont faisaient partie Jim McNeil, l'un des rédacteurs du rapport Brundtland, Pierre-Marc Johnson et David Johnston, recteur de McGill, qui présidait nos discussions avec un singulier mélange de brio et de modestie.

En avril 1990, nous étions parvenus à l'étape des consultations ouvertes. Le cabinet autorisa la diffusion d'un document exploratoire qui soumettait aux avis du public les grandes lignes d'une proposition de plan.

Situant la question dans une perspective planétaire, le document de consultation précisait l'ensemble des interventions à long terme requises pour atteindre l'objectif de développement durable. Il insistait notamment sur la nécessité de changer la façon de prendre les décisions économiques. Le recours à la recherche scientifique et au partenariat s'inscrivait en tête de liste des moyens d'action proposés. La responsabilité du Gouvernement était toutefois affirmée avec force. En plus de rappeler son rôle de coordination, la proposition contenait un train de mesures législatives et réglementaires à mettre en œuvre.

Je voulais éviter, toutefois, que la confection du Plan vert ne devienne un prétexte à l'inaction. Parallèlement à ces travaux, j'entrepris la rédaction d'un projet de loi sur l'évaluation environnementale, l'élaboration de règlements sur les rejets des papetières, les déplacements transfrontaliers de déchets toxiques, la réduction des émissions gazeuses des véhicules automobiles. Je provoquai la formation d'une commission d'enquête sur la sécurité du transport maritime de pétrole au large des côtes du Pacifique, conclus plusieurs ententes avec les provinces, dont l'une destinée à assurer le respect réciproque des compétences environnementales des deux paliers de gouvernement. Avec Québec, je terminai la négociation d'accords pour agencer des travaux conjoints de dépollution du Saint-Laurent et organisai le premier jumelage opérationnel d'un parc fédéral avec un parc provincial. En annonçant la création du parc marin du Saguenay, nous pûmes, en même temps, signer avec le gouvernement du Québec un protocole pour harmoniser les activités du nouveau parc avec celles du parc que le Québec avait déjà établi sur les rives du Saguenay. Nous avons même réussi, en ce qui concerne les consignes à l'intention des visiteurs, à convenir d'une application concurrente des dispositions de la loi 101 et des exigences du bilinguisme officiel.

Les choses se passèrent moins bien, au début, avec la Saskatchewan et l'Alberta. Les lignes de partage de compétences sont floues en matière d'environnement. Évidemment, pas une fois le mot n'apparaît dans la constitution. De sorte que le fédéral et les provinces peuvent trouver, çà et là, dans l'Acte de l'Amérique du Nord britannique, des points d'appui pour justifier leurs interventions respectives.

L'Alberta avait décidé de construire plusieurs papetières ultramodernes le long de la rivière Athabasca et de ses affluents. Mais un conflit éclata, entre Edmonton et Ottawa, sur l'évaluation des effets sur l'environnement de l'établissement d'une première usine près de la ville d'Athabasca. Une partie de ces incidences tombaient sous le coup des compétences fédérales, notamment en vertu de la loi sur les pêches. Mon ministère fit savoir au gouvernement de l'Alberta qu'il n'accepterait pas son évaluation unilatérale et exigerait d'y participer afin de satisfaire aux critères de son propre processus d'examen.

Nous ne nous engagions pas de gaieté de cœur dans l'opération. Ce prosélytisme, qui n'avait pas de précédent, nous était imposé par un jugement récent de la Cour fédérale dans l'affaire du barrage de Rafferty-Alameda, en voie de construction dans la circonscription du premier ministre de la Saskatchewan, Grant Devine. La cour avait annulé le permis émis, l'année précédente, par le gouvernement fédéral. Elle reprochait à Ottawa d'avoir négligé d'effectuer les évaluations environnementales requises dans ses champs de compétence. L'arrêt faisait mention de la faune aquatique, des oiseaux migrateurs et des fluctuations de débit que pourrait subir la rivière Souris, dont le cours franchissait la frontière américaine pour entrer au Dakota du Nord et revenir ensuite au Manitoba.

Les conséquences du jugement étaient désastreuses puisque la cassation du permis interrompait bel et bien les travaux de construction.

La cour tira d'une directive adoptée dans les derniers jours du gouvernement Trudeau les obligations qu'elle assignait au fédéral. Contrairement à ce qu'avaient cru, à l'époque, les juristes du ministère de la Justice, le juge Cullen établit que la directive avait force de loi. Si bien que ses dispositions, originellement conçues comme autant de vœux pieux, dicteraient dorénavant au Gouvernement des devoirs extrêmement contraignants. Des démêlés judiciaires du même genre aboutirent plus tard à l'ordre de suspendre la construction d'un autre barrage, celui d'Oldman River, en Alberta, alors qu'il était pratiquement terminé. Dans les deux cas, des centaines de millions de dollars avaient déjà été dépensés.

Il en découlait que l'inaction fédérale frapperait de précarité tout projet, même provincial, produisant des effets sur l'environnement, ne serait-ce que dans un seul champ de compétence d'Ottawa. N'importe qui pourrait alors obtenir des tribunaux une injonction pour interrompre les travaux.

Je passai une partie de l'été 1989 dans des négociations difficiles avec le ministre albertain, Ralph Klein, ancien maire de Calgary que j'avais connu à Paris. Je souhaitais établir avec lui un mode de participation fédérale dans les études d'impact. Nos pourparlers, ponctués d'attaques publiques contre les intrusions fédérales, finirent par aboutir à une entente qui prévoyait une évaluation conjointe du projet, la mise en commun des ressources gouvernementales et le partage des nominations au comité chargé de l'opération.

L'Alberta fut ainsi la première province à faire les frais de la politique interventionniste que ce resserrement judiciaire força mon ministère à adopter. Ce ne fut pas la dernière. L'accrochage suivant survint avec le Québec, à propos du barrage de Grande-Baleine.

La nature des retombées de ce mégaprojet a rendu inévitable l'intervention de mon ministère. En effet, après leur passage dans les turbines, les eaux de la rivière Grande-Baleine s'écouleront dans la baie d'Hudson, territoire fédéral. Personne ne peut contester l'obligation ainsi faite à Ottawa d'évaluer, en conformité avec les exigences de sa directive, les effets du déversement dans ses eaux du mercure engendré par le baignage des terres. Il en est de même des répercussions de l'ensemble des changements écologiques sur les mammifères marins de la baie d'Hudson. Comme on le sait, une importante colonie de bélugas y a établi son habitat.

Un Québec souverain devrait quand même s'entendre avec ses voisins canadien et américain sur l'examen et la mitigation des contrecoups d'un tel projet sur leurs territoires.

À partir du moment où mon ministère était obligé de déclencher une évaluation des impacts dans ses champs de compétence et que le Québec devait entamer un exercice parallèle, on faisait face à des risques considérables d'incompatibilités et de retards. Pour ne citer qu'un aspect du problème, disons que le processus fédéral exigeait des audiences publiques, ce dont s'exemptait le Bureau d'audiences publiques sur l'environnement (BAPE) québécois. Il y avait fort à parier que, dans ces conditions, l'évaluation québécoise se verrait refuser la crédibilité que se gagnerait forcément la démarche fédérale, en raison de sa transparence.

Je représentai aussi à mes vis-à-vis du Québec que, dans le cas d'un désistement du fédéral, n'importe qui, à commencer par les Cris et les Inuit, aurait la partie belle pour bloquer les travaux d'Hydro-Québec par une simple injonction.

J'offris donc de conclure une entente semblable à celle que venait d'accepter l'Alberta. Les discussions s'embourbèrent. Les accusations d'ingérence fusèrent. Bref, on perdit un temps précieux. Puis se produisit un déblocage. Grâce, notamment, aux efforts de David Cliche, mon négociateur, et de Bernard Roy, celui d'Hydro-Québec, tout allait se régler sur la base de l'offre que j'avais faite. C'était quelques jours avant ma démission. J'ignore donc ce qui est survenu par la suite. Je sais seulement qu'on différa la signature, que les atermoiements recommencèrent et que les attaques réciproques reprirent de plus belle.

Finalement, c'est au début de 1992 que les parties signèrent, sans changement substantiel, l'entente que j'avais proposée deux ans plus tôt. L'eût-on acceptée alors que les rapports d'évaluation seraient déjà déposés et les travaux commencés. Convenons que cela n'aurait pas fait de mal, dans la crise économique qui sévit. Comme il traînait, le dossier se salit. Son pourrissement a ouvert la porte à la propagande autochtone, aux annulations de contrats d'électricité, aux condamnations fulminées à l'étranger. Le tort fait au Québec et à la réalisation du projet de Grande-Baleine ne sera pas de sitôt réparé.

Malgré les difficultés à surmonter, je trouvais stimulant le travail du Ministère. Je finis aussi par m'accommoder de cette espèce de vie de collège que doit mener un ministre (le cabinet étant la classe, le caucus, l'école et la Chambre des communes, la salle de récréation). Je voyageais plus que jamais aux quatre coins du Canada.

Le dossier dont je m'occupais avec le plus de plaisir était celui des parcs nationaux. Comme Jean Chrétien, j'allai voir les Rocheuses et les trouvai belles. Il n'y a pas de doute, le Canada est un pays magnifique, comblé de toutes les richesses naturelles. Ce ne sera pas notre patrimoine naturel qui aura manqué de générosité. Parcs Canada est une des belles réussites du gouvernement fédéral. Ses parcs, dont le premier, celui de Banff, a été créé en 1887, sont superbement gérés, animés et entretenus. Le succès de l'organisation repose sur un personnel qui a développé un esprit de corps et une forte tradition de professionnalisme et de dévouement. Mais là aussi passe la ligne de fracture nationale. À peu près tout l'argent a été dépensé hors du Québec. Comme on le sait, les deux gouvernements n'ont jamais pu s'entendre sur le régime foncier des parcs fédéraux au Québec. Ottawa insiste pour qu'on lui concède les titres de propriété, mais Québec refuse. Deux exceptions, les parcs de Saint-Maurice et de Forillon, qu'on doit à Jean Chrétien et à la formule du bail emphytéotique dont les parties avaient alors convenu. La Gaspésie et la Mauricie y ont gagné chacune un très beau parc et nous tous, une leçon d'efficacité et d'esthétisme sur la façon et d'équiper un parc. Pour être un adepte des randonnées forestières et alpines, j'ai vu la différence entre le comportement fédéral et celui du Québec dans leurs parcs respectifs. Québec ouvre des parcs mais ne s'en occupe pas assez. Je pense, par exemple, à ceux des Grandes-Gorges, dans Charlevoix, et du Bic, près de Rimouski. Peu de signalisation, de sentiers entretenus, d'installations de services, de patrouilleurs. Je confesse avoir eu parfois la faiblesse de me demander pourquoi on n'a pas laissé le fédéral dépenser notre argent chez nous au lieu de le laisser l'investir ailleurs. Après tout, le fédéral ne pourrait pas se sauver avec les quelques montagnes, lacs et forêts qu'il aurait embellis pour nous.

L'argent dépensé par Ottawa pour créer son plus récent parc donne une idée de ce que nous avons perdu. Rien que pour ouvrir le parc de South Moresby, en Colombie-Britannique, et y procéder aux premiers aménagements, le fédéral devra débourser environ cent six millions de dollars. Ce budget devra s'alourdir des indemnités de rachat des droits de coupe déjà concédés à l'entreprise privée.

La décision avait été prise juste avant mon arrivée au Ministère. Sa mise en application soulevait l'un des problèmes qui m'attendaient. Le territoire du nouveau parc est revendiqué par la nation autochtone des Haida, qui l'habite en partie. Parcs Canada fut incapable d'ouvrir le parc; les Haida, qui ne se considèrent pas comme des Canadiens et n'ont jamais signé de traité avec personne, entendaient se comporter sur leur île en peuple souverain. Ils en refusaient l'accès aux touristes et villégiateurs, même s'ils pouvaient exhiber un passeport canadien. Car les Haida ne reconnaissaient que le passeport haida, qu'ils étaient disposés à délivrer moyennant paiement d'un droit. Ils empêchaient aussi Parcs Canada d'entreprendre des travaux d'aménagement sur l'île. Dernier ennui, ils refusaient de négocier.

Je décidai de me rendre sur place pour les convaincre d'ouvrir des négociations visant à conclure un accord qui, sans causer de préjudice à leur revendication, permettrait d'exploiter le parc envisagé. Le pays des Haida est au bout du monde, tout au nord, à proximité de l'Alaska. Un hélicoptère me déposa au village. On me conduisit à la «maison-longue», cette vaste bâtisse communautaire où siègent les aînés, assis sur des bancs qui courent le long des murs. Au centre, en contrebas, une longue table au bout de laquelle on me fit asseoir, dans le plus grand silence, en face de Miles Richardson, jeune chef frais émoulu de l'université. Les anciens, juchés près du mur, m'observaient, attendant que je parle. Je leur expliquai le but de ma visite. Au bout d'un certain temps, quelques anciens descendirent, un à un, près de la table. Le doyen prit finalement la parole, énonçant longuement les griefs de son peuple. Les négociations avaient commencé.

Avant de quitter le village, je remis à Miles Richardson un plat sacrificiel haida, sculpté en bois. Le gouvernement fédéral avait racheté à un musée new-yorkais, où elle était exposée depuis des décennies, la pièce, longue de près de deux mètres. Le plat datait de la fin du XIXᵉ siècle et provenait de South Moresby. À l'émotion qu'ils manifestèrent en le recevant, je vis que mes hôtes appréciaient le geste symbolique que je voulais poser au nom du gouvernement canadien. Cela ne les empêcha pas de discuter ferme durant les longs mois de pourparlers qui suivirent. Miles Richardson, qui avait dû se spécialiser en négociations à l'université, nous fit passer par toutes les transes. Mais, au moment de ma démission, nous tenions un accord de principe. Il fut approuvé par un référendum auprès du peuple haida. Pour des raisons que j'ignore, il n'est pas encore signé.

Une affaire analogue me fit vivre une autre expérience de négociations avec les autochtones, cette fois avec les Attikamek-Montagnais de la basse Côte-Nord. Dans ce cas, je pus signer l'entente moi-même. Quelque temps auparavant, au Sommet francophone de Dakar, le premier ministre Mulroney avait attaqué en ouolof (dialecte sénégalais) son discours de la séance inaugurale. Je voulus l'imiter en apprenant par cœur la traduction montagnaise des premières phrases de mon allocution. L'auditoire eut le tact de m'applaudir en faisant semblant de comprendre.

À ces deux dernières occasions, j'étais accompagné d'Audrey, qui était devenue ma femme. Un autre compagnon de voyage se joignit à nous, neuf mois après notre mariage. C'était Alexandre, qui, jusqu'à la naissance de son frère, Simon, devait nous accompagner partout, en Europe, en Californie, à Washington, à Vancouver. Je montai dans mon premier avion à l'âge de vingt-six ans; à un an, Alexandre en était à son vingt-cinquième vol. C'est ce qu'on appelle, je crois, un écart de génération.

La problématique de l'environnement est, en soi, une question d'envergure internationale. Chacun paie le prix de l'incurie de l'autre, et vice versa. La plupart des pays ont pris conscience de la nécessité de liguer leurs efforts pour freiner le réchauffement de la planète, protéger la couche d'ozone, proscrire le transport de déchets dangereux. Les ministres de l'Environnement passent donc une bonne partie de leur temps à négocier, dans des enceintes internationales, la mise en place de solutions communes. Je me passionnais pour ce genre d'activités qui me permettaient de mettre à profit mes expériences de négociateur et de diplomate. C'était une vie trépidante qui me faisait passer d'un discours à l'ONU, à New York, à une comparution devant un comité du Bundestag, à Bonn, le tout entrecoupé de rencontres ministérielles à Londres et d'allocutions à Washington ou au Sénat français.

J'eus l'impression que mes rapports avec le Premier ministre étaient revenus au beau fixe. Après avoir parlé à la famille d'Audrey et à la mienne, c'est d'abord à lui que j'annonçai, au petit matin, la naissance d'Alexandre, à la fin de novembre 1989. Audrey et moi fûmes ensuite très touchés de la visite de Mila à l'hôpital.

En fait, les choses allaient plutôt bien. J'avais formé des alliances implicites et des liens de camaraderie avec plusieurs ministres. Une plus grande réceptivité se manifestait à mon endroit au Canada anglais. Ma performance ministérielle reçut, à quelques reprises, la cote «A» dans les journaux anglophones. Mon Plan vert récoltait de nombreux appuis au sein du cabinet et de la fonction publique. Le Premier ministre me promit de le financer à raison de cinq milliards de dollars sur une période de cinq à six ans.

Il avait eu raison, l'environnement était un dossier qui me convenait.

Mais mon vrai dossier, celui pour lequel j'étais monté dans le bateau fédéral, c'était Meech. Or, Meech allait mal et ne se laissait pas oublier, malgré mes ardeurs environnementales. Même l'arrivée d'Alexandre ne put me distraire longtemps des tribulations de l'accord. Au Canada anglais, les sondages les plus récents indiquaient son rejet. Le Nouveau-Brunswick et le Manitoba s'arc-boutaient dans leurs résistances. Québec s'impatientait et le ton commençait à monter, un peu partout.

En prenant le tournant de la nouvelle année, chacun vit avec appréhension qu'on abordait le dernier droit. Désormais, le compte à rebours ne se ferait plus en années, mais en mois, bientôt en semaines, puis en jours. En s'accélérant, le temps ferait surgir des questions de plus en plus pressantes. Qu'est-ce qui nous attendait au bout de la course? Le renouveau souhaité ou la déconfiture? La solidarité ou l'éclatement? Dans le deuxième cas, qu'arriverait-il de la cohésion gouvernementale, des aspirations du Québec, des destins personnels, de l'amitié, de la fidélité? De la fidélité à qui et à quoi?

La déchirure

J'avais su, dès le début, que la ratification ne passerait pas comme une lettre à la poste.

Dès le mois de mai 1987, à la veille de la visite de Mitterrand, Pierre Trudeau s'était déchaîné contre l'accord de principe du 30 avril, traitant Brian Mulroney de pleutre. En septembre 1987, Frank McKenna se faisait élire au Nouveau-Brunswick sur la promesse de bloquer la ratification et renvoyait Richard Hatfield aux oubliettes. Huit mois plus tard, les électeurs du Manitoba signifiaient son congé à Howard Pawley et le remplaçaient par Gary Filmon. On pouvait croire les signataires de l'accord sous le coup d'un mauvais sort, du genre de celui qui pourchassait les archéologues maudits des *Sept Boules de cristal*, rentrés de fouilles profanatrices au pays des Incas.

Malgré tout cela, on pouvait espérer avec un certain réalisme que la raison triompherait. Comment imaginer que le Canada anglais laisse passer l'occasion d'obtenir, à aussi bon marché, la consécration par le Québec de la constitution de 1982? Après tout, l'accord portait la signature de onze Premiers ministres et avait reçu l'appui officiel des trois partis fédéraux. Gary Filmon lui-même n'avait-il pas, en novembre 1988, pris l'engagement de le ratifier?

Beau ou pas, c'était mon risque et je voulus l'assumer pleinement. À aucun moment de ma période de prosélytisme environnemental je ne cessai de me préoccuper du sort de Meech. À compter de l'hiver 1989, je prononçai une vingtaine de discours, tous au Québec. Ils portaient sur l'origine et l'évolution de la démarche québécoise. J'expliquais le sens du parcours entrepris par les conservateurs québécois, sous l'égide de Brian Mulroney, et la chance ainsi offerte au Canada anglais. Ces interventions étaient en général improvisées, mais je les raffinais d'une fois à l'autre. En novembre 1989, je fis transcrire l'enregistrement de celui que je venais de donner, à Val-d'Or, devant une foule qui lui ménagea un accueil particulièrement enthousiaste. Il fut ensuite distribué à tous les membres du caucus du Québec. En le relisant, j'y reconnais plusieurs éléments de mes propos d'aujourd'hui:

> Notre itinéraire nous rapprochera encore une fois d'ici juin de notre ligne de fracture. Il faut que tout le monde le comprenne et se prépare à assumer les conséquences de sa décision. Que l'on ne fasse pas l'erreur de croire que le ressort du Québec est cassé. Nous avons toujours vécu debout, dans le respect de nous-mêmes et la certitude de ce que nous sommes et, quoi qu'il arrive, le Québec continuera de vouloir vivre dans le sens de ses aspirations.

Ces déclarations ne me firent jamais encourir le moindre reproche. En fait, c'était la ligne du parti: Meech n'était pas modifiable et son rejet provoquerait des réajustements douloureux mais inscrits dans la continuité québécoise.

Je voyais bien que, la ratification étant acquise au Québec, ces adjurations s'adressaient plus logiquement au Canada anglais. Je n'étais pas non plus sans constater que l'impopularité de l'accord paralysait mes collègues anglophones au cabinet. Très peu d'entre eux se risquèrent à le «vendre» à leurs concitoyens. Et encore, ce n'était que par quelques phrases, perdues ici et là dans leurs discours. Bien que n'étant pas le porte-parole le plus indiqué, je commençai, faute d'autres combattants, vers le milieu de 1989, à parler aux Canadiens anglais.

Dans plusieurs provinces de l'Ouest et en Ontario, je développai les mêmes arguments et décrivis la poussée du Québec vers son épanouissement économique et politique. Devant des salles, à la télévision, à la radio, c'était la même conclusion: il faut ratifier Meech, *tel quel.* À l'exclusion du Premier ministre, personne, au cabinet, n'a soutenu aussi intensément que moi le combat de Meech, tant au Canada anglais qu'au Québec.

L'évolution du dossier à Ottawa me persuada, en novembre 1989, d'accentuer la défense de l'accord au Canada anglais. Les bruits qui couraient m'inspiraient de sérieuses inquiétudes. Lowell Murray avait, officiellement, charge des Affaires constitutionnelles. En pratique, le Premier ministre avait, de toute évidence, confié la gestion du dossier à un petit groupe dont faisaient partie, outre le sénateur Murray, Norman Spector et Paul Tellier. Tout était pesé, envisagé et négocié en vase clos. Aucun ministre francophone n'était dans le coup et je ne crois pas que nos collègues anglophones — sauf, peut-être, Don Mazankowski — aient eu davantage à dire sur l'élaboration de la stratégie du Gouvernement.

Mais on n'avait pas besoin d'être grand clerc pour deviner que certaines fermetés commençaient à mollir. Je sentais menacée l'intégrité de l'accord original. Le Canada anglais faisait pleuvoir sur le Premier ministre les accusations d'immobilisme et de manque d'imagination. On qualifiait d'intransigeance son refus de rouvrir l'accord de juin 1987. Je soupçonnais les initiés de chercher des accommodements visant à désarmer les préventions des opposants.

En novembre, je m'astreignis à rédiger l'essentiel de deux discours que je prononçai en Ontario et au Nouveau-Brusnwick. À Moncton, je rappelai l'absence de marge de manœuvre du Québec:

La position du Québec, qui est celle de tous les signataires, loin d'être extrémiste, est minimale. Et le premier ministre Bourassa, au nom même des intérêts historiques du Québec, est lié par le contenu de l'accord proprement dit. En d'autres termes, il faut exclure la réouverture de l'entente.

À Toronto, je frappai sur le même clou en signalant le caractère «minimal» des cinq conditions fixées par le Québec pour son adhésion à la constitution. Et j'attirais, avec une sobriété calculée, l'attention sur les conséquences d'un échec:

> J'ignore si l'échec de l'accord du lac Meech aboutirait à une cassure politique. Je ne sais pas si le Canada parviendrait à s'en remettre. Mais je suis persuadé qu'il entraînerait une rupture psychologique et je demande aux adversaires de l'accord du lac Meech de bien réfléchir. Le Québec pourrait cultiver sa différence par son indifférence envers le reste du Canada. Il ne se repliera pas sur lui-même et n'élèvera pas de remparts contre l'extérieur. Il voudra au contraire s'ouvrir davantage au monde entier. Mais il cherchera à être aussi autonome que possible.

Vers la mi-janvier 1990, je me persuadai de la nécessité de redoubler d'efforts au Canada anglais où ne s'élevaient que les voix des anti-Meech. À certains moments, le débat sombrait même dans la bêtise: ne dit-on pas de l'accord qu'il permettrait de forcer les femmes à faire des enfants? J'offris au Premier ministre de travailler avec ses collaborateurs à la rédaction d'un discours-choc qu'il irait prononcer au Canada anglais pour la promotion de Meech. Sans se heurter à une fin de non-recevoir, ma tentative se perdit dans l'indifférence de certains membres de son entourage qui avaient plutôt décidé, me répondit-on, de lui faire parler de compétitivité.

Je profitai, au début de février, de la cérémonie de dévoilement, dans les locaux du *Devoir*, d'une plaque à la mémoire d'Henri Bourassa pour réitérer l'inviolabilité des termes de l'accord signé par les Premiers ministres. Je donnai aussi une idée de ce qui attendait le Canada en l'absence d'une ratification:

Bien peu de gens comprendraient que soit repoussée la main tendue par le Québec à l'ensemble du pays. Encore moins de Québécois prendront à la légère qu'on les renvoie à la solitude où les a confinés, une première fois, l'ostracisme de 1982. La solitude, lorsqu'on nous l'impose et qu'on est plusieurs à la partager, a tendance à se transformer en solidarité. Voilà justement l'un des premiers effets — bénéfique celui-là — du débat actuel: pour la première fois depuis longtemps, un consensus est en train de se former au Québec sur l'essentiel. Il se traduit notamment par un refus de toute dilution du compromis déjà négocié et l'exigence que soient honorées toutes les signatures apposées en bas de l'accord du 3 juin 1987. Il prend aussi la forme d'une détermination à envisager la suite des choses avec fermeté, dignité et confiance.

Finalement, Robert Bourassa ayant refusé une invitation de l'Empire Club, à Toronto, c'est moi qui me rendis à cette auguste tribune. Je ne savais pas qu'un tel voyage pourrait provoquer à Ottawa autant de tension et d'inquiétudes. Je n'achevai la rédaction du discours que dans la nuit du 14 au 15 février, de sorte que le bureau du Premier ministre n'en prit connaissance qu'au matin. Les appels téléphoniques nous assaillirent, mon adjoint et moi, au moment où nous allions nous envoler pour Toronto. On demandait des dizaines de changements. J'en dictai plusieurs durant le voyage. Lorsque j'arrivai à l'hôtel, les appels reprirent. Après avoir hâtivement griffonné d'autres modifications, je me précipitai dans l'ascenseur pour aller rejoindre mes auditeurs. J'attendais encore la version mise au propre quand la présidente du club commença à me présenter. Le texte arriva pratiquement alors que je me dirigeais vers le microphone.

Je livrai un message modéré qui reprenait la réfutation classique des objections faites à l'accord. Mais je répétai à mes hôtes que «l'accord était le compromis ultime, le résultat d'un long et pénible processus au cours duquel Québec n'avait jamais cessé de jeter du lest». Je me permis aussi de stigmatiser le rapatriement unilatéral de 1982, en concluant ensuite que:

Même aux moments de leur plus grande méfiance, les Québécois n'avaient jamais imaginé qu'on puisse, sans leur consentement, modifier le pacte de 1867. D'où l'impression qu'ils ont ressentie, en 1982, d'un bris de confiance, d'un accroc à l'intégrité du lien national. Les descendants de George-Étienne Cartier n'attendaient pas cela des descendants de John A. Macdonald. Perçu comme une tromperie au Québec, le rapatriement de 1982 a placé une sorte de bombe à retardement dans la dynamique politique de ce pays.

Les gens s'étaient énervés pour rien dans l'édifice Langevin. Le discours, peut-être parce qu'on l'avait émasculé, tomba à plat et n'eut aucun écho dans la presse. Quoi qu'il en soit, je résolus de ne plus laisser personne banaliser mes textes, surtout quand ils énonçaient, en toute orthodoxie, la politique du Gouvernement.

Mais je mis quelque temps à comprendre que, justement, cette politique gouvernementale, on s'apprêtait à la changer. La suite des événements allait m'éclairer sur les véritables raisons de l'étrange nervosité que ma défense de «Meech *tel quel*», à Toronto, avait suscitée chez le Premier ministre et ses véritables conseillers.

Pour commencer, il fallait se donner une caution au Québec: ce serait moi. On me nomma, le 23 février, ministre responsable du Québec, ce qui était, aussi, un bon moyen de me ligoter. Je n'y vis d'abord qu'un geste de commodité, les rapports entre Marcel Masse, mon prédécesseur, et le Premier ministre étant notoirement mauvais.

Mais j'aurais dû me méfier des ides de mars: durant ce mois fatidique s'enclenchèrent les événements qui devaient entraîner ma démission.

Les signes annonciateurs d'un revirement sur le caractère incontournable de Meech firent peu à peu leur apparition. J'entendis de plus en plus souvent les mots «flexibilité» ou «ouverture», et des expressions comme «ce ne serait pas si grave de changer les meubles de place» («*to move the furniture around*»). Je renouvelai mon opposition à toute tentative de renégociation de l'accord.

Les mêmes bruits durent venir aux oreilles des députés puisque le caucus du Québec entra en effervescence. Son président, André Harvey, convoqua une séance spéciale, au lac Meech. La réunion eut lieu le 13 mars, dans la salle où les onze Premiers ministres avaient signé l'accord. À tour de rôle, les députés se levèrent pour faire le point. Sans dévoiler les détails et nommer qui que ce soit, je peux dire que plusieurs étaient en train de vivre un drame de conscience et qu'ils se préparaient à prendre des décisions radicales dans le cas du rejet de l'accord. Je confessai que je partageais leurs tourments. J'en appelai néanmoins à leur solidarité jusqu'au 23 juin, afin de tout mettre en œuvre pour obtenir la ratification de Meech tel quel. Nous resterions ensemble jusque-là. C'est ce qui fut annoncé à l'issue de la réunion.

Pour moi, le «tel quel» était, plus que jamais, devenu notre cri de ralliement. Bien entendu, nous livrions, sans le savoir, un combat d'arrière-garde. Personne ne pouvait arrêter la poussée «révisionniste» et faire échec aux manœuvres de coulisse commandées, à notre insu, à partir de l'édifice Langevin. Pauvre caucus du Québec! En aura-t-il tenu des réunions pour protester, s'indigner, montrer les dents et apprendre, un peu plus tard, que la décision honnie avait été prise quand même!

Le lendemain de notre réunion du lac Meech, Southam News faisait état d'une contradiction entre ma position et celle de Don Mazankowski. On rapportait des propos récents de ce dernier voulant que la réforme du Sénat soit la clé du sauvetage de Meech. Quand on sait que, dans la bouche d'un «Westerner», la réforme du Sénat comporte la dilution de l'influence du Québec à Ottawa, la nouvelle était de mauvais augure.

Vers la même époque, des sources de Québec m'apprirent qu'un envoyé de Lowell Murray avait tenté de convaincre le ministre Gil Rémillard ou ses proches d'introduire dans Meech des modifications comme la limitation du recours au «nonobstant». Je prévins aussitôt le Premier ministre de cette initiative en lui signalant mon mécontentement. Il parut surpris de la nouvelle. Je n'en fus qu'à moitié rassuré.

Peu de temps après, les affaires de mon ministère m'amenèrent à Vancouver. C'est là que j'appris, coup sur coup, la publication, à Fredericton, de la résolution McKenna et l'intention du premier ministre Mulroney de la déposer aux Communes, pour qu'elle soit étudiée par un comité parlementaire. Il annonça celle-ci, le lendemain soir, dans un discours à la nation que je syntonisai à la télévision, à Vancouver.

Personne ne m'avait informé de quoi que ce soit, avant mon départ d'Ottawa.

M'étant fait transmettre la résolution, je constatai qu'elle altérait la substance de Meech. Elle ajoutait une dizaine d'éléments, dont le plus remarquable élargissait le rôle du fédéral par rapport à la dualité linguistique. Alors que, dans l'accord, il devait uniquement la protéger, le projet de résolution d'accompagnement lui assignait de plus l'obligation de la promouvoir. À n'en pas douter, le fragile équilibre de juin 1987 s'en trouverait rompu.

Lowell Murray s'était empressé de déclarer la résolution «prometteuse». Quant au Premier ministre, il y voyait une bonne base de discussion. Je me posais de sérieuses questions. Quand Benoît Bouchard m'atteignit au téléphone, je partageai avec lui ma perplexité et mon inquiétude. Il était catastrophé et le dit publiquement, le lendemain matin, à la radio, mais s'en excusa, l'après-midi, dans un communiqué, avant de partir pour la Floride.

Au reste, la précipitation avec laquelle Lowell Murray et le Premier ministre s'étaient littéralement jetés sur la résolution me laissait songeur. Malgré toutes les dénégations de collusion, je ne pouvais m'empêcher de m'interroger sur cette belle coordination entre le fédéral et McKenna, l'auteur du premier coup de poignard donné à Meech. Au moins pouvais-je admirer l'ordre interne de la séquence. Le 20 mars 1990, Pierre Trudeau publie son livre *Lac Meech, Trudeau parle* et lance une salve d'attaques contre Meech. Au même moment, la législature de Terre-Neuve débat le retrait de la ratification qu'elle a déjà votée. Comme un lapin, la résolution McKenna sort du chapeau, le lendemain 21 mars, suivie, le 22, du discours télévisé du premier ministre

Mulroney, qui salue gravement cette belle contribution au sauvetage de Meech. Le 23, il la dépose au Parlement et la soumet à la consultation fédérale. Brillante «improvisation» qui a, du coup, neutralisé le coup de boutoir de Pierre Trudeau, fait passer Clyde Wells pour un mauvais coucheur et mis sur les rails la renégociation de Meech.

J'étais à nouveau dans une impasse et me sentais manipulé. Il m'était impossible d'avaliser le contenu de la résolution McKenna.

Je me voyais entraîné dans une démarche qui m'était imposée par la méthode du fait accompli. À ce rythme, n'allait-on pas grignoter, petit à petit, ma défense de l'intégralité de l'accord? Ces conflits se vivent au quotidien et n'ont pas la netteté du combat de saint Georges avec le dragon. Dans le champ clos de la politique, on valorise autant l'art du compromis que le courage. Loin de s'exclure mutuellement, les deux sont nécessaires. Le deuxième doit se manifester là où le premier déclare forfait. Mais bien malin celui qui sait, à chaque péripétie d'une lutte larvée qui dure des jours et des semaines, où passe la ligne de démarcation entre les deux. Les erreurs d'appréciation sont coûteuses puisqu'elles conduisent à l'un ou à l'autre des deux extrêmes à éviter: l'intransigeance, si on interrompt prématurément la poursuite du compromis ou la lâcheté, si on tarde trop à y mettre fin. Du reste, le refus de la lâcheté comporte aussi ses risques. On ne manquera pas, alors, de taxer le geste de trahison. Mais c'est le choix qu'on vous donne, traître dans l'esprit de vos accusateurs ou lâche dans le vôtre.

Dans une situation normale, un dirigeant politique ou un négociateur apprend à se protéger des excès en enrobant, au départ, le noyau dur de ses principes ou de ses objectifs d'un coussin de sécurité. C'est sa marge de manœuvre, à même laquelle il peut, par concessions successives, en échange de gains correspondants, pratiquer l'art du compromis sans sacrifier l'essentiel.

Mais dans le cas de l'accord de juin 1987, les députés et ministres québécois à Ottawa se trouvaient dans la pire des situations. La négociation avait déjà eu lieu, les compromis avaient déjà été faits, le point d'équilibre était déjà fixé. Là où est passé Robert Bourassa, il ne reste plus rien à concéder. Tout était gratté à l'os. De sorte qu'à partir du moment où le Canada anglais réussissait à relancer la négociation, nous étions condamnés à l'intransigeance ou à l'abandon.

Nous n'en étions pas encore là. Mais je voyais de plus en plus clairement venir le moment où nous en serions réduits à ce choix manichéen. Pour le moment, on me représentait qu'il ne s'agissait que d'un processus visant à susciter un dialogue et que l'objectif restait de s'en tenir à la substance de Meech. Autrement dit, on ne me demandait pas de me jeter dans le hache-viande mais de n'y introduire qu'un petit bout de la cravate. Qui veut démissionner pour un bout de cravate? Qui ne s'imagine pas capable d'empêcher le reste de suivre?

Entre-temps, de passage à Toronto, le Premier ministre avait pris quelque distance avec le contenu de la résolution en affirmant qu'elle ne liait pas le Gouvernement.

À mon corps défendant, je me soumis, en jurant de ne plus m'y laisser prendre. Je déclarai publiquement que j'acceptais la formation d'un comité spécial de la Chambre en tant qu'instrument de dialogue mais qu'en tout état de cause Meech devait être ratifié tel quel.

C'est la position que j'adoptai au caucus des députés conservateurs du Québec, au cours de sa réunion du 27 mars. Les députés étaient tiraillés. La Colline bruissait de rumeurs de démission. Je leur rappelai ce dont nous avions convenu le 13 mars, que nous devions rester ensemble jusqu'au 23 juin, moment où nous connaîtrions le sort de Meech. Mais nous avions tous conscience qu'une telle attitude ne pouvait être maintenue que si l'accord restait intact. Aussi les mis-je en garde, de façon expresse, contre le danger de dérapage dans le rapport du comité spécial. Je fis explicitement allusion aux changements proposés par la résolution McKenna que le sénateur Tremblay avait analysés, durant la réunion, en les comparant aux dispositions de l'accord du 3 juin 1987. S'il s'éloignait de Meech, le rapport du comité spécial pouvait tout remettre en cause, avant même l'échéance du 23 juin. C'est pourquoi je répétai, en sortant du caucus, que la formation du comité spécial ne devait pas empêcher la ratification de l'accord «tel quel». C'est-à-dire que l'on ne devrait pas toucher à l'un ou à l'autre de ses éléments essentiels par le biais d'une résolution d'accompagnement.

Mis sur pied à la fin de mars, le comité spécial commença ses travaux sous la présidence de Jean Charest, homme de confiance et protégé du Premier ministre. Ce dernier avait convenu avec moi que le jeune avocat de Sherbrooke, intelligent, ambitieux et parfait bilingue (l'un des rares à la Chambre) était le choix idéal. Quand je le pressentis, à la demande du Premier ministre, il ne fit pas de difficulté pour accepter la tâche. Il eut l'air si peu surpris que je me suis toujours demandé s'il n'avait pas déjà été mis au courant. Peut-être l'ai-je tout simplement imaginé. Il faut dire que la façon cavalière avec laquelle on s'était permis de m'écarter du dossier m'avait enlevé bien des illusions sur la qualité de mes rapports avec le Premier ministre.

Le ressort n'en finissait plus de se tendre et le fossé de se creuser entre le Québec et le Canada anglais. Le 5 avril, l'Assemblée nationale adoptait une résolution par laquelle péquistes et libéraux rejetaient la résolution McKenna et affirmaient l'inviolabilité de l'accord déjà signé. Deux jours plus tard, coup de tonnerre: la législature de Terre-Neuve annula la ratification qu'avait fait voter le premier ministre Brian Peckford avant sa défaite devant Clyde Wells. La machine infernale lancée en mars s'emballa pour de bon. Tout se mit à débouler en cascade, emporté dans un mouvement irrésistible.

L'annonce du retrait terre-neuvien m'arriva par un vendredi matin ensoleillé, au château Frontenac, à Québec. Gil Rémillard et moi avions prévu signer à cette occasion le protocole négocié pour la création du parc marin du Saguenay et sa gestion harmonisée avec celle du parc provincial voisin. En somme, petite et paisible démonstration de bonne entente entre Ottawa et les provinces. Mais patatras! Ce gentil scénario vola en mille et une miettes pour faire place, devant un parterre d'invités médusés, à la plus extraordinaire séance de défoulement. L'encre de nos signatures au bas du document n'était pas encore sèche que les journalistes se mirent à nous mitrailler de questions sur les nouvelles en provenance de Terre-Neuve.

Entre Gil Rémillard — d'habitude si posé — et moi, ce fut à qui en mettrait le plus. Sachant que ce coup terre-neuvien accentuerait la pression révisionniste qu'exerçait déjà sur l'accord la résolution McKenna, je donnai libre cours à mon indignation. J'accusai Clyde Wells d'avoir arraché une page aux annales législatives de sa province et condamnai le caractère déraisonnable de son geste. Puis vint l'avertissement qui mit le feu aux poudres: «Le Canada anglais aura à choisir entre Québec et Terre-Neuve.»

Les médias anglophones fondirent sur moi. Quelques minutes avaient suffi pour épuiser le petit capital politique que je m'étais laborieusement constitué, au Canada anglais, en quinze mois d'efforts acharnés à l'Environnement.

Le mardi suivant, Brian Tobin, député de Terre-Neuve, me prit violemment à partie en Chambre en me mettant au défi de réitérer mes admonestations du vendredi. Je me rendis d'abord aux conseils des collègues qui m'entouraient et fis la sourde oreille. Tobin s'écria alors que je n'avais pas de colonne vertébrale et que j'étais un lâche («*coward*»).

Je bondis et me déclarai disposé à répéter tout ce qu'avaient rapporté les journaux. «Je n'acccepterai pas, affirmai-je, que l'on fasse sentir le Québec coupable de vouloir la ratification de l'accord du lac Meech alors qu'il a été approuvé par cette Chambre.» J'ajoutai ne pas voir «pourquoi je renierais une entente que dix Premiers ministres (provinciaux) ont approuvée il y a deux ans, même si certains la rejettent aujourd'hui». La suite dégénéra en chicane de taverne, lui me déclarant inapte à remplir une fonction fédérale, moi l'invitant à aller régler l'affaire dehors.

Ce n'était pas fini. Une dizaine de jours plus tard, le député ontarien John Nunziata revenait à la charge. Candidat à la direction du Parti libéral et participant à un débat avec ses adversaires dans la course, il crut plaire à son auditoire de Halifax en

qualifiant les séparatistes québécois de «traîtres» et de «racistes».
Des députés conservateurs québécois soulevèrent une question
de privilège à laquelle John Nunziata devait répondre le 25 avril.
Je voulais prendre part au débat et en informai le Premier
ministre, qui me l'interdit. Il réitéra sa défense, publiquement,
devant tous les membres du caucus national. Je me rendis à la
séance où le député libéral devait retirer ses insultes. Au lieu de
se contenter de présenter ses excuses, il se lança dans des circonlocutions verbales autour de la définition du mot «trahison»,
pour finir par une allusion aux ministériels qui «demandent aux
Canadiens de choisir entre Terre-Neuve et Québec». Il me visait
manifestement.

Le Premier ministre, je le comprends maintenant, devait
estimer que mes sautes d'humeur publiques sur le respect de
l'accord nuisaient à la politique de «flexibilité» qu'il préparait. Je
décidai de passer outre et d'intervenir. Quelqu'un devait rétablir
les choses, pour la mémoire de René Lévesque et pour le sens
démocratique de sa démarche:

> J'ai connu M. Lévesque personnellement, rappelai-je. M. Léves-
> que était un grand démocrate, un homme dont tout le Canada
> devrait apprécier le caractère démocratique et pacifique, qui a
> conduit un débat très difficile dans une situation politique extrê-
> mement mouvementée et qui l'a amené à un aboutissement
> démocratique avec la conclusion que nous connaissons. Je pense
> que nous devons à l'honneur de cet homme et de ceux qui l'ont
> entouré le respect, dans cette Chambre à tout le moins.

M'adressant à l'opposition, je poursuivis:

> Ne nous demandez pas d'oublier que nous sommes Québécois.
> Ne nous demandez pas d'oublier que nous sommes issus d'une
> société qui ne doit sa survivance qu'à un combat perpétuel.

J'écorchai au passage Jean Chrétien qui, prié par un journaliste de se distancier des propos de son collègue, ne trouva rien
de mieux à dire, pour la défense des «séparatistes», qu'ils
«n'étaient pas tous des criminels et des racistes».

Je terminai, cette fois-ci à l'intention de tous ceux qui
cherchaient à charcuter Meech:

Et l'accord du lac Meech est une voie dans laquelle le Premier ministre a engagé le pays, en vertu d'un engagement qu'il avait contracté en 1984 et qu'il a respecté, une voie dans laquelle tous les chefs de gouvernement du pays se sont engagés avec lui en 1987. [...] Je souhaite, monsieur le Président, que tout le monde évite de tenir ce genre de propos qui réveillent des souvenirs malheureusement trop proches et qui risquent de raviver des cendres que seule une véritable réconciliation pourrait refroidir. Une réconciliation dans l'honneur et l'enthousiasme. Dans l'honneur — oui, l'honneur! — parce qu'un peuple exige le respect! Oui, l'enthousiasme! parce qu'un peuple a besoin d'espoir.

Dans cette tourmente politique, mes fonctionnaires et moi préparions fébrilement l'importante Conférence de Bergen, en Norvège, où une cinquantaine de pays, dont l'URSS, étaient invités à fixer un objectif de réduction des émissions de gaz carbonique, principale cause du phénomène de réchauffement de l'atmosphère. La conférence devait, à compter du 7 mai, se dérouler en deux temps. La première semaine était consacrée à la préparation de textes et recommandations par des organisations diverses (jeunes, environnementalistes, industriels, chercheurs, etc.). Durant les quatre jours suivants, les ministres des pays participants devaient délibérer et prendre les décisions. Le Canada s'y ferait représenter en force et en qualité. Notre principal délégué aux travaux préparatoires, Pierre-Marc Johnson, avait été nommé rapporteur général de la conférence. Ce serait l'aboutissement d'une année d'activités internationales intenses.

Comme Audrey séjournait déjà avec Alexandre chez sa grand-mère parisienne, je devais les y retrouver le mercredi soir 16 mai, retour de Bergen, pour rentrer en famille, à Montréal, durant la fin de semaine.

Le dépôt du rapport du comité Charest n'était prévu que pour le vendredi 18. Je pensais revenir à Ottawa juste au bon moment pour en prendre connaissance et arrêter avec mes collègues l'attitude qu'il conviendrait d'adopter.

Je ne m'attendais pas, bien sûr, à ce que le comité mette au rancart la totalité de la résolution McKenna, mais j'avais des raisons de croire qu'il ne proposerait pas de modifications affectant la substance de l'accord.

En effet, deux ou trois semaines auparavant, vers la fin d'avril, comme j'assistais aux débats de la Chambre, Jean Charest vint s'asseoir près de moi. Je retins de la conversation que le comité ferait des propositions compatibles avec les éléments essentiels de Meech, mais il fallait se préparer à faire un pas en ce qui concernait les autochtones, la pression étant très forte de ce côté. En un mot, les choses se présentaient plutôt bien.

Ce qui me restait d'inquiétude, je l'exprimai ces jours-là au Premier ministre, au cours d'une ou deux conversations téléphoniques. Elles concernaient d'ailleurs moins le rapport du comité Charest que les glissements auxquels l'exposait, «dans les derniers milles», sa déformation de négociateur. Le négociateur professionnel est celui qui, parfois, vise le règlement pour le règlement et, pour ce faire, cherche désespérément à se réserver une marge de manœuvre. Je n'avais qu'à me rappeler mes propres expériences pour imaginer à quelles tentations le Premier ministre était soumis. Et puisqu'il s'agissait, en l'occurrence, d'amadouer les Wells, Filmon, McKenna et Carstairs, tout mouvement classique de négociation ne pourrait que s'effectuer sur le dos du Québec. Je m'ouvris encore plus clairement de ces appréhensions lors de notre dernier entretien téléphonique avant mon départ, le matin du 10 ou 11 mai, un peu avant que lui-même ne s'envole pour Toronto. Rien de ce qu'il me répondit ne me donna à penser que les grandes manœuvres étaient commencées. Nous convînmes de discuter de tout cela à mon retour.

Dans la matinée du 11 mai, je reçus un appel de Paul Tellier qui souhaitait me rencontrer. Comme d'habitude, il m'offrit de se déplacer. Je lui dis que je passerais à son bureau, en partant pour Mirabel, vers la fin de la matinée. Si mon souvenir est bon, il avait également convoqué Benoît Bouchard. Celui-ci ne put assister à l'entrevue, qui se déroula donc en tête-à-tête.

Le greffier du Conseil exécutif fit le point sur la situation politique et entra dans le vif du sujet. L'opposition à Meech venait des libéraux de Terre-Neuve, du Nouveau-Brunswick et, indirectement, du Manitoba, où Mme Carstairs paralysait le premier ministre Filmon. On ne pouvait désarmer ces récalcitrants s'ils n'avaient pas le feu vert de Jean Chrétien, leur chef éventuel. La ratification de l'accord passait donc par lui. Conclusion: le Premier ministre n'avait pas le choix, il devait obtenir l'appui de Jean Chrétien. Paul Tellier connaissait déjà le prix de l'alliance: l'enchâssement dans la constitution du rôle fédéral de promotion de la dualité linguistique.

Je n'en croyais pas mes oreilles. À cinq minutes de mon départ, mes valises bouclées dans l'auto qui m'attendait, mes collaborateurs déjà arrivés à Bergen, après des mois de parties de cache-cache et d'assurances lénifiantes, le chat sortait du sac: il fallait faire un *deal* avec Jean Chrétien, qui incarnait tout ce que j'abhorrais en politique. Notre alliance avec lui se scellerait par la dilution de Meech que, depuis deux ans, sur toutes les tribunes, en accord avec la ligne du parti et du Gouvernement, je m'égosillais à faire ratifier «tel quel». Me demanderait-on vraiment d'aider Jean Chrétien à faire tomber le «plancher» dans le sous-sol?

C'est justement ce qu'on me demandait: pourrais-je vendre un tel revirement au caucus du Québec? «Non», répondis-je. «Pourquoi?» demanda Paul Tellier. «Parce que je ne peux pas me le "vendre" à moi-même», répliquai-je. Il me cita alors la Loi sur les langues officielles dont l'article 43, on s'en souviendra, confère un certain rôle de promotion du bilinguisme officiel au secrétaire d'État. J'attirai son attention sur la différence fondamentale entre une simple loi du Parlement et une obligation inscrite dans la constitution. Sans compter, lui rappelai-je, qu'en dépit de leur portée très limitée, ces dispositions de la loi sur les langues officielles avaient soulevé tout un tollé au Québec. Seul un engagement à ne les utiliser qu'en harmonie avec le gouvernement du Québec avait pu l'apaiser.

Ma position à moi, qui avait toujours été celle du Gouvernement, était de suivre jusqu'au bout la ligne de l'accord déjà négocié et signé. Je ne voyais pas d'autre moyen d'obliger le

Canada anglais à honorer les signatures de ses Premiers ministres; et lui faire supporter la responsabilité de l'échec.

L'entretien avec Paul Tellier avait certainement eu lieu à la
demande du Premier ministre, alarmé par les appréhensions que
je venais de lui réitérer. Je ne pouvais douter, non plus, que lui
serait rapporté mon refus de souscrire à la réouverture de Meech
et de transiger avec Jean Chrétien, son nouvel allié. Songeant à
tout cela et roulant vers Mirabel, je trouvais quelque encouragement dans le fait qu'il eût, avant d'agir, éprouvé le besoin de
me consulter. Je restais, malgré tout, convaincu que mon opposition le conduirait à se retrancher derrière l'accord déjà conclu
et à ne pas se compromettre avec Jean Chrétien.

Les discussions à Bergen, vigoureuses, dès le début, se durci-
rent, à la fin, et mirent le Canada sur la sellette. Nous nous
trouvâmes en opposition avec les Américains, qui confirmèrent
les réticences qu'ils avaient manifestées à Washington, quelques
mois auparavant, sur la réduction des émissions de gaz
carbonique. Ils refusaient de fixer un plafond qui ramènerait, en
l'an 2000, le niveau des émissions à celui de 1990. Le Canada
avait des alliés quoique leur nombre diminuât de jour en jour.
Mais nous avons tenu tête aux Américains jusqu'à la dernière
nuit. Au petit matin, nous réussîmes à convenir d'un texte
conforme à nos objectifs.

Je retrouvai, comme convenu, ma famille à Paris, le mercredi
soir. Nous nous installâmes chez Patricia et Marc Lortie, qui
avaient eu la gentillesse de nous inviter. En poste à l'ambassade
canadienne depuis peu, Marc Lortie avait été porte-parole du
Premier ministre. J'avais noué avec lui, durant cette période, des
liens professionnels et amicaux. Avec Bob Fowler, il fut parmi
les premiers à me faire bénéficier de son expérience de diplomate.

Camille Guilbault, une adjointe du Premier ministre, avait
laissé le message de la rappeler. Lui retournant son appel, j'appris
que le rapport Charest sortirait le lendemain et qu'il comportait
certains éléments «délicats». Elle me suggéra de ne pas faire de
déclaration avant mon retour, ce à quoi j'acquiesçai. Le lende-

main, je me fis télécopier le rapport, que je lus tranquillement dans le salon de l'appartement de la rue Saint-Dominique.

Je n'en crus pas mes yeux. Les députés ministériels s'étaient entendus avec leurs collègues libéraux et néo-démocrates sur au moins deux modifications essentielles à Meech: l'attribution au fédéral d'un rôle de promotion de la dualité linguistique et la subordination à la Charte des droits, de la reconnaissance du caractère distinct de la société québécoise. Plusieurs des vingt et une autres recommandations constituaient des reculs pour nous, comme la création de nouvelles provinces sans l'accord du Québec et, en ce qui concerne la réforme du Sénat, le remplacement, après trois ans, de la règle de l'unanimité par une formule de veto moins contraignante.

Le voile tombait: les propos de Paul Tellier, le vendredi précédent, n'avaient rien d'exploratoire. L'alliance avec Jean Chrétien était déjà consommée ou sur le point de l'être. La stratégie et le positionnement réels du Gouvernement dont je faisais partie depuis plus de deux ans m'étaient donc enfin révélés: on ravalait l'accord de juin 1987 au rang d'un simple document de négociation, destiné, par surcroît, à se fondre dans la liste d'épicerie de chacune des promesses dressée par le comité Charest. En fin de course, Jean Chrétien l'avait emporté sur les plus fidèles compagnons du Premier ministre.

Benoît Bouchard et Jean Charest cherchaient à me joindre par téléphone. Je ne fus pas dupe du procédé qui consistait à ne me parler qu'après le dépôt du rapport. Ils avaient fait leur lit. Je n'avais pas besoin d'eux pour comprendre ce qui s'était passé et deviner la suite. Il ne s'agissait plus, pour moi, que de décider si je ferais partie de cette suite.

Je me rappelai alors que j'avais un télégramme à expédier. Quelques semaines plus tôt, la direction du Parti québécois m'avait invité à la réunion de son Conseil national qui devait se tenir le 19 mai, à Alma. Je souhaitais y faire une apparition, ne fût-ce que par courtoisie. Après tout, l'assemblée aurait lieu dans ma circonscription, et je comptais de nombreux amis dans ce parti qui nous avait tous fait élire à Ottawa, Brian Mulroney compris. Mais constatant que mon séjour en Europe m'en empêcherait, j'avais résolu d'envoyer un télégramme. À mon départ pour Bergen, je n'avais pas encore eu le temps de le faire. Je fourrai l'invitation dans ma mallette, avec l'intention d'envoyer une dépêche de Bergen. Là-bas, durant une séance de délibération, je retravaillai une ébauche qui se perdit dans mes liasses de documents. C'est ainsi que je m'avisai, ce jeudi matin, à Paris, de l'urgence de rédiger le télégramme. Je conviendrai que l'humeur dans laquelle m'avait mis la lecture du rapport Charest alourdit ma main sur la plume. Le brouillon perdu à Bergen faisait plus «langue de bois» que la version expédiée de Paris, ainsi conçue:

Chers compatriotes de partout au Québec,

Alma vous accueille avec son hospitalité ouverte et chaleureuse. C'est de tout cœur que je m'associe aujourd'hui à mon collègue, le député de Lac-Saint-Jean à Québec, Jacques Brassard, pour souhaiter à M. Jacques Parizeau et à vous tous le plus fécond des séjours chez nous, dans ce qui est aussi notre comté de Lac-Saint-Jean.

Pendant ce Conseil national, vous aborderez, entre autres, la question de l'environnement. L'avenir des peuples et de notre planète est en grande partie lié aux succès de la nécessaire lutte à la pollution. Vous saisissez l'importance de l'enjeu. Nous partageons votre engagement et votre détermination à la préservation de notre patrimoine national.

Votre réunion soulignera aussi le dixième anniversaire d'un temps fort de l'histoire du Québec.

Le référendum nous concerne tous très directement comme Québécois. Sa commémoration est une autre occasion de rappeler bien haut la franchise, la fierté et la générosité du OUI que nous avons alors défendu, autour de René Lévesque et de son équipe.

La mémoire de René Lévesque nous unira tous en fin de semaine. Car il a fait découvrir aux Québécois le droit inaliénable de décider eux-mêmes de leur destin.

Aujourd'hui encore, quand je relis ce texte, j'arrive mal à comprendre comment l'évocation de René Lévesque et du droit à l'autodétermination puisse avoir à ce point choqué le Canada anglais. On ne compte plus les députés et ministres conservateurs du Québec qui ont appuyé le camp du OUI, en 1980. S'attend-on à ce qu'ils battent publiquement leur coulpe pour l'avoir fait? Je suis convaincu qu'ils en sont tous fiers et que nombre d'entre eux s'en souviendront au prochain référendum.

J'avais pris des dispositions pour la transmission du télégramme. David Cliche, péquiste avéré, devait assister au Conseil national. Il fut convenu, lorsque nous nous séparâmes, que je lui enverrais ma dépêche et qu'il la remettrait, sur place, aux organisateurs de l'assemblée. Mon attachée de presse, Micheline Fortin, qui m'accompagnait en Europe, dactylographia le texte et l'envoya à David. J'avoue m'être arrêté un moment à la pensée que le porteur du message était le fils de Robert Cliche.

Mais c'était le rapport Charest qui me préoccupait. Je voyais qu'on me demandait de le cautionner au moins par mon silence. Je devrais ravaler tout ce que j'avais dit depuis deux ans sur le caractère inviolable de l'accord. La formule «de l'honneur et de l'enthousiasme» revenait me hanter. Je ne songeais qu'à cela en marchant dans Paris et en déambulant dans les salles du musée de Marmottant et dans les jardins de Giverny. Un après-midi que je longeais la Seine avec Audrey, et Alexandre dans sa poussette, le souvenir d'un article paru, la veille de mon départ pour Bergen, dans le *Toronto Star*, vint soudain alimenter ma réflexion. L'auteur y spéculait sur les démissions possibles de conservateurs québécois, dans l'hypothèse d'un échec de Meech. Il analysait plus particulièrement les cas des ministres Monique Vézina, Benoît Bouchard, Marcel Masse et terminait par le mien. Puis, il rapportait la confidence d'un organisateur conservateur du Québec: «Vous devez toujours vous rappeler qu'en cas de conflit entre le respect d'un principe et une limousine, c'est généralement la limousine qui l'emporte.» Était-ce la mesure du respect qu'on nourrissait, à Ottawa, pour les ministres du

Québec? En tous les cas, je dus chasser de mon esprit la vision provocatrice de la Ford Crown Victoria noire qui m'attendrait à Mirabel.

Vers minuit, le samedi soir, veille du retour à Montréal, la sonnerie du téléphone me sortit du bain. C'était Paul Tellier qui, le ton grave, émaillait chaque phrase du mot «télégramme»: «la réaction au télégramme», «le télégramme, très mal reçu...». Monologue totalement surréaliste: il me parlait du télégramme, je pensais au rapport Charest. Je m'entends encore, enroulé dans une serviette de bain et mouillant le plancher de cuisine de Marc Lortie, crier: «Le télégramme, je m'en fous! Le rapport Charest, là est le problème. Tu savais que je ne pouvais pas accepter ces changements. Attends à lundi, ça va mal se passer.»

Le lendemain, à bord de l'avion, à dix mille mètres au-dessus de l'Atlantique, je croise Marc Lalonde qui me dit trouver le rapport Charest de son goût. Venant de lui, l'approbation n'arrangeait rien à mes affaires.

Je fus accueilli à Mirabel par un appel de Luc Lavoie, alors au bureau du Premier ministre. Il voulait me voir le soir même à Ottawa. Ce fut une longue et pénible conversation où j'expliquai franchement à Luc l'incapacité dans laquelle je me trouvais de demeurer au cabinet et avec les conservateurs. On m'avait successivement utilisé puis mis en face du fait accompli. Le Premier ministre savait que je honnirais le rapport Charest: aussi avait-il mené à mon insu ses tractations avec Jean Chrétien. Il avait parié sur trente ans d'amitié et de services réciproques, sur la faiblesse dont j'avais fait preuve en acceptant de jouer le jeu de la résolution McKenna, sur mon attachement au ministère de l'Environnement, sur les cinq milliards de dollars qu'il m'avait promis pour le Plan vert, sur la difficulté de briser les liens avec un parti et tout un groupe d'amis. Il s'était trompé, voilà tout. Un joueur ne gagne pas à tous coups ni avec tout le monde.

Luc me quitta, j'imagine pour faire son rapport à l'intéressé. Pour le reste, j'avais déjà fait le tour de la question avec Audrey, pour le cas où je resterais en politique comme député: les changements de vie, les conséquences financières. Ce qui lui fit dire:

«Je t'ai connu ambassadeur, je t'ai épousé ministre, je vivrai demain avec un député.» Elle ajouta avec un sourire: «Quelle est la prochaine étape?»

Pour la première fois de ma vie, j'étais père. Je me souciais de ce qu'Alexandre penserait de cet homme de cinquante et un ans, si celui-ci ravalait sa dignité. De cet homme qui est son père, je veux qu'il soit aussi fier que je le suis du mien et que ce dernier l'était du sien. Une chaîne de fierté et d'amour à ne pas rompre.

Cette nuit-là, cependant, mon futur juge se contenta de réclamer son biberon. Après le lui avoir donné, vers cinq heures, en plein décalage horaire, je ne pus me rendormir. M'asseyant à la table de la salle à manger, je commençai à rédiger ma lettre de démission. À huit heures, Pierre de Bané m'appela pour me conseiller d'adoucir la portée du télégramme. Je fus touché mais lui répondis que j'avais dépassé ce stade, que les dés étaient jetés et que j'allais quitter le cabinet.

Le lundi 21 mai, à Ottawa, on célébrait la Fête de la reine. À Québec, c'était celle de Dollard des Ormeaux. Drôle de pays qui ne s'entend même pas sur ses célébrations. La joie de l'un se vit dans l'indifférence de l'autre.

À onze heures du matin, je fis appeler une dactylographe pour faire taper le premier jet de la lettre. Je passai une bonne partie de l'après-midi à en corriger et à en polir les versions successives, interrompu par des appels et des visites, autant de démarches pour me dissuader de brûler mes vaisseaux.

Paul Tellier demanda à me voir. Je traversai la rue Wellington et montai à son bureau.

Après avoir déroulé le fil des événements, je lui annonçai ma décision de démissionner le jour même. Il plaida de toutes les manières et finit par invoquer mes liens avec le Premier ministre, et le coup que mon geste lui porterait.

Une assez longue discussion s'ensuivit. Personne, fis-je remarquer, ne pouvait nier l'essentiel: à savoir que le réajustement du rapport Charest, consacré base de renégociation de Meech, avait été décidé à mon insu et à l'encontre de tout ce qu'on savait de mes positions. Ce virage qu'il avait tracé sans moi, le Premier ministre devrait le prendre sans moi et se satisfaire de son nouveau compagnon de route, Jean Chrétien. Le virage était trop brusque: la force centrifuge m'éjectait du véhicule. Je persistais à croire qu'il aurait fallu garder le cap et brandir à bout de bras l'accord déjà signé. On ne trouverait ni honneur ni enthousiasme au bout du chemin tortueux dans lequel se laissait entraîner le Gouvernement: seulement des marchandages, derrière des portes closes, et des trocs de dernière minute, imaginés dans des urinoirs par des négociateurs exténués.

Quant à la rupture des rapports personnels, je ne cachai pas qu'elle m'était extrêmement douloureuse. Mais les circonstances échappaient à la dimension de ce que deux amis se doivent. Elles dépassaient les ambitions personnelles et la comptabilité des services rendus. Même réduite à ce dernier plan, l'amitié de l'un n'avait pas moins donné que celle de l'autre. Notre différend mettait en cause les intérêts et l'honneur du Québec, le respect des engagements et de soi-même.

C'est l'esprit de ce que j'exposai à Paul Tellier.

Le silence emplit la pièce. Il se leva et me dit: «Bernard Roy est en bas. Je vais le chercher.» Il mit un certain temps à revenir, probablement pour rapporter notre entretien à Bernard et au Premier ministre. Faisant le tour du bureau pour me dégourdir les jambes, j'avisai sur un mur une plaque gravée, du genre de celle qu'on remet au champion d'un tournoi de quilles. L'inscription exprimait à Paul Tellier la reconnaissance et l'admiration des membres du Centre d'information sur l'unité canadienne. C'est le groupe qui, dirigé par mon hôte, avait machiné, en 1980, la victoire fédérale sur le OUI souverainiste. Rappel opportun des allégeances réelles du camp auquel j'avais cru devoir m'allier. Comment pouvais-je m'étonner de la bifurcation pro-Chrétien de ces alliés conjoncturels? C'était d'ailleurs, à y bien penser, moins un bris de trajectoire qu'un retour au bercail. Après tout, Brian Mulroney n'avait-il pas, lui-même, appuyé le rapatriement unilatéral de 1982?

Ma détermination en sortit revigorée: heureusement car j'allais subir le pire assaut. Bernard Roy ne séjournait pas à Ottawa par hasard, ce jour-là. Pour le Premier ministre, il représentait la dernière carte à abattre. J'aimais Bernard pour sa droiture et sa sensibilité. Lui encore présent, on n'aurait pas pu se livrer avec moi à une telle partie de cache-cache. Sa franchise aurait sans doute provoqué un affrontement, mais, au moins, tout se serait passé dans la clarté. Et on m'aurait donné ma chance de bloquer la manœuvre.

Dès les premières minutes d'une discussion très intime, il perçut, je crois, le caractère irrévocable de ma résolution. De toutes les blessures infligées par ma démission, la sienne fut la plus vive et la plus sincère. Pour ma part, je sentis qu'il ne comprendrait pas et que la déchirure s'étendrait jusqu'à lui. Je m'en attristai mais n'en fus pas surpris, tant m'était connue sa vénération quasi inconditionnelle pour Brian Mulroney. Le ton monta d'un cran quand il me demanda si je verrais le Premier ministre. Je répondis que je ne l'estimais pas nécessaire. Ne m'avait-il pas lui-même ignoré depuis dix jours, se contentant de me dépêcher des estafettes? Bernard le prit très mal. «Comment, tu partirais sans le rencontrer?» s'écria-t-il. «Je ne refuserai pas de le voir, s'il le désire, dis-je, mais je le lui déconseille s'il pense me dissuader. Je ne changerai pas d'idée.»

De retour sur la Colline, je reçus un appel de Paul Tellier qui me convoquait au 24 Sussex. «Il» voulait me voir. Je mis ma lettre de démission dans ma poche et partis.

Nous nous vîmes dans son cabinet de travail du rez-de-chaussée. Il me dit: «Quoi qu'il arrive, nous n'allons pas effacer trente ans d'amitié.» Puis, s'inspirant de notes jetées sur une feuille posée sur ses genoux, il aborda l'incident du télégramme, dans le genre: «Je ne puis, comme Premier ministre, tolérer qu'un ministre...» Je vis qu'il cherchait à mettre mon départ sur le compte d'une mesure disciplinaire, justifiée par un écart de comportement. Ce n'était pas moi qui partais, mais lui qui me renvoyait. Je ne me laissai pas égarer par la diversion et lui signalai que le télégramme n'avait rien à voir dans l'affaire. Le ramenant au rapport Charest, je répétai que je ne pouvais l'accepter et que c'était la raison de ma démission. Il répliqua que cette dernière n'avait pas de fondement sérieux. Je maintins ma position et lui remis ma lettre. Il la lut attentivement, puis me demanda deux choses: attendre au lendemain pour en faire le dépôt officiel et supprimer un passage qui semblait l'ennuyer particulièrement. J'y mentionnais que Pierre Elliott Trudeau lui-même, au moment de façonner la constitution à sa guise, en 1981, n'avait pas osé inclure la clause de promotion du bilinguisme, alors que lui s'apprêtait à le faire, dans la foulée du rapport Charest. Je consentis à ses deux requêtes.

Nous nous serrâmes la main sur le perron de la porte. Soudain, comme quelqu'un qui vient d'avoir une bonne idée, il s'arrêta: «Pourquoi ne pas simplement quitter le cabinet et rester dans le caucus?» La tension, la fatigue et le manque de sommeil aidant, je faillis tomber dans le piège et fus sur le point de dire oui. J'hésitai, lui promis d'y songer et de le rappeler. En montant dans la voiture, je me rendis compte qu'en demeurant député conservateur j'accréditerais la thèse du ministre puni pour cause de télégramme subversif. L'entourage du Premier ministre s'empresserait d'informer ses relations journalistiques, sous le courageux couvert de l'anonymat: le Premier ministre avait vertement semoncé Bouchard pour son télégramme séditieux; oui, c'était bien un limogeage. Perdu dans la brume, le rapport Charest! Haro sur l'intempestif gribouilleur de télégramme! Je pouvais déjà lire les manchettes: MULRONEY SÉVIT: BOUCHARD EST CHASSÉ.

De mon bureau, j'appelai le Premier ministre pour lui confirmer que je quittais cabinet et caucus. Nous ne nous sommes pas parlé depuis.

Le lendemain, j'expédiai la version définitive de ma lettre de démission. Comme on dit, elle parle d'elle-même:

Monsieur le Premier ministre,

Quand, répondant à votre appel, je suis entré, il y a un peu plus de deux ans, en politique active, tous les chefs de gouvernements du pays avaient accepté de vous suivre sur la voie de la réconciliation nationale. Tous avaient compris alors que cette voie passait d'abord et avant tout par un geste de réparation que l'ensemble du pays devait poser à l'endroit du Québec, ostracisé par le coup de force de M. Pierre Elliott Trudeau.

À l'issue d'une négociation serrée, l'accord du lac Meech a fixé les conditions de l'adhésion du Québec à la constitution. Ces conditions, tout le monde au Québec les a trouvées bien minces. Elles ont même fait dire à plusieurs que le Québec effaçait à trop bon compte la vilenie de 1982. Mais, au fond d'eux-mêmes, les Québécois avaient le goût de tendre la main à leurs concitoyens et de s'épargner les heurts d'une autre crise constitutionnelle. Ils ont ainsi voulu fonder l'avenir de ce pays sur un fédéralisme ouvert et chaleureux, à la différence du fédéralisme actuel dont les Québécois se sentent exclus et incompris.

S'armant une fois de plus de patience et faisant à nouveau confiance, ils ont ainsi largement appuyé le premier ministre Bourassa quand il a réduit à l'os le prix du pardon du Québec et de son retour dans la famille contitutionnelle. C'était aussi ma démarche personnelle et c'est ce qui a inspiré mon entrée en politique. J'ai mené, en moins de six mois, deux campagnes électorales, toutes deux essentiellement fondées sur la ratification de l'accord du lac Meech et la conclusion du traité de libre-échange.

J'ai fait le pari que les signatures fraîchement apposées au bas de l'accord du lac Meech seraient respectées.

Mais comme tous les Québécois, j'ai assisté ensuite avec une consternation et une tristesse grandissantes aux réactions qui se sont manifestées dans l'ensemble du Canada anglais à l'encontre de l'accord. Ce qui devait être une démonstration de générosité et de respect pour le Québec a, au contraire, accentué la ligne de fracture de ce pays et donné libre cours à une recrudescence de préjugés et d'émotions qui ne font honneur à personne. C'est ainsi que le Québec, dont il s'agissait d'obtenir le pardon, a été au contraire mis sur la sellette.

Les francophones, dans tout le pays, ont assisté à de nouvelles manifestations d'intolérance. Pendant que le drapeau du Québec était foulé au pied, les supporters du OUI référendaire se sont fait accuser de racisme et de trahison. J'ai été, entre autres, surpris de constater que ceux qui font profession d'exalter la liberté d'expression ne souffrent pas qu'un ministre fédéral, dix ans après le fait, rappelle le désintéressement, la noblesse et la fierté de René Lévesque et des tenants du OUI. La simple mention du droit à l'autodétermination leur donne de l'urticaire.

Et comble de l'ironie, d'autres provinces, répudiant les signatures de leur Premier ministre (l'une d'elles s'est particulièrement signalée en déchirant l'acte de ratification de l'accord déjà adopté par sa législature) y sont allées de leurs réclamations. Ce qu'on appelle «la liste d'épicerie».

Plusieurs de ces demandes portent modification à des éléments essentiels de l'accord.

Et tout cela s'accompagne d'exhortations presque incantatoires à la flexibilité et à la négociation. Le Québec se fait ainsi couramment reprocher son manque de souplesse, son refus de diluer encore les cinq pauvres petites conditions qu'il a timidement posées à sa réintégration constitutionnelle. Je n'ai rien contre l'idée de lancer une discussion propre à préparer d'autres modifications à la constitution, comme par exemple sur l'égalité des sexes et le resserrement des garanties aux autochtones. Mais je ne puis et ne pourrai jamais souscrire à une démarche, quelle qu'elle soit, susceptible d'altérer l'accord lui-même. C'est pourquoi j'ai appuyé la formation du Comité parlementaire spécial, tout en précisant que l'accord du lac Meech devrait être adopté tel quel, sans aucune modification, simultanée ou subséquente. J'ai aussi, à plusieurs reprises, fait savoir que je ne pourrais accepter que le rapport de ce comité formule des recommandations qui changent d'une façon ou d'une autre le fragile équilibre établi par l'accord.

C'est donc avec stupeur que j'ai appris, la semaine dernière, en Europe, que ce rapport propose, comme base de discussion à une éventuelle conférence des Premiers ministres, une liste de quelque vingt-trois modifications, dont plusieurs changent l'essentiel des conditions de l'accord. Je pense, notamment, à la banalisation du caractère distinct de la société québécoise par l'inscription, dans la même disposition, de l'égalité des communautés anglophone et francophone du Nouveau-Brunswick; je songe aussi à sa dilution encore accrue par la proposition d'une application conjointe de la charte des droits et libertés. Je m'inquiète pareillement de la suppression recommandée de la règle de l'unanimité pour opérer la réforme du Sénat et de tous les dangers que laisse planer sur le veto du Québec la formule ambiguë d'un mécanisme d'«approbation régionale».

Et surtout, je considère totalement inacceptable la recommandation d'attribuer au Parlement et au gouvernement fédéral non plus seulement un rôle de protection de la dualité linguistique, comme le stipule l'accord du lac Meech, mais bien un rôle de promotion.

L'Assemblée nationale du Québec s'est déjà clairement exprimée, et d'une façon quasi unanime, sur sa détermination à rejeter toute modification à l'accord du lac Meech. C'est dire qu'on connaît déjà l'issue d'une conférence fédérale-provinciale où les Premiers ministres provinciaux se verraient présenter par le Premier ministre du Canada l'ensemble des propositions du Comité spécial. Le gouvernement fédéral ne peut se contenter de déclarer qu'il n'infirmera pas les acquis du gouvernement du Québec. À partir du moment où notre politique officielle est de ne pas isoler le Québec et de faire ratifier Meech tel quel, il est contradictoire et éminemment dangereux de soumettre à la discussion des positions qui modifient cet accord.

Le gouvernement du Québec ne pourra souscrire à ces propositions. J'en suis sûr, autant que je l'espère. Le Québec se trouvera, de nouveau, isolé. C'est ce qu'il fallait à tout prix éviter. Le rôle de victime qui a été dévolu, en 1982, au Québec n'est déjà pas si glorieux qu'il faille, en 1990, lui faire jouer celui de coupable. Par un hypocrite détournement de l'opération initialement conçue, on autorisera ainsi certains historiens à faire porter par le Québec l'odieux d'avoir sabordé, en 1990, vos efforts de réconciliation nationale. C'est là toute la portée de la dynamique mise en branle par le dépôt du rapport du Comité spécial. Ce rapport, je dois le dire, M. le Premier ministre, il me paraît que c'est celui des adversaires de l'accord du lac Meech. Pas étonnant qu'ils en soient tous si contents. J'en imagine même plusieurs en train de jubiler, M. Jean Chrétien en tête.

Je rejette ce rapport et me refuse aussi à lui donner la caution de mon silence.

J'éprouve en conscience l'obligation de me retirer de votre gouvernement. Je vous demande de me décharger de mes responsabilités ministérielles et de celle de responsable politique du Québec.

Je souhaite bonne chance à mon successeur à l'Environnement et l'assure à l'avance de mon appui. Je formule surtout le vœu que vous lui manifestiez le support que vous m'avez donné. Je quitte ce portefeuille avec déchirement, sachant l'importance cruciale du combat qu'il faut livrer dans ce domaine.

Vous voudrez bien transmettre à mes collègues du cabinet et du caucus tout mon respect aussi bien que mes meilleures salutations. J'ai été honoré de servir avec eux.

Je n'épiloguerai pas sur la difficulté que j'éprouve à prendre la décision que je vous communique aujourd'hui. Elle blesse une amitié très ancienne et maintes fois éprouvée. Mais dès lors que se pose une question de principe, il n'y a pas d'autre choix.

L'un des premiers parmi les combattants de la souveraineté, j'ai couru le «beau risque», si bien nommé — et en même temps légitimé — par M. René Lévesque. Personne ne l'a fait avec plus de loyauté que moi.

Vous devez savoir que j'apprécie au plus haut point les qualités de cœur et d'intelligence que vous mettez au service du pays. J'aurais souhaité qu'il me soit possible de vous aider davantage. Nous avons parcouru ensemble de longs bouts d'itinéraires communs. Il y avait déjà eu des divergences dans nos vues sur l'avenir du pays, mais jamais dans les sentiments de respect et d'amitié que nous avons entretenus.

Je suis d'autant plus peiné de ce qui vient nous séparer que j'éprouve une grande admiration pour le courage et la lucidité avec lesquels vous avez entrepris votre œuvre de réconciliation.

Au reste, mon départ ne laissera pas de soulager une certaine opinion qui exige des élus du Québec à Ottawa une adhésion inconditionnelle, pour ne pas dire sacramentelle, à la formule actuelle du fédéralisme.

Je conserve mon siège de député de Lac-Saint-Jean. En m'élisant deux fois pour les représenter à Ottawa, mes concitoyens m'ont rendu le plus beau témoignage de confiance qui puisse exister.

Je reste en politique fédérale, à tout le moins le temps d'une réflexion, et notamment pour consulter mes électeurs. Je siégerai comme indépendant à la Chambre des communes. J'userai de ma liberté de parole, pleinement retrouvée, dans le sens des intérêts du Québec et du Canada.

Je crois profondément qu'il faut repenser ce pays. Il faut cesser de s'acharner à faire entrer le Québec dans le moule d'une province comme les autres. Au-delà des argumentations juridiques, il y a pour cela une raison péremptoire: ce moule, les Québécois ne l'acceptent pas. Leur réalité même le fait éclater.

Les Québécois, en particulier, doivent redéfinir le degré, les structures et les conditions de leur participation à l'ensemble canadien. Pour moi, cette participation, qu'on l'appelle associative, confédérative ou autrement, requerra une autre négociation: une vraie celle-là, portant sur des enjeux fondamentaux. Authentique, cette négociation devra l'être aussi par la vigueur du ressort qui en tendra la dynamique. Autrement dit, il faudra désormais discuter à partir d'une position de force. Seul un État québécois démocratiquement nanti d'un mandat clair, fondé sur la récupération de ses pleines attributions, disposera de l'autorité politique nécessaire pour négocier l'association canadienne de demain.

Comme le font voir les tribulations de l'accord du lac Meech, le Canada anglais n'a pas pris le Québec au sérieux avec ses exigences minimales. Qui commence à négocier à genoux risque fort de terminer à plat ventre.

Mais, dans l'immédiat, la conclusion de l'accord dans sa forme initiale s'impose. Il ne faut pas y déroger, même au risque qu'il échoue. Tous pourront alors identifier les véritables naufrageurs qui, autrement, se donneront des allures de sauveteurs frustrés dans leur louable entreprise. Je regrette profondément que les députés conservateurs, membres du Comité spécial, aient formé cette alliance avec les libéraux de MM. Trudeau et Chrétien et les néo-démocrates de Mme McLaughlin. C'était payer l'unanimité trop cher. Je détesterais qu'il puisse être dit que les tenants du fédéralisme à la Trudeau ont exigé pour leur signature un prix plus élevé que le Québec pour la sienne. Je me dissocie également de l'attitude équivoque que le gouvernement fédéral a adoptée vis-à-vis de celles des recommandations du Comité spécial qui vident de leur sens les conditions du Québec.

En définitive, mieux vaut l'honneur dans le désaccord que l'accord dans le déshonneur. Et de toute façon, rien ne serait pire que le déshonneur dans le désaccord, sort réservé à ceux qui tenteraient, en vain je veux le croire, de convaincre le Québec de se présenter à une conférence piégée, en vue de lui arracher d'ultimes concessions qui ne sauraient être qu'humiliantes.

Tout cela fait mal à dire, surtout à vous, et probablement davantage à entendre. Mais je me devais de le faire.

Je vous sais fidèle à vos rêves et à vos engagements de jeunesse. Vous accepterez, j'en suis sûr, que je le sois aux miens.

Je vous prie d'accepter l'expression de mes sentiments respectueux et l'assurance de ma reconnaissance et de mon appui pour tout ce que vous avez fait et ferez pour le Québec et le Canada.

Je préparai ensuite, pour la Chambre, une allocution que je prononçai dans l'après-midi, de ma banquette de ministre.

Tout était consommé. Il ne me restait plus qu'à subir les conséquences de ma décision.

L'heure
de la solidarité

Après ces journées d'angoisse et de déchirements, un sentiment de liberté m'envahit. Je recouvrais la faculté d'agir et de m'exprimer à mon gré. Je pouvais à nouveau former des projets personnels, le premier étant de me rapprocher de ma famille et d'assister au merveilleux éveil de l'amour et de l'intelligence chez un enfant de six mois. Mon projet politique s'était buté à un échec, on m'avait utilisé et manipulé, mais le respect des miens et l'honneur ne me seraient pas enlevés.

Dans l'immédiat, il fallait ramasser les fils qui traînaient. L'emploi du temps d'un ministre est par nature chargé et se planifie des semaines, voire des mois à l'avance. Avant de libérer mon bureau, le jour de ma démission, je priai mes collaborateurs de faire le ménage dans mon agenda et d'annuler, entre autres, un engagement prévu pour le lendemain à la chambre de commerce de Montréal.

Puisque l'invitation, acceptée plusieurs semaines auparavant, s'adressait au ministre de l'Environnement, j'avais perdu qualité pour m'y rendre et pour y prononcer le discours — déjà préparé — sur le développement durable. On vint m'apprendre que la chambre de commerce refusait d'annuler la rencontre: les billets étaient vendus, les dépenses engagées. Je fis avertir que je serais alors forcé de traiter de la situation politique. On refusa, d'abord, pour ensuite se résigner, faute de pouvoir faire autrement.

En route pour Montréal, le lendemain matin, je fus pris de panique: pas de texte, pas de notes, rien de prêt. Marchant dans le corridor du Reine-Elizabeth en direction de la salle où m'attendait mon auditoire, j'avais l'impression de franchir les derniers pas de mon éphémère parcours en politique active. Les démissions fracassantes répugnent aux gens d'affaires. Ils se sont presque unanimement rangés du côté du NON, en 1980, et se méfient des nationalistes: de plus, beaucoup d'entre eux, et les plus importants, font des affaires avec le Canada anglais. J'avais plusieurs «prises» contre moi et m'attendais à une réaction hostile.

Le cœur dans les talons, j'entrai dans la salle: tout le monde se leva pour m'ovationner, avant même que j'aie commencé à parler.

Sur la tribune, ils me mirent les mots dans la bouche. Je me sentis vraiment en osmose avec l'auditoire. Je décrivis l'incapacité du Canada anglais de comprendre le long combat de la société québécoise, de son enfermement dans une des cases du fédéralisme canadien et de l'inéluctabilité de notre déploiement collectif. La nature des changements requis heurtait de plein fouet la conception que les Canadiens anglais se font de leur pays et leur ampleur était telle que nous ne pourrions jamais les obtenir par une négociation traditionnelle. D'où la nécessité d'un rassemblement qui donnerait au Québec, pour la première fois, un véritable rapport de force politique. Pour cela, je conviais les Québécois à la définition d'un projet politique, consacré ensuite par une approbation référendaire. Entre autres projets parfaitement valables, je mentionnais la souveraineté-association. Autrement, nous ne pouvions nous attendre qu'à des coups de force comme celui de 1981-1982 et à des répudiations d'accords, comme celle de Meech. Là-dessus, j'évoquai même la mémoire de mon grand-père, ce défricheur du Lac-Saint-Jean, qui aurait eu bien de la peine à accepter qu'on ne puisse pas se fier aux signatures de onze Premiers ministres. Les manifestations d'approbation m'interrompaient à tout bout de champ. Je n'arrivais pas à reconnaître, chez ces auditeurs passionnés, les froids administrateurs venus entendre un discours sur les dangers écologiques et l'émergence d'une éthique environnementale dans le développement économique.

Pendant qu'ils applaudissaient, debout et longuement, à la fin du discours, je ne pus m'empêcher de penser que d'importants changements se préparaient au Québec. Les promesses violées de 1980, l'isolement de 1981, la signature en 1982, sur la pelouse du Parlement, de la constitution des autres, la réouverture de Meech: n'avait-on pas dépassé la mesure de ce que peut supporter la fierté québécoise? Ne pouvait-on pas se remettre à rêver d'une solidarité des nôtres, prête à se traduire en action politique? René Lévesque n'avait-il pas eu raison de compter sur ce réveil?

La réaction de ces représentants de la communauté d'affaires montréalaise était, pour le moins, un début de réponse favorable.

La même impression se confirma quelques jours plus tard, au manoir Richelieu, à Pointe-au-Pic, où se tenait l'assemblée annuelle du barreau du Québec.

Même si on compte parmi eux beaucoup de souverainistes, les membres du barreau constituaient pour moi un auditoire *a priori* hostile. Les représentants de l'*establishment* fédéraliste exercent une grande influence à ce genre d'assises. Au surplus, comme groupe professionnel, on sait les avocats très proches des milieux du pouvoir et de l'argent. Je me souviens d'avoir travaillé, en 1977, au texte d'un discours que Marc-André Bédard, fraîchement nommé ministre de la Justice, devait faire devant une assemblée du barreau, à Montréal. Nous avons discuté longtemps de l'opportunité d'insérer dans l'allocution un développement sur l'engagement souverainiste du gouvernement Lévesque. Finalement, nous avons pris la décision de nous en tenir à un court passage. J'assistais à la prestation de Marc-André et sentis la salle se crisper durant les trente secondes du message pourtant très gentiment souverainiste.

Les arrangements pris avec le barreau, là encore plusieurs mois auparavant, avaient trait à un discours apolitique. Guy Wells, l'un de mes anciens associés de Chicoutimi, s'occupait de l'organisation. Malgré la tournure des événements, il insista pour que je prenne la parole. La réception de la chambre de commerce m'incita à passer outre à mes appréhensions. Reprenant essentiellement les thèmes abordés à Montréal, je recueillis les mêmes manifestations d'appui. À voir et à entendre des avocats fédéralistes que je connaissais applaudir bruyamment, debout, avec une sorte de ferveur dans les yeux, je sus que ma famille professionnelle me reconnaissait toujours comme l'un des siens et me disait de continuer. Je n'avais jamais imaginé que mes confrères, tous orateurs et auditeurs plus ou moins blasés, puissent réagir de cette façon. Le réconfort et l'encouragement que j'en retirai vinrent à point nommé.

Car le spectacle qui se déroulait à Ottawa avait de quoi plonger quiconque dans la désespérance la plus totale. C'était la semaine durant laquelle Meech agonisait à huis clos. Robert Bourassa avait commis l'erreur d'aller s'enfermer avec les autres dans ce panier de crabes où, jour après jour, on grignotait Meech de bel appétit. Sans me faire d'illusions sur la portée de mes modestes efforts, j'avais adjuré notre Premier ministre de se tenir loin de ce guet-apens tendu par Brian Mulroney. Le piège était d'une désolante banalité et n'aurait jamais abusé un négociateur d'expérience: il consistait à jeter sur la table toutes les cartes pêle-mêle (on aura reconnu le contenu du rapport Charest), d'asseoir les joueurs tout autour, de fermer les portes, de faire monter thermomètre et baromètre et de garder là tout ce beau monde jusqu'à ce que règlement s'ensuive.

L'opération, en plus d'avoir avorté, ne s'est pas soldée sans dommage puisque le Québec y a bradé la légitimité morale et l'autorité historique de l'accord du 3 juin 1987. Robert Bourassa, parti pour Ottawa avec un engagement souscrit par onze Premiers ministres — du jamais vu dans notre histoire —, en est revenu avec un brouillon incompréhensible, plein de ratures, d'ajouts et d'astérisques, broché à une annexe gribouillée par des juristes soucieux d'aseptiser la reconnaissance du caractère distinctif du Québec. Notre Premier ministre avait troqué des signatures de Premiers ministres contre des paraphes de juristes, dont certains étaient à la solde du fédéral. Plus grave encore, il avait, sans contrepartie aucune, concédé le principe d'un Sénat élu, c'est-à-dire la reconnaissance d'une troisième légitimité qui permettrait à une deuxième catégorie d'élus québécois à Ottawa de contrer l'action de l'Assemblée nationale.

Il y a aussi cette énigme qui défie toute solution: comment un homme aussi circonspect que Robert Bourassa, pour qui tous les chemins sont minés, a-t-il pu se prêter à cette séance rocambolesque où tout le monde s'embrassait devant la caméra, faisant semblant de célébrer la conclusion d'un grimoire qui attendait encore sa ratification? Comment ce politicien, qui craint le pouvoir des mots autant que la vérité de l'émotion, a-t-il pu verser dans le délire verbal qui l'a fait s'écrier: «Dorénavant [...] pour tous les Québécois, le Canada sera un vrai pays»?

De l'inépuisable flux d'images et de paroles que déverse quotidiennement la télévision, la mémoire collective, faisant déjà sans le savoir œuvre d'historien, n'en retient que quelques-unes. Celles qui nous sont restées des dernières heures de Meech composent une séquence qui, de façon presque subliminale, résume tout: gros plan de Clyde Wells apposant sa signature durant la scène nocturne du Centre des conférences à Ottawa, duo de Robert Bourassa et Brian Mulroney chantant Ô Canada avec componction, petits coups de plume dédaigneux du député autochtone Elijah Harper pour bloquer toutes les velléités de ratification à la législature du Manitoba, puis, encore Clyde Wells, regard bleu intense sur fond rouge d'unifolié, annonçant qu'il ne mettra pas Meech aux voix, et Lowell Murray faisant la constatation du décès. En épilogue, Jean Chrétien, à Calgary, radieux, élu chef du Parti libéral du Canada, tombant dans les bras du Premier ministre de Terre-Neuve et lui payant son dû: «*Thanks for all you've done, Clyde.*» («Merci pour tout ce que tu as fait, Clyde.»)

Les signes d'effervescence politique se multipliaient autour de moi. Sans que nous nous soyons concertés, deux autres députés, François Gérin et Gilbert Chartrand, avaient quitté le caucus conservateur, en signe de contestation du rapport Charest. Trois autres devaient nous emboîter le pas après le naufrage de Meech: Nic Leblanc, Louis Plamondon et Benoît Tremblay. Du côté libéral, Jean Lapierre et Gilles Rocheleau claquèrent eux aussi la porte, refusant de se rallier à leur nouveau chef, Jean Chrétien. Dans ma circonscription, l'attitude de mes partisans fut on ne peut plus positive. À l'occasion d'un *brunch* qui eut lieu le 27 mai, mais qui s'était organisé depuis longtemps, sous la bannière de mon association conservatrice, plusieurs centaines d'entre eux plébiscitèrent ma démission. À Montréal, le 25 juin, je descendis la rue Sherbrooke jusqu'au Stade olympique, immergé dans l'immense fleuve bleu et blanc que rien ne semblait pouvoir arrêter dans sa marche vers la souveraineté. Trois jours plus tôt, Robert Bourassa, ci-devant chantre du fédéralisme, s'était hâté de changer de couplet: «Le Canada anglais doit comprendre que [...] le Québec est, aujourd'hui et pour toujours, une société distincte, libre et capable d'assumer son destin et son développement.»

De toute évidence, le vent qui se levait allait pousser les Québécois en avant. Avec leur instinct politique, ils avaient senti que derrière la débâcle de Meech se profilait bien plus que l'échec d'une négociation. On n'était pas dans ce genre de situation où, après un ratage, on se crache dans les mains et recommence. En ce sens, la réaction des Québécois ne se nourrissait pas que d'indignation. Qu'il y en ait eu est indéniable. Venant après l'encerclement de 1981-1982, lui-même répudiation des engagements de 1980, le reniement, en 1990, des signatures de

1987 ne pouvait que provoquer une perte de confiance, probablement définitive, et un vif ressentiment dans une population naturellement bienveillante. Chassée, huit ans plus tôt, de la famille constitutionnelle, on lui disait, au moment où elle se mettait en quatre pour s'y faire réadmettre, de croupir là où elle était, dans les limbes de la constitution. Bien des collectivités se fâcheraient à moins.

Mais la signification réelle de l'échec, celle qui coupait les ponts sans retour, s'exprimait dans sa cause profonde. Les Canadiens anglais ont proscrit Meech parce qu'il menaçait l'idée qu'ils se font de leur pays. Le pays qu'ils conçoivent dans leur tête et portent dans leur cœur, c'est le Canada actuel, à prédominance clairement anglophone, admirateur et nostalgique de la Couronne britannique, institutionnalisé et symbolisé dans un État central, le plus central possible, d'ailleurs. Autour du centre sont rangées les dix filiales, l'une d'elles étant le Québec. Ce dernier n'est qu'un module parmi les modules, tenant sagement sa place dans une niche provinciale, interchangeable avec chacune des neuf autres, auxquelles Ottawa devrait pouvoir, à volonté, en ajouter d'autres. Dans ce système, «distinct» fait horreur. Le mot est anticanadien.

Nos amis canadiens ont bien compris que, dans une constitution, les mots sont des réalités, et que ces réalités, quand elles sont qualifiées de «distinctes», prennent tôt ou tard le nom de pouvoirs spécifiques. Or, les pouvoirs, c'est à Ottawa qu'ils doivent se concentrer et ceux qu'on laisse aux provinces doivent être répartis selon la plus stricte uniformité.

Les Québécois voient le même pays, mais réfléchi dans un miroir. Leur véritable État est à Québec. Ils cherchent, depuis trente ans, à arracher à Ottawa autant de pouvoirs que possible. Ils ont le sentiment de former un peuple, à prédominance française et objet de leur première loyauté collective. Ils ont, depuis longtemps, reconnu dans les éléments État, territoire, loyauté, peuple et culture, les attributs d'un pays. En l'occurrence, d'un pays artificiellement maintenu à l'intérieur du pays canadien. Par le refus de Meech, les Canadiens anglais ont envoyé le message selon lequel ils ne veulent pas de deux pays dans un et que, s'ils devaient choisir, ils opteraient pour le leur. C'était donner aux Québécois l'idée d'accomplir la même chose en les avertissant qu'ils avaient fait, à l'intérieur du fédéralisme canadien, le plein de leur évolution politique. Pour aller plus loin, il leur faut aller ailleurs. Ailleurs, c'est chez eux, au Québec.

Voilà qui échappe à la négociation et nous éloigne pour toujours des questions de bonne volonté ou de malveillance, d'estime ou de mépris, de respect ou de rejet. La décision à prendre est affaire de logique et de nécessité politiques. Plutôt que de s'interroger sans fin sur nos sentiments et ceux des autres, de tourner en rond et de nous déchirer, nous sommes dans l'obligation de prendre acte de la réalité et de ses exigences: il manque un pays dans ce pays, et c'est le nôtre. Là s'est arrêtée la Révolution tranquille. Le Québec, un pays inachevé, donc à parfaire.

On me rebat régulièrement les oreilles, au Canada anglais, de protestations selon lesquelles deux provinces seulement ont sabordé Meech. Le mémoire de la chambre de commerce du Québec, soumis à la commission Bélanger-Campeau, fait justice à ce sophisme que Pierre Trudeau nous servira probablement, quand il reprendra la parole. Techniquement exact, l'argument ne tient pas, face aux sondages effectués durant le débat sur Meech. Ils révèlent que, d'un bout à l'autre du Canada anglais, plus des deux tiers de la population ont rejeté l'accord (Gallup de mai 1990, lequel indique même que, dans une région comme celle de l'Atlantique, le pourcentage de rejet atteignait 75 pour 100). S'ils n'avaient pu bénéficier d'un appui aussi généralisé, jamais les McKenna, Wells, Chrétien, Carstairs, Filmon et Harper n'auraient été en mesure d'offrir une telle résistance. Ils n'étaient que la crête d'une vague de fond.

J'ai pris ma décision durant ces semaines de la fin juin où je sillonnais le Québec avec Audrey et Alexandre, celui-ci sanglé sur la banquette arrière de la voiture. Je résolus de demeurer en politique pour travailler à la souveraineté du Québec. Comme je l'ai dit dans mon discours de démission en Chambre, j'avais bu le calice du beau risque jusqu'à la lie et mis toute mon énergie à réaliser la réconciliation nationale par le renouveau canadien. Je ne désavouai pas l'objectif poursuivi jusque-là, mais conclus, après tant d'autres qui avaient voulu, comme saint Thomas, mettre la main dans la plaie, que l'entreprise était, dès le début, vouée à l'échec. Le verdict rendu, cette fois, par les Canadiens anglais eux-mêmes faisait de notre souveraineté quelque chose d'incontournable. Le Québec ne pouvait plus se mouvoir que dans cette direction. En lui interdisant toutes les autres, le partenaire lui indiquait la voie à suivre.

Je ne fus pas le seul à tirer ces conclusions. Fin juin, à l'instigation de François Gérin, plusieurs députés démissionnaires envisagèrent de former à Ottawa un groupe parlementaire qui axerait son action sur la promotion de la souveraineté du Québec. Le rapprochement de François Gérin avec le Parti québécois datait de quelques mois. Plusieurs députés et ministres, qui sont d'ailleurs restés dans le caucus conservateur, avaient flirté avec le parti de Jacques Parizeau. La nouvelle avait éclaté comme un coup de foudre le samedi 5 mai 1990, en pleines assises du caucus national du Parti conservateur, à Mont-Tremblant. Nous apprîmes, au petit déjeuner, à la lecture du *Devoir*, que Bernard Landry menait des tractations secrètes avec des membres de l'aile nationaliste du caucus.

L'existence d'une opération aussi systématique fut une surprise pour la plupart, dont moi. Outre celui de François Gérin, déjà connu, les noms de ceux qui avaient rencontré le vice-président du PQ se mirent à circuler. Bien que j'eusse entretenu des rapports de courtoisie avec des amis et connaissances du milieu nationaliste, je n'avais moi-même eu aucun contact avec Bernard Landry. L'idée de constituer une formation de députés souverainistes à Ottawa avait déjà germé dans l'esprit de Marcel Léger, qui ne put toutefois en convaincre René Lévesque. Il avait quand même créé le Parti nationaliste, qui présenta soixante-quinze candidats aux élections générales de 1984 et n'en fit élire aucun. En fait, la réflexion de François Gérin sur la question était beaucoup plus avancée que celle des autres démissionnaires. Quant à moi, j'avais, comme je l'ai dit, commencé par songer à quitter la politique. D'abord limitées aux anciens conservateurs, les discussions s'élargirent à deux anciens libéraux, Jean Lapierre, puis Gilles Rocheleau.

Les deux hommes avaient quitté avec fracas le Parti libéral dans la minute qui avait suivi l'élection de Jean Chrétien à la tête du Parti libéral du Canada. Jean Lapierre, à trente-quatre ans vétéran de moult batailles, apportait sa jeunesse et son expérience. Gilles Rocheleau, grand pourfendeur de souverainistes, réorienta sa combativité contre Jean Chrétien et les fédéralistes de tout acabit. Tous ensemble, nous fîmes le tour de la question.

En prévoyant deux paliers de représentation, le régime fédéral crée deux groupes d'élus québécois, l'un à Ottawa, l'autre à Québec. Comme les deux niveaux de gouvernement entrent régulièrement en conflit sur des questions de compétence aussi bien qu'à propos de dossiers sectoriels, nos élus se trouvent systématiquement placés en situation de porte-à-faux. Le phénomène s'aggrave du fait que les députés québécois à la Chambre des communes se distribuent entre plusieurs formations pancanadiennes, au sein desquelles ils ne constituent que des minorités. La loi de la majorité et la culture centralisatrice des milieux fédéraux les obligent ainsi, très souvent, à combattre les revendications de leurs homologues de l'Assemblée nationale. À cela s'ajoute un concours permanent de visibilité entre députés qui doivent courtiser les mêmes électeurs. C'est à qui lèvera le plus de pelletées de terre, coupera le plus de rubans et remettra le plus de chèques. Derrière ces compétitions médiatiques se livre une âpre lutte pour défendre et conquérir des champs de compétences. Comme le gouvernement central a la faculté de forcer le jeu par le biais de son pouvoir de dépenser, c'est en général l'élu fédéral qui remporte la palme, au détriment de la crédibilité de son vis-à-vis.

L'effet pervers du régime est de morceler la force politique du Québec. Ottawa connaît la recette: diviser pour régner. La légitimité de nos élus fédéraux sert au mieux la machine fédérale quand elle a besoin d'une caution pour ses entreprises les moins reluisantes. Jamais le Canada anglais n'aurait osé perpétrer le coup de 1982 s'il n'avait pu l'abriter derrière le paravent de la députation libérale du Québec, dont Louis Duclos, député de

Montmorency, fut le seul à se dissocier. Warren Allmand vota également contre la résolution du 2 décembre 1981, mais c'était parce qu'il estimait les intérêts de la minorité anglo-québécoise insuffisamment protégés.

Selon l'expression de Bernard Landry, les Québécois doivent cesser de voter «pour une chose et son contraire». «Rouge à Ottawa, bleu à Québec; p't'être ben que oui, p't'être ben que non»: notre ambivalence nous aura fait bien du tort.

Nous décidâmes de nous attaquer à ce mal, et de le faire en bloc. C'est le nom que prit notre groupe, puisqu'il se donnait comme objectif de constituer, à Ottawa, une concentration de toutes les tendances souverainistes. Ainsi naquit le Bloc québécois.

Renonçant délibérément à former un gouvernement, le nouveau parti veut mettre au service de la cause souverainiste un véhicule électoral d'appoint. Pour la première fois, les souverainistes, de quelque allégeance qu'ils soient, pourront, grâce à lui, voter au fédéral en harmonie avec leur vision de l'avenir du Québec. Dans cette perspective, la souveraineté rassemble les Québécois et revigore leur solidarité. Instrument et produit de cette cohésion, le Bloc québécois jouera son rôle le plus significatif au lendemain d'un référendum québécois favorable à la souveraineté. Les élections fédérales, qui ne manqueront pas de suivre, enverront à Ottawa un très fort contingent de députés du Bloc. Ce sera le moment où le gouvernement du Québec, investi du mandat de réaliser la souveraineté, devra rapatrier les pouvoirs fiscaux et législatifs, récupérer sa part d'actif, assumer son juste fardeau de la dette et régler, avec le Canada anglais, des questions comme celles de la monnaie et de la circulation des biens. Installé au cœur de l'institution parlementaire fédérale, le Bloc agira à la façon d'une courroie de transmission entre l'Assemblée nationale et le vis-à-vis fédéral.

Durant cette période transitoire, la présence musclée du Bloc prendra tout son sens. Le prochain Parlement fédéral se fragmentera entre libéraux, néo-démocrates et conservateurs. Aucune de ces formations ne pourra, à elle seule, constituer un gouvernement. Avec un groupe compact de cinquante à soixante députés, le Bloc utilisera à fond la dynamique de la procédure parlementaire pour contraindre le partenaire fédéral à respecter la décision souverainiste du peuple québécois. Loin de pouvoir compter sur sa cohorte d'élus québécois pour neutraliser le mandat référendaire confié au gouvernement du Québec, le fédéral verra ses positions enfoncées par des adversaires souverainistes démocratiquement introduits dans l'enceinte de la Chambre des communes. L'avant-garde souverainiste remplacera les alliés fédéralistes d'hier. Le Bloc sera l'aile enveloppante de l'avance souverainiste. Pour changer, ce sera l'union, au lieu de la division. Souverainiste à Québec, souverainiste à Ottawa. L'encerclement des fédéralistes succédera à celui des souverainistes.

Comme on l'aura vu, la réalisation de ce dessein stratégique passe par un référendum sur la souveraineté. Car rien ne pourra exempter les Québécois de prendre leur décision. Mettre fin aux louvoiements et aux tergiversations, c'est aussi un objectif du Bloc. Il participera donc au débat référendaire, aux côtés de ses alliés souverainistes.

En attendant, il mènera, à la Chambre des communes, des combats ponctuels sur des projets et décisions préjudiciables au Québec et s'emploiera à promouvoir nos intérêts. Toutefois, il ne relève pas de lui, comme tel, de définir un programme gouvernemental pour l'après-souveraineté. Rappelons que le Bloc n'est pas engagé dans la lutte électorale sur la scène québécoise. Cette tâche appartient, pour le moment, au Parti québécois et, demain, à tous les autres partis qui solliciteront un mandat pour gouverner le Québec. Pour cette raison, et aussi en concordance avec l'idée centrale d'un rassemblement de tous les souverainistes, au-delà des lignes de parti, les députés du Bloc, sauf pour les questions directement reliées à la souveraineté du Québec, ont souscrit au principe du vote libre en Chambre.

Cela ne signifie pas que les membres du Bloc se désintéressent du besoin largement ressenti d'élaborer un projet de société pour le Québec. On touche ici à l'un des fruits empoisonnés de l'interminable querelle constitutionnelle. Depuis plus d'une décennie, elle paralyse la réflexion politique proprement dite. Les dernières années du gouvernement péquiste ont pris l'allure de combats d'arrière-garde tandis que les libéraux de Bourassa gouvernent à la petite semaine, utilisant justement, pour se maintenir au pouvoir, l'antagonisme et les ambiguïtés suscités par la «question nationale». Ce prosélytisme constitutionnel a ainsi creusé le fossé entre la classe politique et la population. Celle-ci comprend de moins en moins les politiciens qu'elle voit s'empoigner dans le champ clos de la constitution, mobilisés par leur combat hermétique, pendant qu'autour d'eux le monde change, à vue d'œil, qu'apparaissent des préoccupations inédites et que naissent des espoirs nouveaux.

Si les limites que lui imposent la nature de sa mission et sa composition arc-en-ciel l'empêchent de s'adonner à ce nécessaire travail de projection vers l'avenir, le Bloc croit devoir, toutefois, fixer les préalables de la souveraineté. Puisqu'un Québec souverain devra se construire sur des fondements démocratiques et constituer une société de droit, ses membres reconnaissent à la démarche souverainiste l'obligation de définir, d'entrée de jeu, les garanties démocratiques dont devront jouir les minorités anglophone et ethniques, de même que les autochtones. Pareillement, sa commission politique a été chargée de préciser, quant aux perspectives et aux objectifs généraux, le rôle international du Québec. Enfin, le Bloc considère pouvoir aussi apporter une contribution à l'examen des formes d'arrangements à mettre en place avec le Canada anglais.

La tribune d'Ottawa lui offre une possibilité unique de s'adresser au Canada anglais, non pas pour le convaincre des bienfaits de la souveraineté du Québec, mais pour l'y préparer. La voix du Québec au Canada anglais passe par les haut-parleurs patentés du fédéralisme à Ottawa. Les bulletins de santé viennent de Jean Chrétien, de Brian Mulroney et d'André Ouellet. Comment s'étonner alors du dangereux déphasage si souvent observé entre notre réalité et sa perception pancanadienne? Il incombe au Bloc québécois de décaper les messages traditionnels en provenance de la Colline parlementaire. Les Canadiens anglais ont intérêt à connaître l'intensité, la persistance et les objectifs de la démarche souverainiste. Quelqu'un doit leur dire que, contrairement aux discours rassurants dont les abreuvent les milieux officiels, le Québec n'est pas assoupi et qu'un large consensus s'est formé sur la nécessité de tenir un référendum sur la souveraineté.

En tenant nos amis canadiens dans l'ignorance ou dans un faux confort, on leur ménage de bien mauvaises surprises. D'où l'importance de les préparer aux résultats d'un référendum favorable à la souveraineté. C'est la meilleure façon d'amortir les chocs émotifs et de susciter le climat de réalisme que requerra l'aménagement d'une transition responsable. Parler au Canada anglais, voilà l'une des nombreuses tâches qui échoient au Bloc québécois.

Il en est de même pour l'opinion étrangère. La capitale fédérale est le siège d'une centaine d'ambassades, à l'écoute de tous nos débats. Elle reçoit aussi de multiples visiteurs, venus des quatre coins du monde. Puisque nous attendrons de la communauté internationale qu'elle reconnaisse l'État souverain du Québec, il importe de profiter du lieu et de l'occasion pour accomplir, par le truchement des députés du Bloc, auprès de ces interlocuteurs privilégiés, un indispensable travail d'information et de sensibilisation.

Si l'on en juge par l'envergure de la tâche et le nombre de créneaux s'offrant à leur action, les députés démissionnaires ne pouvaient douter de la justification et de la légitimité de leur nouvelle formation.

Ces orientations se reflètent dans la description qu'ils ont faite de la mission du Bloc, dans le protocole du 25 juillet 1990:

1. Nous nous définissons d'abord comme un groupe de députés soucieux de fidèlement représenter les citoyens et citoyennes qui nous ont élus.

Nous entendons ainsi mettre en place dans nos circonscriptions respectives des mécanismes susceptibles de favoriser les débats démocratiques et la participation du grand public. Nous croyons en effet que notre société doit évoluer dans le cadre d'une véritable démocratie de participation. Nous œuvrerons en ce sens dans la mesure de nos moyens.

2. Notre allégeance nationale est québécoise. Notre territoire d'appartenance est le Québec, foyer d'un peuple de culture et de langue françaises dont nous entendons promouvoir la souveraineté.

3. Nous considérons l'Assemblée nationale du Québec comme étant, en droit et en fait, l'institution démocratique suprême du peuple québécois. C'est là que doit s'exercer son autorité souveraine.

4. Nous avons quitté nos formations politiques respectives et conservé nos sièges à la Chambre des communes afin:

a) de nous associer sans entrave à la démarche amorcée pour définir et construire, dans la concertation, un Québec nanti de la plénitude de ses attributions;

b) de nous faire, à Ottawa et au Canada anglais, des porte-parole de cette démarche;

c) d'assurer le libre exercice, par le peuple québécois, de son droit à l'autodétermination en faisant en sorte que ce droit soit bien compris dans l'ensemble du Canada et respecté par les institutions fédérales;

d) de favoriser l'émergence d'un rapport de forces au bénéfice du Québec, pour l'appuyer dans la mise en œuvre d'un nouvel arrangement politique avec le partenaire canadien;

e) de consolider autour des seuls intérêts du Québec la force et l'autorité politiques de notre peuple à Ottawa.

5. Les députés du Bloc québécois ne sont pas astreints à une discipline de parti et ils exercent d'une façon libre leur droit de vote à la Chambre des communes.

6. Reconnaissant que l'avenir du Québec est intimement lié à sa prospérité et à sa stabilité économiques, nous exigerons du gouvernement fédéral la pleine part du Québec en tant que partenaire fondateur et contributeur majeur de la fédération canadienne.

7. Dans tous les cas, nous respecterons et appliquerons intégralement les principes fondamentaux de démocratie, d'équité et de

VISAGE DÉCOUVERT

responsabilité sociale. Nous lutterons contre la discrimination sous toutes ses formes, tout en affirmant un préjugé favorable envers les personnes les plus démunies de notre société.

Les événements allaient d'ailleurs plus vite que nous. Dès le début de juillet, avant même de sanctionner nos discussions par un document formel de fondation, nous avions dû prendre notre première décision difficile. L'élection complémentaire annoncée dans la circonscription de Laurier—Sainte-Marie, pour remplacer le libéral Jean-Claude Malépart, décédé, nous obligea à faire subir son premier test à la formation naissante.

Sous plusieurs aspects, il y avait matière à inquiétude. À six semaines du scrutin, fixé au 13 août, nous n'avions ni candidat, ni organisation, ni parti, ni argent. En plein milieu de l'été, la mobilisation apparaissait problématique. Beaucoup de gens me déconseillèrent d'entrer dans la course. J'avais essuyé le refus des trois ou quatre premières personnes pressenties pour une candidature. On me faisait remarquer que le libéral Jean-Claude Malépart avait résisté, dans cette circonscription, aux vagues conservatrices de 1984 et 1988.

Michel Lepage, l'infaillible sondeur du PQ, prévoyait quand même la victoire d'un souverainiste. Mais comment s'assurer que les électeurs feraient la différence entre les quatre ou cinq candidats souverainistes qui se pointaient? Même les adversaires néo-démocrate et conservateur se réclamaient de la souveraineté. Les résultats des sondages de Michel Lepage accordaient toutefois plus de chances à un «candidat souverainiste appuyé par Lucien Bouchard».

La raison principale qui me poussa à foncer était celle de la légitimité. En dépit des appuis que nous avions tous reçus dans nos circonscriptions respectives, les conservateurs et de nombreux commentateurs, pas uniquement anglophones, nous accusaient de détournement de mandat électoral. On contestait notre droit de promouvoir la souveraineté du Québec à la Chambre des communes, où nous avions été élus sous les bannières de partis fédéralistes. Personnellement, j'invoquai les sondages favorables à ma démission et offris publiquement, à quelques reprises, de mettre mon siège en jeu. Mais les attaques persistaient et menaçaient d'éroder notre crédibilité. En relevant le gant dans Laurier—Sainte-Marie, je voyais l'occasion de régler la question une fois pour toutes. L'élection au Parlement fédéral, pour la première fois dans l'histoire du Québec, d'un député souverainiste — et un souverainiste présenté par le Bloc québécois — trancherait la question de notre légitimité.

Restait le choix d'un candidat ou d'une candidate. Après plusieurs rencontres infructueuses tenues dans une suite du Reine-Elizabeth, je résolus d'aller sur le terrain. Me rappelant que Louise Harel m'avait déjà parlé d'un pilier électoral de la circonscription, je me rendis rue Ontario, dans l'est de Montréal, à la taverne de Bob Dufour. Dans la chaleur torride d'une fin d'après-midi de juillet, mon hôte, silencieux et sur ses gardes, me fit asseoir en face d'une tablée de verres de bière pression bien froide. Je savais qu'il était un admirateur de Claude Charron et de Robert Burns, avait fait ses classes comme débardeur dans le port de Montréal et plongeait dans chaque lutte électorale, à quelque niveau que ce soit. Pendant qu'il me scrutait d'un regard méfiant, je lui énumérai des noms, dont celui de Gilles Duceppe, le fils du comédien, qui m'avait été suggéré par le député Benoît Tremblay. Après m'avoir fait un portrait de la circonscription et de ses «gros joueurs», «Bob» (son vrai prénom est Yves, qu'il porte, dans les grands moments, avec cravate et veston) me loua «la culture politique» de Gilles Duceppe. Le lendemain, il me rappela pour me dire que lui et d'autres chefs de réseaux travailleraient pour «Gilles». Ce dernier, négociateur à la CSN, terminait un dossier dans le secteur de l'hôtellerie et n'était pas sûr de pouvoir se libérer à temps. Finalement, un règlement étant intervenu, le 9 juillet, à la table de négociations, il me donnait son accord le même jour.

Le surlendemain, dans le sous-sol de l'église Saint-Louis-de-Gonzague où se pressaient quinze cents personnes, j'annonçai que Gilles Duceppe briguerait les suffrages pour le Bloc. La nouvelle n'eut pas beaucoup d'écho dans les médias, et pour cause: le même soir, le caporal Marcel Lemay trouvait la mort, à Oka, au cours de l'assaut donné par la Sûreté du Québec contre les Mohawks.

La campagne fut courte, mais intense. Porte à porte, bataille des panneaux-balcon, débats contradictoires, bingos, poignées de main dans les bouches de métro, épluchettes de blé d'Inde: tout y passa. Le soir du 13 août, après une journée de pluies diluviennes, Gilles Duceppe triomphait avec une majorité de 16 818 votes. Il récoltait 66,9 pour 100 des voix contre 19,1 pour 100 pour les libéraux, 7,24 pour 100 pour le NPD et 4,45 pour 100 pour les conservateurs.

Je n'entendis plus grand monde mettre notre légitimité en doute, par la suite.

De toute façon, le débat s'était singulièrement élargi. Se désintéressant des cafouillages d'Ottawa et déterminé à faire cavalier seul, le Québec portait une attention croissante à la redéfinition de ses orientations.

J'avais pu, dès le début de juin, constater *de visu* que de nombreux Québécois souhaitaient établir entre eux des consensus sur l'élaboration de leur avenir. C'était manifestement le cas des milieux d'affaires où je prononçai plusieurs discours, après ceux de la chambre de commerce de Montréal et du barreau du Québec. Je décidai de tâter le terrain ailleurs, notamment du côté syndical. Les durs affrontements du secteur public, en 1982-1983, avaient tendu à l'extrême mes rapports avec les chefs du monde syndical. Mais, tout s'étant passé à visière levée, je ne les croyais pas rompus. Je rencontrai Gérald Larose, de la CSN, Louis Laberge, de la FTQ, et Lorraine Pagé, de la CEQ, pour faire le point sur la situation politique. Des conversations avec Claude Béland, du Mouvement Desjardins, et Jean Campeau, encore à la Caisse de dépôt, confirmèrent ensuite deux choses: la nécessité d'une concertation et d'un rassemblement des Québécois, au-delà des lignes de parti; et le besoin d'un forum d'études et d'échanges qui permette à des interlocuteurs de tous les horizons de dégager les lignes de force du Québec de demain.

Ces contacts débouchèrent sur une série de rencontres qui, fin juin, début juillet, réunirent, alternativement autour de

Claude Béland et de Gérald Larose, des représentants de tous les milieux: de Jean Campeau à Denise Crête, présidente de la Fédération des femmes du Québec; de Jacques Proulx, de l'Union des producteurs agricoles, à Serge Turgeon, de l'Union des artistes. Avec Louis Laberge, participèrent aussi des gens comme Pierre Dansereau, Rita Dionne-Marsolais, ancienne déléguée générale du Québec à New York, et Isabelle Courville, ex-présidente de l'aile jeunesse du PQ, sous Pierre-Marc Johnson. Même Claude Castonguay, que j'avais déjà rencontré, à Ottawa, se joignit à l'une de nos réunions. Il devait ensuite m'aviser qu'il ne reviendrait pas.

Le projet dont nous discutions s'appellerait Forum-Québec. Il visait, selon l'un des derniers textes que nous fîmes circuler, à:

1. Constituer un carrefour d'informations, de recherches et de données précises sur l'ensemble des activités que mèneront les diverses composantes de la société québécoise au sujet de la définition et de la concrétisation d'un projet national et souverain pour le Québec.

2. Créer des occasions de débats larges et publics au sujet des questions fondamentales concernant l'avenir du Québec sur lesquelles la population québécoise est conviée à se prononcer.

3. Susciter sous le mode de l'adhésion individuelle (carte de membre) le rassemblement massif du plus grand nombre de personnes possible issues de tous les horizons de la société québécoise afin de constituer un large mouvement social, non partisan, en faveur d'un projet souverain pour le Québec.

4. Provoquer ainsi un rassemblement large, transcendant les partis politiques et les organismes fondateurs du Forum-Québec, de personnes qui veulent contribuer activement, à l'intérieur d'un processus ouvert et démocratique, à la définition et à la promotion d'un projet national pour le Québec.

Il s'accompagnait d'une grille thématique des travaux et études à effectuer et d'un échéancier de colloques et séminaires.

Pendant ce temps, un rare climat de solidarité s'installait à l'Assemblée nationale. La classe politique réagit au décès officiel de Meech en s'élevant au-dessus des antagonismes partisans. Le cri de Jacques Parizeau «le pays avant le parti» avait donné le ton. Les Québécois ne s'arrêteraient pas là où l'échec de Meech les avait laissés. Quelle que soit leur destination future, ils se prenaient à espérer la déterminer et l'atteindre ensemble.

Le milieu politique en était à s'interroger sur le cadre de la réflexion à conduire: états généraux ou groupe restreint? Dans cette dernière hypothèse: commission d'enquête traditionnelle ou commission parlementaire? Le cas échéant, serait-ce une commission parlementaire formée exclusivement de députés de l'Assemblée nationale ou comprendrait-elle des membres émanant de différents secteurs d'activités?

Nous étions sur le point de procéder au lancement public de Forum-Québec. Mais, voyant la tournure des événements à Québec, nous nous ravisâmes, soucieux de ne rien faire qui pût court-circuiter le rapprochement entre Robert Bourassa et Jacques Parizeau. Au même moment, quelques membres de notre groupe commencèrent à recevoir des appels de Robert Bourassa, qui pour présider la commission en voie de formation, qui pour y siéger. Ainsi fut décidé de mettre Forum-Québec en veilleuse. La commission parlementaire élargie nous apparut comme un instrument beaucoup plus approprié pour la réalisation des objectifs envisagés par Forum-Québec. Malgré tout, ce ne fut pas du temps perdu: huit d'entre nous se retrouvèrent au sein de la commission Bélanger-Campeau, dont l'un à titre de coprésident. Nos échanges estivaux avaient jeté les bases de l'étroite coopération qui devait nous unir par la suite, sous l'appellation de «commissaires non alignés».

Le 3 juillet, à l'issue d'un entretien en plein air, sur le toit du «bunker», le premier ministre Bourassa me fit l'honneur de me nommer, le premier, à la commission encore sans nom. Elle ne perdit rien pour attendre, puisqu'elle devait en recevoir deux, une fois que MM. Bourassa et Parizeau se furent entendus sur le tandem de ses présidents, Michel Bélanger et Jean Campeau. Je vis pour ma part un symbole dans le fait qu'ils étaient tous deux des produits typiques de la Révolution tranquille, d'abord élevés dans la jeune fonction publique québécoise, pour ensuite couronner leurs carrières par de remarquables succès dans le monde de la finance.

En septembre, la composition de la commission affichait complet: parlementaires de l'Assemblée nationale et de la Chambre des communes, élus municipaux et scolaire, syndicalistes, représentant du monde culturel et gens d'affaires.

Tout ce beau monde se mesura discrètement du regard, lors de ses premières rencontres. Personne n'oubliait qu'une ligne invisible démarquait des fédéralistes le contingent, moins nombreux mais plus compact, des souverainistes. La chimie personnelle aidant, l'atmosphère se réchauffa vite. Qu'ils se tissent en fonction d'amitiés de collège, de camaraderies d'université, de connaissances communes, de rencontres professionnelles, de solidarités géographiques ou de luttes politiques, les réseaux se recoupent vite et dans tous les groupes, au Québec.

Malgré un désir évident de définir des points de convergence, personne ne se faisait d'illusion, toutefois, sur la possibilité de se rencontrer sur l'essentiel. Robert Bourassa ne pouvait pas s'imaginer qu'il métamorphoserait Jacques Parizeau en fédéraliste, pas plus que Lorraine Pagé n'espérait faire de Charles-Albert Poissant un croisé de l'indépendance.

Il était donc inévitable que des sous-groupes se forment à l'intérieur des deux camps. Autour d'André Ouellet se réunirent Ghislain Dufour, le président du Conseil du patronat, Marcel Beaudry, protecteur efficace des intérêts de l'Outaouais, et les autres représentants de la communauté d'affaires. Jean-Pierre Hogue, député conservateur, donc l'homme du gouvernement fédéral, apportait aux siens le soutien d'experts du Conseil privé. André Ouellet dirigeait le groupe avec une habileté redoutable. J'ai l'impression, cependant, qu'au contact de tous ces nationalistes, péquistes, souverainistes et séparatistes, son fédéralisme perdit ce qu'il avait de plus abrasif.

Notre propre noyau initial de sept souverainistes «non alignés» (je n'ai jamais très bien compris ce que les médias entendaient par là) passa à neuf, en s'enrichissant de Roger Nicolet, président de l'Union des municipalités régionales de comté et des municipalités locales du Québec, et de Jean-Claude Beaumier, vice-président de l'Union des municipalités du Québec. Nous nous donnâmes un *whip* en la personne de Gérald Larose. Un Gérald Larose combatif mais nuancé et plein d'humour qui sortit grandi de cette expérience. J'étais fier de l'équipe que nous constituions. Les Béland, Laberge, Pagé, Turgeon, Nicolet, Proulx et Beaumier abattirent un travail que rehaussait la préparation sur laquelle nous pouvions compter. Très tôt, nous avons mis en commun les ressources dont nous disposions. C'est ainsi qu'Yves Martin, dont j'avais retenu les services, Pierre Bonnet, de la CSN, Yvan Loubier, de l'UPA, Guy de Grandpré, du Mouvement Desjardins, et Henri Laberge, de la CEQ, ont constitué notre Conseil privé à nous. Nous devons beaucoup à l'intelligence et à la qualité de leurs analyses, études et documents de stratégie. Yves Martin, en particulier, me prodigua sa sagesse et m'entoura de sa vigilance. Je n'ai jamais eu qu'à me louer des bouts de route parcourus en compagnie de cet ami chaleureux qui allie probité à rigueur et voue à la cause du Québec des convictions exigeantes.

Quant aux députés de l'Assemblée nationale, libéraux et péquistes, les travaux de la commission s'inscrivaient dans le prolongement de leurs activités parlementaires. La discipline de caucus, à laquelle ils demeuraient soumis, eut jusqu'à un certain point pour effet de les isoler en deux pelotons distincts. Malgré des rencontres occasionnelles de groupes, les jonctions, chez les souverainistes en tout cas, s'effectuaient plutôt de façon indivi-duelle. Ainsi, mes liens amicaux et anciens avec Guy Chevrette et Jacques Brassard furent souvent mis à contribution.

Passé les premiers moments d'adaptation, c'est vraiment la qualité des mémoires et de leur présentation qui fit décoller la commission et força les consensus.

Il apparut vite qu'une très forte majorité des Québécois rejetait le fédéralisme dans sa forme actuelle. Le mémoire de la chambre de commerce du Québec est la démonstration la plus dévastatrice qu'on puisse lire de l'échec économique du fédéra-lisme canadien. L'ampleur des changements réclamés (ne serait-ce que dans les domaines de l'abolition du pouvoir fédéral de dépenser et de l'accroissement des compétences du Québec) par ses soixante mille membres fixait la barre à peu près au niveau de ce qu'allait exiger, quelques mois plus tard, le rapport Allaire, du Parti libéral du Québec. La chambre de commerce déplorait de plus les coûts économiques et sociaux de l'incertitude politique.

Elle insistait donc sur la nécessité de trancher «la question de l'avenir constitutionnel du Québec avec célérité et de façon décisive». Un grand nombre de mémoires importants, tels ceux du Mouvement Desjardins, de l'Association des manufacturiers («il importe de faire vite»), de la CEQ et des autres centrales concluaient dans le même sens.

Là se trouvaient posés les fondements d'un consensus lourd de conséquences: le *statu quo* n'était pas acceptable. En subordonnant leur adhésion fédéraliste à un renouvellement en profondeur, les derniers fidèles du régime entraient dans une logique infernale. Car même s'ils souhaitaient une solution expéditive, ils demandaient aussi du temps pour se donner une ultime chance de renouveler la structure fédérale. Les souverainistes avaient beau jeu de leur répliquer que, compte tenu du rejet des conditions minimales de Meech, toute autre tentative de «réconciliation nationale», fondée sur des exigences plus hautes, était forcément vouée à l'échec. Qui a refusé de concéder moins refusera assurément de donner plus.

Bien entendu, les intentions qui motivaient ces demandes de délai n'étaient pas toujours pures. Ne comptait-on pas sur le temps pour refroidir certaines ardeurs souverainistes?

Nous décidâmes, au sein du groupe des neuf, de réactiver Forum-Québec, mais en le transformant en un instrument de pression qui pousserait à la tenue d'un référendum sur la souveraineté en 1991. Sous l'appellation de Mouvement Québec 91, l'organisme entra en action en novembre 1990. Il regroupait des représentants des divers organismes souverainistes, des centrales syndicales, du Bloc et du Parti québécois, et se mit à recruter des membres dans le grand public.

À la commission même, au fur et à mesure que défilaient les délégations préconisant avec insistance un référendum rapide, le débat s'intensifia. Députés péquistes et commissaires non alignés ne perdaient pas une occasion de marteler la revendication d'un référendum sur la souveraineté en 1991.

Rien dans le comportement des présidents, qui s'étaient jusque-là contentés de siéger comme deux sphinx, n'avait laissé voir le coup de théâtre qu'ils nous préparaient. Le 19 février 1991, ils suggéraient à la commission de tenir, au plus tard en septembre 1991, un référendum proposant de proclamer la souveraineté au plus tard le 31 décembre 1993, si n'était pas conclue, d'ici là, une entente renouvelant le fédéralisme à la satisfaction du Québec.

Les souverainistes acceptèrent la recommandation, avec quelque mérite, puisqu'elle comportait la possibilité d'une autre négociation. Les fédéralistes, eux, se cabrèrent, Robert Bourassa en tête. André Ouellet et ses alliés se réjouirent de cette fermeté. Mais ils ignoraient, comme nous, que ce non n'était pas catégorique. Deux semaines plus tard, le rapport Allaire, rendu public en présence et avec l'assentiment apparent du Premier ministre, jetait un pavé dans la mare fédéraliste. Le nouveau catéchisme libéral revendiquait l'élimination du pouvoir fédéral de dépenser, l'abolition du Sénat, l'introduction dans la constitution d'une clause de sécession, la récupération du droit de veto, le transfert d'Ottawa à Québec de la plénitude de onze pouvoirs et la cessation des empiétements fédéraux dans onze autres, de compétence québécoise. Le meilleur était pour la fin. Le rapport demandait au gouvernement libéral de s'engager à tenir, avant le 21 décembre 1992, un référendum proposant la ratification d'une entente conforme aux revendications du rapport, ou, dans le cas contraire, c'est-à-dire faute d'accord, l'accession à la souveraineté, assortie d'une offre d'union économique gérée par des instances confédérales.

Sauf en ce qui concerne l'abolition du Sénat, le vingt-cinquième congrès des membres du Parti libéral du Québec adoptait le rapport le 9 mars 1991.

Cette fuite en avant donna, pour la première fois, l'initiative aux députés ministériels qui siégeaient à la commission. Ils prirent le ballon des mains d'André Ouellet qui avait, jusque-là, plus ou moins dirigé les évolutions fédéralistes. Les libéraux de Robert Bourassa ne lâchèrent plus leur avantage: abandonné de ses alliés conjoncturels Ghislain Dufour, Marcel Beaudry et Charles-Albert Poissant, André Ouellet, qui avait vu, mieux que quiconque, l'effet explosif de la réforme Allaire au Canada anglais, dut se résigner à l'isolement, aux côtés de Robert Libman. Mais c'est surtout par rapport à leurs vis-à-vis souverainistes que les ministres et députés libéraux changeaient la dynamique des discussions. Ils avaient maintenant quelque chose à offrir, disant aux souverainistes: «Acceptez de différer le référendum d'un an et nous pourrons signer avec vous le rapport de la commission.» L'offre ne manquait pas d'intérêt, au moment où le public attendait des travaux de la commission qu'ils débouchent sur un consensus.

La recherche d'un consensus: nous avions tous ces mots à la bouche durant les dernières semaines de mars, consacrées à la rédaction du rapport. Les audiences publiques, tenues dans toutes les grandes régions du Québec, diffusées en direct à la télévision et reprises tous les soirs, avaient été un immense succès. Privés de la parole depuis dix ans sur la question de leur avenir, les Québécois profitèrent de ces «états généraux électroniques» pour renouer avec la continuité de leur destin de peuple.

Le vœu profond et clairement majoritaire était celui de la souveraineté. Mais il s'accompagnait parfois de plus d'espoirs que de certitudes. Et beaucoup de personnes avaient posé à la commission des questions auxquelles elle se sentait obligée de répondre. Il aurait fallu pour cela qu'elle constitue un tout homogène alors que sa composition, au départ, la faisait ressembler aux *Têtes à Papineau*, de Jacques Godbout.

Comment pourrait-elle, divisée sur l'essentiel, énoncer des propositions cohérentes qui permettent aux Québécois de prendre, dans la solidarité, une vraie décision? En même temps, je percevais, chez la quasi-totalité des commissaires, un sincère désir de rapprochement sur toutes les questions, y compris celle de la souveraineté. Cette bonne volonté nous fit franchir des pas importants. C'est ainsi que fut généralement reconnue la viabilité, à court et à long terme, d'un Québec souverain. Il s'en trouva très peu pour la mettre en doute, même parmi les économistes entendus durant nos séances. Les inquiétudes formulées sur les aspects économiques de l'accession à la souveraineté se limitaient, essentiellement, à la stabilité économique durant la période de transition d'un régime à l'autre.

Partant de là, la commission put resserrer la décision à prendre en restreignant l'éventail du choix à deux seules options: une dernière tentative de renouvellement en profondeur du fédéralisme ou l'accession à la souveraineté. Elle résuma en ces termes la perspective générale:

> Les uns sont d'avis que la première voie doit être empruntée d'abord et que, en cas d'échec, le Québec devrait s'engager dans la seconde pour accéder à la souveraineté. Les autres préfèrent mettre en œuvre la seconde voie dès à présent. Ainsi, en cas d'échec d'une dernière tentative de renouvellement du fédéralisme, il ne reste plus qu'une seule voie, celle de la souveraineté. (p. 82-83 du rapport)

Même pour les personnes qui voulaient lui accorder une dernière chance, le fédéralisme n'était préférable à la souveraineté qu'à la condition de subir des «changements majeurs» ou d'être «profondément réaménagé». Les commissaires s'étaient entendus pour définir largement le genre de changements demandés par les comparants: abolition du pouvoir fédéral de dépenser, suppression des chevauchements, récupération du droit de veto et, d'une façon générale, en ce qui concerne le partage des pouvoirs: «l'attribution au Québec, à titre exclusif, de compétences et responsabilités liées à son développement social, économique et culturel ainsi qu'au domaine de la langue» (p. 55 du rapport).

Il est vrai que la commission n'a pas offert de plus amples précisions sur la nature des changements qu'elle jugeait nécessaires. Là-dessus, le rapport Allaire est venu à la rescousse. Il s'emboîte parfaitement dans le rapport Bélanger-Campeau qui, à la façon du tableau de Mendeleïev, laisse ouverte la case des pouvoirs, après en avoir fait une nomenclature. Le rapport libéral complète celui de la commission en identifiant d'une manière détaillée les pouvoirs à rapatrier d'Ottawa pour satisfaire au critère des «changements en profondeur» fixé par Bélanger-Campeau.

À ce bel édifice manquait la clé de voûte: quand la population serait-elle appelée à faire le choix entre les deux voies? Avec deux gouvernements fédéralistes en selle à Ottawa et à Québec, respectivement pour deux et trois ans, les louvoiements et les attitudes dilatoires risquaient de perdurer. Il importait d'introduire un élément de rigidité, donc de certitude, dans un processus désespérément fluide. Autrement, la commission n'aurait été qu'un feu d'artifice dans le firmament politique du Québec.

Voilà pourquoi la proposition du rapport Allaire de soumettre la décision à un référendum fut, après réflexion, perçue par plusieurs souverainistes comme un pas significatif. Mais deux difficultés subsistaient. D'abord, les souverainistes ne pourraient pas cautionner la tenue d'un référendum portant sur un accord fédéraliste. Deuxièmement, les libéraux souhaitaient retarder la consultation populaire jusqu'en 1992, alors que nous la voulions en 1991.

À l'évidence, le consensus sur un échéancier ne s'obtiendrait qu'au prix d'un compromis. La solution la plus réaliste paraissait d'arracher aux libéraux l'engagement de faire porter le référendum sur la souveraineté, en contrepartie d'un acquiescement de notre part à le différer d'un an, soit de 1991 à 1992. Autour de ces paramètres, s'amorça, dans les derniers jours de la commission, une négociation délicate et laborieuse, non seulement entre fédéralistes et souverainistes, mais entre groupes et individus des deux camps.

Au terme de multiples péripéties, trente-deux commissaires sur trente-cinq (le trente-sixième, Claude Ryan, n'avait pas trouvé le temps de siéger avec nous) convinrent, dans les grandes lignes, de la solution réaliste. Cet accord, nous le devons, pour une large part, à l'ouverture d'esprit et à l'acharnement d'un homme: Henri-Paul Rousseau, le secrétaire de la commission. Cet économiste, emprunté à la Banque Nationale, aura été la révélation de la commission. Debout jour et nuit, durant le sprint final, il fit une navette incessante entre partis, camps, groupes et sous-groupes. Avec l'aide des Guy Chevrette, Marcel Beaudry et Gérald Larose, il finit par mettre d'accord le gros des commissaires.

Les fédéralistes, pourtant majoritaires, ne purent se présenter ensemble au fil d'arrivée. André Ouellet, Jean-Pierre Hogue et Richard Holden n'apparaissent pas au nombre des signataires. Il était dit que seuls les souverainistes pourraient faire leur unanimité. Ils durent, pour y arriver, surmonter quelques difficultés, dont certaines plutôt épineuses. La substitution de 1992 à 1991, comme année référendaire, heurta beaucoup de militants que nous venions de mobiliser dans Mouvement Québec 91. Si bien que l'organisme dut, une fois de plus, changer de nom et de vocation et devenir Mouvement Québec tout court, le parapluie sous lequel se regroupent les partis, associations et individus d'allégeance souverainiste.

De plus, les libéraux exigèrent la création d'une commission parlementaire chargée d'apprécier les offres constitutionnelles en provenance d'Ottawa et du Canada anglais. Il n'y avait rien là de particulièrement alléchant pour les députés péquistes. Ils y consentirent, après avoir obtenu que cette commission ne serait activée qu'à la condition de recevoir «une offre liant formellement le gouvernement du Canada et les provinces». Ils pouvaient aussi se réjouir de la mise sur pied d'une autre commission parlementaire, celle-là mandatée pour examiner «toute question relative à l'accession du Québec à la pleine souveraineté».

Le gain principal des souverainistes fut de faire inclure dans la recommandation de la commission que l'engagement libéral de tenir un référendum sur la souveraineté se traduise en une obligation édictée par une loi de l'Assemblée nationale. Nous étions plusieurs à penser que ce ne serait pas trop d'une loi pour renforcer la signature de Robert Bourassa.

Quelques mois plus tard, l'Assemblée nationale adoptait la loi 150. Il ne reste plus maintenant qu'à l'appliquer, ce qui, pour certains, n'est pas aussi simple qu'on pourrait le croire.

Il est encore trop tôt pour évaluer les retombées, à long terme, des travaux de la commission Bélanger-Campeau. Dans l'immédiat, toutefois, on peut se féliciter du rapprochement qu'elle a rendu possible, au-dessus des partis et des intérêts, entre gens et milieux qui, quoi qu'il advienne, auront l'obligation de résoudre leur différend dans le dialogue. Elle a aussi pourvu les Québécois d'une grille d'analyse — raffinée par le rapport Allaire — dont ils auront bien besoin pour évaluer ce qu'Ottawa leur prépare, offres ou question référendaire.

Mais le grand service qu'elle aura rendu est d'avoir enfermé tout le monde, au Québec comme au Canada, dans un cadre décisionnel qui précise l'échéancier et les termes du choix. Dans la perspective dressée par Bélanger-Campeau, la souveraineté n'est plus un épouvantail ou une aventure pour excités mais bien l'autre branche de l'alternative.

Des trois députés fédéraux membres de la commission Bélanger-Campeau, je fus le seul à en signer le rapport. On ne pourrait mieux affirmer le rôle unique, attribué *de facto* au Bloc, d'assurer le relais, à la Chambre des communes, de la volonté de l'Assemblée nationale. Son ordre de mission, le Bloc le tient directement des recommandations de Bélanger-Campeau et de la consécration démocratique et législative que ces dernières tirent de la loi 150.

Fort de cette légitimité et du caractère indispensable de son action, le Bloc québécois a pris souche. En juin 1991, l'assemblée de fondation de Sorel-Tracy en faisait un véritable véhicule électoral, doté d'une structure de parti et d'un manifeste formulant les objectifs de son action. En août, Pierrette Venne, députée de Saint-Hubert, quittait les rangs conservateurs et se joignait à nous. Depuis, le Bloc s'est implanté dans toutes les régions du Québec, avec un *membership*, une vie de parti, des associations de circonscription, des commissions, un bureau de direction, du financement et une permanence. Il sera de tous les combats qui viennent, référendaires et électoraux. Entre-temps, sa présence aux Communes lui permet de s'y préparer et de rompre des lances sur le terrain de l'adversaire.

Quand le gouvernement fédéral rendit publique sa proposition constitutionnelle du 24 septembre 1991, le Bloc put, immédiatement, signaler l'abîme qui le séparait des exigences québécoises. Ce fut d'autant plus facile que les fédéraux avaient curieusement choisi ce moment pour lancer une offensive à fond de train contre les maigres compétences économiques dont Québec dispose déjà. Les uniformisations envisagées menaçaient même des institutions financières québécoises comme la Caisse de dépôt et le Mouvement Desjardins, en plus d'annoncer une ingérence fédérale dans la latitude budgétaire des provinces.

Le reste de la proposition ne pouvait pas détonner davantage: la reconnaissance de la société distincte transformée en une pâle imitation de celle de Meech; pas de droit de veto garanti au Québec; une réforme du Sénat qui pouvait prendre toutes les directions, mais aucune qui fût bonne pour le Québec. Quant au partage des pouvoirs, rien de neuf, sinon une parcelle de compétence en matière de main-d'œuvre, d'ailleurs exposée à l'intrusion fédérale.

On ne s'est pas encore rendu compte, à Ottawa, que, après les rapports Allaire et Bélanger-Campeau, les Québécois attendent infiniment plus que des mouvements microscopiques à des tables de négociations ou ces arabesques légalistes sous lesquelles les scribes du Conseil privé tentent de déguiser le non du Canada anglais aux revendications du Québec.

L'accueil ménagé au rapport Beaudoin-Dobbie a été une réédition du même phénomène. Tout est affaire de référence. Le Premier ministre fédéral a présenté ce dernier effort comme étant «le plus généreux depuis cent vingt-cinq ans». S'il fonde sa comparaison sur la modification constitutionnelle de 1982, la concurrence n'est pas forte. On comprendra peut-être que les Québécois s'alignent plutôt sur les repères qu'ils viennent de se donner.

Robert Bourassa lui-même — pourtant à la recherche désespérée d'une offre fédérale qui pourrait l'exempter de tenir un référendum sur la souveraineté — ne s'y trompa pas. Ce rapport, aboutissement de ce que le fédéral et le Canada anglais peuvent faire de mieux pour nous, propose «un fédéralisme dominateur», pour employer ses propres mots.

Tout est en place pour la finale: les acteurs, les spectateurs, le décor. Mais le fédéral veut écrire lui-même le dénouement et jouer le dernier acte sur sa propre scène. Il ne faudra pas le laisser faire. La nôtre est prête et c'est, pour nous Québécois, la seule légitime. La minute de vérité approche, pour tout le monde. Pour Robert Bourassa surtout, qui devra choisir son camp et sa place dans l'Histoire. Mais aussi, et surtout, pour les Québécoises et les Québécois, qui devront décider de leur avenir et de celui de leurs descendants.

Un pays
pour nos enfants

J e n'aurai pas la prétention de qualifier d'itinéraire le cheminement personnel que je viens de retracer. Je ne me suis pas fixé, à quinze ans, un but politique précis. En plus de n'avoir rien visé à l'époque, je n'ai rien atteint aujourd'hui.

J'ai simplement voulu, dans le respect de la vie privée, la mienne et celle des autres, et avec le plus de sincérité possible, revenir sur mes pas pour découvrir les jalons et les ressorts de mon parcours politique.

Les trajectoires personnelles et, *a fortiori*, collectives sont rarement linéaires. J'aurais aimé que ce retour en arrière révélât que, dès mon éveil à la conscience politique, la souveraineté m'est apparue comme l'aboutissement inéluctable du Québec et le moteur de mes actions. On aura vu, en réalité, que la sensibilité au projet collectif ne m'est venue qu'assez tard, durant mes années d'université, à la vue du Québec nouveau qui s'édifiait autour de moi. Et encore n'ai-je évolué qu'au rythme de mon entourage.

Les étapes sont les mêmes: la Révolution tranquille, une fois qu'elle a été lancée; l'étatisation de l'électricité; le *French power* à Ottawa, avec Marchand et Trudeau; l'élection de Robert Bourassa, en 1970; l'adhésion à la souveraineté-association, en 1972; l'élection de René Lévesque, en 1976; le OUI à la question référendaire de 1980; la désaffection de 1982-1983; le beau risque de 1984; la réconciliation de Meech, en 1987; et la résurrection du projet souverainiste, après la rupture de 1990.

Ce dont je me rends surtout compte, en relisant d'une traite les pages qui précèdent, c'est que j'ai été, durant toutes ces années, entraîné dans le mouvement d'un peuple en marche.

Que je le veuille ou non, l'histoire m'a fait Québécois de souche. Par le temps qui court, il faudrait presque s'en excuser. Ma racine s'est profondément implantée dans un petit coin de terre. Je ne la crois ni meilleure ni plus riche que celle des autres. Mais c'est la mienne. Certains pourraient penser qu'elle nourrit des valeurs dépassées et qu'elle m'isole de ces Québécois venus, plus récemment, construire, ici et avec nous, leur avenir. Je ne le pense pas. Le particulier n'est réducteur que s'il nous empêche d'accéder à l'universel. Or, mon village, je veux qu'il fasse partie d'un vrai pays qui élargisse le champ de mes préoccupations et s'ouvre au monde extérieur, à commencer par celui qui s'est déjà installé chez nous.

Certains ont pensé, en 1867, que ce vrai pays pouvait être le Canada. Il y avait de la noblesse dans ce projet: deux nations s'épanouissant, sur le même territoire, dans l'égalité et le respect mutuel. Le rêve était trop beau pour être vrai. Il n'exista d'ailleurs que dans l'esprit du partenaire minoritaire. La réalité devait y mettre brutalement fin. Très vite, le majoritaire fit comprendre à l'autre qu'il n'y avait qu'une nation, répartie dans des cases provinciales. Coincé dans la sienne, le Québec dut assister à la constante érosion des pouvoirs, pourtant limités, qui lui avaient été reconnus à l'origine. Du fait qu'il s'agissait d'intérêts et de rapports politiques et économiques, le plus grand nombre ne pouvait manquer d'imposer sa loi au plus petit. D'une défaite à l'autre, la ligne de front du combat pour la langue et la culture françaises recula peu à peu vers le Québec, dernier foyer franco-phone en Amérique du Nord. Si bien que le peuple du Québec non seulement n'a pas été traité en égal, mais il n'a pas été reconnu tout court. Gouverné, à l'intérieur, par la majorité, et en fonction de ses intérêts à elle, réduit dans ses pouvoirs, mor-celé par un régime de représentation essentiellement diviseur, considéré, à l'étranger, comme le pupille d'Ottawa, le peuple québécois a vu son épanouissement bloqué. Il a donc cherché, depuis son réveil, il y a trente ans, à se ménager plus d'espace à l'intérieur de la fédération. Il n'a rencontré, au bout de ses efforts, qu'échecs, frustrations, glissements et rejets. Le parte-naire principal veut maintenir la suprématie du fédéral, c'est-à-dire la sienne.

De ces trois décennies de pérégrinations personnelles à travers des époques, des milieux et des rôles différents, je tire la conclusion suivante: la structure fédérale entrave l'épanouisse-ment du Québec et le prive d'ouverture sur le monde. La réci-proque est aussi vraie: la présence d'un Québec perpétuellement tiraillé, revendicateur et mécontent compromet le développe-ment du Canada anglais. Notre départ lui livrera accès à tout ce dont nous le privons: un gouvernement fédéral tout-puissant, un État central où s'incarnent les aspirations de tous et une véritable concertation nationale.

Faute de trancher le nœud gordien, le Canada et le Québec stagnent et s'épuisent dans des discussions nombrilistes. Leur incompatibilité de nature interdit la définition de politiques économiques communes et le déclenchement d'un authentique effort national. La même impuissance nous vaut une main-d'œuvre mal préparée aux exigences de la concurrence inter-nationale.

Nous avons fait l'autruche aussi longtemps que nous avons pu vivre de l'abondance de nos matières premières. Nous ne nous sommes pas même ressaisis quand la qualité de la ressource humaine, plus précisément l'expertise technologique et la productivité, a occulté, comme atout principal de compéti-tivité, l'avantage que nous tirions de nos richesses naturelles.

Pour maintenir, sans douleur et sans effort supplémentaire, le niveau de vie des Canadiens et des Québécois, nos gouvernements se sont réfugiés dans les solutions faciles: emprunter et taxer.

Alors que la dette fédérale approche les 500 milliards de dollars, qu'il y a perte de contrôle des finances publiques et que la tolérance fiscale frôle dangereusement le point de rupture, l'alarme sonne, et, avec elle, l'heure de vérité. Au Québec, notre capacité de financer nos programmes sociaux s'amenuise au moment où 825 000 adultes sont exclus du marché du travail et 1,2 million de personnes vivent dans la pauvreté. Une seule statistique illustre l'acuité de la crise: 22 pour 100 de notre population en âge de travailler est inactive. N'allons surtout pas oublier que le gouvernement fédéral a puissamment contribué à ce gâchis en créant de toutes pièces l'une des pires récessions de l'histoire du Canada. Même l'Ontario écope, avec un taux de chômage qui a doublé en moins de trois ans.

C'est le moment que choisissent les fédéralistes pour mettre les Québécois en garde contre le coût de la souveraineté.

Mon propos n'est pas, ici, de présenter une démonstration technique de la rentabilité économique d'un Québec souverain, pas plus que de concevoir un «projet de société». Il y aura d'autres circonstances et d'autres tribunes pour le faire. De toute façon, je ne tenterai jamais de prouver, par $a + b$, que la souveraineté nous fera entrer au paradis terrestre. Le Québec sera ce que nous en ferons. Nous avons les instruments requis pour nous donner un pays dynamique et une fenêtre sur le monde: des structures économiques efficaces, un État moderne, une population responsable et travailleuse, des richesses naturelles et la capacité de nous adapter, avec souplesse et cohésion, aux impératifs de la mondialisation des échanges. Tout dépend de notre solidarité, de notre allant et de notre discipline collective. Autrement dit, tout dépend de nous.

Dans l'immédiat, il importe de sortir du marasme où nous plongent l'indécision et l'incertitude qu'elle produit. Les fédéralistes se bercent d'illusions s'ils pensent pouvoir résoudre la crise actuelle par une entente constitutionnelle quelconque. Car l'abcès ne sera pas crevé tant que les Québécois n'auront pas choisi de relever le défi de la souveraineté. Opter pour l'arrangement mi-figue, mi-raisin que nous prépare Ottawa ne serait qu'un autre refus de décider. Les Québécois, y compris ceux qui auraient dit OUI à une telle échappatoire, ne se pardonneraient pas, après coup, d'avoir cédé une fois de plus aux marchands de peur et à leur propre démon de l'ambivalence. Ils continueraient de pester contre le fédéral, de lutter contre ses intrusions, et ils s'empresseraient, par compensation, d'élire un gouvernement souverainiste à Québec. Le Canada, de plus en plus déchiré, poursuivrait, dans une morosité accrue, son inexorable dégringolade.

Car la braise souverainiste ne s'éteindra jamais. Nous savons maintenant qu'elle renaîtra toujours de ses cendres, même si elle doit couver pendant une décennie. Il suffira, pour faire jaillir la flamme, d'une étincelle produite par les inévitables frictions entre intérêts canadiens et québécois.

À l'inverse, un vote majoritaire pour la souveraineté libérera une énergie nouvelle, attirera en politique des compétences qui l'ont boudée jusqu'ici et fera passer sur le Québec un souffle de créativité semblable à celui qui a animé la génération de la Révolution tranquille.

Une réflexion en profondeur doit précéder cet élan, à la fois pour l'orienter et en assurer la synergie. Il faut repenser le Québec, souveraineté ou pas. Pendant que nous nous immergeons dans la soupe constitutionnelle et tournons en rond avec un partenaire déterminé à nous maintenir dans le cercle infernal, le monde change et se reconstruit autour de nous. Il a déjà changé, ici même.

Le rang de mon grand-père déroule toujours son ruban cahoteux le long de la Petite-Décharge, mais mon cousin André, comme je l'ai dit, a installé un ordinateur dans son étable. Et les négociations du GATT, qui se tiennent à cinq mille kilomètres de sa ferme, sont en train d'altérer radicalement sa vie paisible de producteur laitier. Il ne pourra plus se contenter d'être parmi les meilleurs de la paroisse. Ses compétiteurs de demain seront américains, français et allemands.

Tout le Québec vivra, vit déjà, ce genre de bouleversements. Nos victoires et nos défaites, nous les remporterons ou les subirons à l'étranger. Nous sommes désormais condamnés à exporter de moins en moins de matières brutes, tirées du sol ou de la forêt, et de plus en plus de qualité, d'imagination, de connaissances, de dépassement de soi. Et les contraintes de la protection de l'environnement nous frappent de plein fouet, comme on le voit à Grande-Baleine.

Voilà pourquoi le renouvellement de l'école et la mise en œuvre d'une solide politique de la recherche sont les premiers dossiers auxquels doit s'attaquer un gouvernement conscient des véritables enjeux. Mais attention! Il y a pour le moins autant de bon grain que d'ivraie dans notre système d'éducation. Il faudra veiller à n'arracher que la dernière. Épargnons à ce qui fonctionne bien le sort que la commission Parent a réservé à l'enseignement des humanités, victime du syndrome de la coupe à blanc. À l'heure de la commercialisation universelle, ne devrions-nous pas insister davantage sur la formation générale et le retour aux racines profondes de la culture humaniste? Ne serait-ce pas une autre façon de rejoindre les gens d'ailleurs? On répliquera que les besoins les plus immédiats se font sentir du côté de la technique et des sciences. Mais pourquoi exclure l'un au profit de l'autre? Plus on s'élèvera dans l'échelle des gestionnaires, des entrepreneurs, des chercheurs et des financiers, plus on devra percer les cloisons de la surspécialisation. En tout cas, on peut avoir l'assurance que les compétiteurs en seront capables. Je me demande bien pourquoi nous nous exclurions de cette ligue.

Cela nous obligera à casser la gangue bureaucratique et corporatiste qui encroûte notre régime d'enseignement. Je suis convaincu que nous pouvons y arriver dans la concertation. Les gens du milieu syndical voient la même réalité que leurs concitoyens. Les raisons qui poussent à s'y adapter procèdent de la justice sociale la plus élémentaire: procurer des emplois aux jeunes qui voudront aller au bout de la formation de l'école. Le décrochage s'inscrit dans un cercle vicieux. Les jeunes resteraient à l'école s'ils la voyaient pour ce qu'elle doit être, le lieu de passage vers le marché du travail. Rien ne doit faire plus de mal à la motivation d'un étudiant du secondaire que la vue de diplômés universitaires acculés au chômage.

Il m'arrive fréquemment de visiter des cégeps et de converser avec des étudiants. Qu'on ne me dise pas qu'ils refusent de travailler davantage! Beaucoup d'entre eux savent qu'ils perdent leur temps et en souffrent. Dès lors qu'ils n'auraient plus l'impression de vivre dans une société bloquée, ils accepteraient certainement de mettre plus d'efforts à bâtir leurs lendemains.

Pareillement, on ne peut plus fermer les yeux sur la nécessité de revoir nos politiques économiques. Qu'attend-on, à Québec, pour lancer une corvée nationale pour le plein emploi et contre la pauvreté? Comment ne pas voir que la mise au point d'un plan rigoureux de développement durable entre dans la catégorie des tâches urgentes? Les acteurs et décideurs sociaux et économiques n'attendent qu'un signal des pouvoirs publics pour mettre à contribution leur volonté de concertation. L'urgence n'est pas uniquement interne, comme en 1960. Les forces de changement viennent aujourd'hui d'ailleurs et se manifestent partout, avec les mêmes effets. Elles contraignent nos concurrents, en Europe, en Asie et aux États-Unis, à réagir à l'unisson. Si nous ratons le coche, nous pourrions bien ne jamais le rattraper.

Pour moi, la question des langues s'examine dans la même optique. D'abord, les préalables, qui sont clairs et ne se discutent pas. Le Québec est à prédominance française. S'intégrer ici, pour un immigrant, c'est, essentiellement, acquérir la capacité de «communiquer en français et adhérer aux valeurs les plus fondamentales de la société québécoise; des valeurs comme la démocratie, la tolérance religieuse, l'égalité des sexes». Là-dessus, je fais miennes les vues et reprends les termes du résumé, paru dans *Le Devoir*, de l'étude «Les Francophones québécois», préparée pour le compte du Conseil scolaire de l'Île de Montréal par François Rocher, Guy Rocher et Gérard Bouchard.

Pour nous, francophones, il en résulte une obligation: celle de respecter nous-mêmes notre langue et notre culture. La première, en l'enseignant, la parlant et l'écrivant mieux que nous le faisons maintenant; dans le cas de la deuxième, en commençant par remettre au programme l'enseignement obligatoire de l'Histoire, la nôtre et celle des autres. Nous devons, par contre, reconnaître aux cultures des minorités ethniques «le droit de vivre et de s'exprimer dans une autre langue, mais à titre de cultures marginales, parallèlement à la culture nationale, exception étant faite de la culture qui s'exprime en anglais et qui aura toujours un statut particulier au Québec» (Rocher *et al.*).

La prédominance française n'implique ni l'exclusion ni l'ignorance de l'anglais. Ce quasi-million d'anglophones concentrés dans la région métropolitaine de Montréal est une donnée de l'Histoire. Cette communauté vivra toujours en anglais. Mais on lui demande de reconnaître et d'accepter, dans les faits, le caractère essentiellement francophone du Québec. Je ne puis concevoir notre avenir sans la vigoureuse participation de la minorité anglo-québécoise. Au moment où nous cherchons à nous introduire dans les grands réseaux d'échanges économiques et scientifiques, où les communications se font si souvent en anglais, nos concitoyens anglophones se trouveront à un point charnière de cette démarche.

Ce qui pose, du coup, la délicate question de nos rapports avec cette langue. L'anglais, nous ne pourrons pas nous contenter de nous le faire traduire, quand nous voudrons intensifier notre conquête des marchés et notre participation à la vie internationale. Bien sûr, le français, également langue universelle, nous livre passage en bien des endroits. Mais là où nous aurons besoin de parler anglais, il faudra pouvoir le faire.

Or, j'avoue éprouver un malaise à ce propos. Il est bon de conclure à la nécessité de recourir aussi à l'anglais pour tailler la place du Québec à l'étranger, mais encore faudra-t-il apprendre cette langue quelque part. À moins de faire de la maîtrise de l'anglais un privilège réservé aux filles et fils de la classe aisée, n'y aurait-il pas lieu d'améliorer l'enseignement qu'en donne déjà l'école publique francophone? Les Parizeau, Johnson, Jacques-Yvan Morin, pour lesquels je professe beaucoup d'admiration, parlent mieux l'anglais que la plupart des Canadiens anglais. Cela n'en fait pas des assimilés et ne les empêche pas de parler et d'écrire le français à la perfection. Je sais combien le terrain est glissant et avec quelle vigilance nous devons soutenir le combat de notre survivance française. Je ne crois pas, néanmoins, que nous puissions éviter de nous interroger là-dessus.

Bon gré mal gré, ces interpellations élargissent une perspective déjà considérablement modifiée par le pluralisme. Les racines franco et anglo-québécoises s'enrichissent de nombreux greffons. Ainsi donc, le courant principal de la culture québécoise se diversifie. En le rejoignant et en s'y fondant, des affluents nouveaux le transformeront. Notre culture y gagnera en étendue, en connaissance du monde, en liberté, en sensibilisation aux autres.

Mais les valeurs fondamentales subsisteront: notre engagement démocratique, notre tolérance, notre refus de la violence. Ces assises démocratiques, toujours menacées, ici, comme ailleurs, il nous incombe de les consolider dans un cadre constitutionnel rigoureux. Un Québec souverain ne peut manquer de formuler de généreuses garanties pour les droits et libertés individuelles et de baliser les attributions du législatif, de l'exécutif et du judiciaire. C'est de là que les minorités anglo-québécoise et ethnoculturelles, aussi bien que les nations autochtones, tireront les assurances qui les convaincront de la possibilité, pour elles, de construire, avec les autres Québécois, un pays qui sera également le leur.

On ne pourra guère aborder sérieusement le règlement de la question autochtone avant que la poussière ne soit retombée. Les événements d'Oka et la récupération qu'en a faite le Canada anglais pour contrer le projet souverainiste ont laissé des séquelles. Le refus d'Ovide Mercredi, peu après, de nous reconnaître comme peuple a été ressenti comme une insulte. Quand le vis-à-vis nie notre existence, il n'y a pas de discussion possible. C'est d'autant plus dommage que nous avons, envers les autochtones, des torts à réparer et que nous avions commencé à le faire: la convention de la baie James et la reconnaissance, en 1985, par l'Assemblée nationale, du droit des Premières Nations à l'autonomie gouvernementale posaient des jalons significatifs sur la route de l'harmonie. Il faudra partir de là quand seront réunies les conditions pour résoudre notre différend. Jusque-là, la franchise et la modération sont de rigueur. Ainsi ne devons-nous laisser planer aucune équivoque sur l'indivisibilité du territoire québécois. À l'intérieur d'une souveraineté unique, à peu près tous les arrangements sont possibles, y compris l'octroi de droits exclusifs sur des patrimoines ancestraux. Ces bornes plantées, il ne reste plus, pour l'heure, qu'à tendre la main et attendre, en résistant à toute provocation. Le jour venu, une fois conclues les ententes appropriées, les engagements contractés par l'État québécois envers les autochtones devront, eux aussi, recevoir leur sanction de la constitution du Québec.

Ce ne sera pas la difficulté la plus facile à résoudre. La façon dont nous la réglerons en dira long sur notre maturité politique.

D'ici là, je souhaite ardemment que le rendez-vous référendaire nous donne l'occasion de parler et de nous manifester comme peuple.

Ce livre, qui se termine au moment où tout va peut-être commencer, ne peut se conclure que sur l'espoir.

Je regarde grandir Alexandre et Simon et me dis que l'Histoire et la fierté des Québécois travaillent pour eux. Il m'arrive aussi de rêver que, pour une porte qui s'est fermée, un soir de mai 1990, sur une partie de mon passé, une autre, tellement plus grande, s'ouvrira bientôt sur l'avenir d'un peuple.

Index

Table des matières